杨 泓 文 集

古代兵器

下册

文物出版社

弓和弩

一 原始的弓矢

碧空万里，没有一丝浮云，十个火红的太阳竞相把炽热的光焰倾泻到大地上，江河干涸了，土地龟裂了，满目是枯死的草木和焦萎的稼禾……老百姓遭受了极大的苦难。看，羿来了！他大步跨上山冈，仰起面孔，直视苍穹，张开了那张红色的强弓。弓弦响处，只见白色的箭羽像流星一样疾速地划破碧空，一个太阳被射中了，它那炽热的光轮爆裂了，流火乱飞，散落出一片片金色的羽毛，随着坠落下来的是一只长着三只脚的硕大的金色乌鸦，羿发出的箭正好射穿了它的头颅。别的太阳看到这个情景，在天空中四散奔逃，划出了一条条火的轨迹，但是羿却不停地射出了支支利箭，第二支、第三支……第九支，每一支都准确地射中了目标。只有最小的那个太阳，聪明地躲藏进扶桑木浓密的枝条中，全身战栗，不敢露出头来。凉风拂面，明月高升，月光下的大地显得分外洁净，人群欢呼着拥了过来，他们看到散乱的丛丛毛羽中，躺着九只中箭的金乌，羿站在中间，安详地抚拭着那张红彤彤的长弓……①

上述奇妙的古代神话，是人类征服自然的一曲颂歌，也是对弓箭——人类最古老的兵器之一——的一曲颂歌。没有弓箭，羿是无法完成他的丰

---

① 关于羿的神话传说，散见于《楚辞》《山海经》《淮南子》等书，以《淮南子·本经训》较为详尽。又可参看袁珂《中国古代神话》第六章，商务印书馆，1957 年。

功伟业的。于是在另一些古代的传说中，就把发明弓矢的光荣也归于这位英雄的神射手——羿。在山东临沂银雀山汉墓出土的竹简本《孙膑兵法》中，就是这样主张的。《势备篇》中说："羿作弓弩，以势象之。"① 但是，在另外的古籍里又有各种不同的传说，有的人认为，弓箭的发明者是羿的弟子逄蒙②。

这些古史传说中把弓箭发明的时代定得相当古老，但是弓箭真正被发明的时代，应该比古史传说中的羿的时代更加古老。1963 年，在山西朔县峙峪村附近发现的旧石器晚期遗址里，发现过一枚石镞，它应是现在中国最早的石镞之一③。峙峪遗址经放射性碳素测定年代，为距今 28945 年④。这枚石镞长约 2.8 厘米，用薄燧石长石片制成，加工精细，前锋锐利（图一：1、二：1）。看来人类最初懂得使用弓箭的年代，要比能够制造这种制工已较精细的石镞的时代还要早得多，至少也是距现在三万年以前的事。远古弓箭的制造工艺不断向前发展。在比峙峪时代晚的山西沁水下川遗址，发现的石镞数量比峙峪多⑤。下川遗址的年代大约是距现在 23900 ~ 16400 年之间⑥。镞的主要原材料是黑燧石，体长不过 3 ~ 4 厘米。制作方法很一致，都是将一块石片两侧压修出边刃，前端形成锐尖，尾端修薄，以便于扎缚在箭杆前端。并且制成两种式样，一种是圆底，一种是尖底，前者的数量稍多一些（图一：2 ~ 4）。据 1973 年调查采集的资料，共获得石镞 13 枚，其中圆底的 9 枚，尖底的只有 4 枚。从下川石镞可以看出，当时的人们不仅较熟练地掌握了打制石镞的技巧，同时已形成了一套规范化的制造工艺。不过石镞制造大约是当时石器工艺中较难掌握的一种，因此使用不会很普遍，因为在 1973 年获得的各种石器标本达 1800 件，只有 13

① 银雀山汉墓竹简整理小组：《孙膑兵法（普及本）》，文物出版社，1975 年。
② 另据《艺文类聚》卷六十引《世本》，"挥作弓"，"夷牟作矢也"。
③ 贾兰坡等：《山西峙峪旧石器时代遗址发掘报告》，《考古学报》1972 年第 1 期。
④ 中国科学院考古研究所实验室：《放射性碳素测定年代报告（四）》，《考古》1977 年第 3 期。
⑤ 王建等：《下川文化——山西下川遗址调查报告》，《考古学报》1978 年第 3 期。
⑥ 中国社会科学院考古研究所实验室：《放射性碳素测定年代报告（五）》，《考古》1978 年第 4 期。

件镞，仅为全部标本数量的千分之七强。但与峙峪遗址相比，则可看出工艺方面明显的进步。从时间来看，峙峪遗址和下川遗址之间，至少经历了约5000年的岁月，但是从原始技术发展的角度去观察，石镞进步还是相当迅速的。

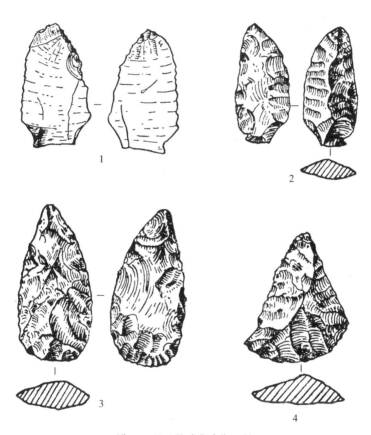

图一　旧石器时代晚期石镞
1. 山西峙峪出土　　2~4. 山西下川出土

谈到弓箭，这是古代一项重要的发明，也是人类懂得利用通过机械储存起来的能量的最好例子。弓身选用有弹性的木材，能弯曲变形但不折断，再以坚韧的弦把它牵紧，当用力拉弦时，就迫使弓身改变形状，也就把能量储存进去。把弦猛然松开，那被压迫的弓身得到了恢复原状的机会，就在它急速复原的同时，也把刚才储存的能量释放出来，这释放的过程是极其迅速而猛烈的，于是把扣在弦上的利箭有力地弹射到远方①。弓箭的发明和它的普遍应用，对于以狩猎和畜牧经济为主的原始氏族部落，具有极大的意义。因此恩格斯曾经明确地指出："弓箭对于蒙昧时代，正如铁剑对于野蛮时代和火器对于文明时代一样，乃是决定性的武器。"② 这种兵器最原始的形态，就是《易·系辞下》所谓的"弦木为弧，剡木为矢"③。也就是说，最原始的弓，是用单片的木头或竹材制成，箭则是削尖了的木棍或是竹竿。

这种简单而原始的木弓，还可以从民族学资料中找到类似的标本，1949 年以前，门巴族还使用着类似的原始状态的弓箭④。生活在东北松花江下游的赫哲族，在 20 世纪初也还使用着类似的弓箭，弓身是用他们称之为"布勒肯"的"水曲梨"树为原料，修整成形后，弯曲并缚上弓弦，一张弓就制造成功了。弓弦的原料是鱼鳔或是鹿筋⑤。在外兴安岭一带活动的鄂伦春人，也曾使用过原始的单体弓和木箭，弓是用落叶松制造弓体，鹿犴筋为弦，长约 1.7 米⑥。也有的弓用榆木制成，这两种木材的弹力都较大。箭以桦木制成，只把前端削尖成锋（图二：5）⑦。原始的竹箭到近代还被西南一些少数民族所使用⑧，把细竹棍前端修削成尖锋，尾部加插竹叶折成的尾羽⑨。有的箭锋上还刻有螺旋形的浅槽，用来蘸毒药，以提高箭的效能。不过这些竹箭是用木弩发射的。

在原始的单体弓和竹、木箭的基础上，人们不断对弓箭的质量进行改

① 刘仙洲：《中国机械工程发明史（第一编）》，科学出版社，1962 年。

② 恩格斯：《家庭、私有制和国家的起源》，《马克思恩格斯选集》第 4 卷，人民出版社，1972 年，第 19 页。

③ 中华书局影印本《十三经注疏》，第 87 页。

④ 中国历史博物馆：《简明中国历史图册》之 1《原始社会》，天津人民美术出版社，1978 年。

⑤ 凌纯声：《松花江下游的赫哲族》，1934 年。

⑥ 满都尔图：《从家庭公社到地域公社——鄂伦春族原始生产方式的解体》，《文物》1976 年第 7 期。

⑦ 秋浦：《鄂伦春社会的发展》，上海人民出版社，1980 年。

⑧ 陶云逵：《碧罗雪山之栗粟族》，中央研究院历史语言研究所集刊第十七本，1948 年。

⑨ 据《汉书·地理志》，西汉武帝时期，海南岛上的古代少数民族仍用"木弓弩，竹矢"。第 1670 页。

进，主要表现在下述两方面：一方面是弓体的改进，主要是由简陋的单体弓发展为复合弓；另一方面是对箭的改进，主要是在竹、木箭的前端加装更为坚硬锐利的箭头——镞，以增强箭的穿透和杀伤能力。同时为增强稳定性，添加了尾羽。这些改进大约是人类历史步入新石器时代的事。

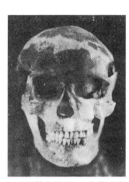

1.峙峪出土石镞　　　2.元谋大墩子M3中箭人骨　　　3.大墩子M3中箭人骨

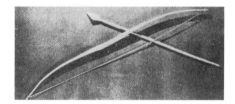

4.大墩子M3中箭人骨　　　　　5.鄂伦春人的原始弓箭

图二　石镞、原始弓箭和新石器时代中箭人骨

新石器时代的弓箭，很难完整地保留到今天，特别是弓，由于竹、木制品极易腐朽，所以在我国各地新石器时代遗址的发掘中，一直没有获得过完整的标本。不过从民族学的资料来观察，很可能原始的复合弓在原始社会末期已出现。在东北地区，游猎于额尔古纳河畔的鄂温克人，20世纪初还停留在原始社会末期的历史阶段，他们当时使用着一种初级阶段的复合弓①。这种弓的弓体用韧性大的黑桦木做里层，落叶松木做表层，两层木胎之间夹垫鹿或犴的筋，然后用细鳞鱼皮熬成的胶把它们牢固地粘在一起。弓体制好后，缚上鹿筋制成的弦。

----

① 秋浦等：《鄂温克人的原始社会形态》，中华书局，1962年。

新石器时代的箭，也很难完整地保存至今，也是因为箭杆和箭羽易腐，但是用石头或兽骨等制成的镞易于保存，所以在考古发掘中获得了数量很多的石镞和骨镞，还有一些用兽角乃至蚌壳等制造的镞。通过对这些镞的分析，可以了解到原始的箭的发展概况。前面已经讲到，旧石器时代晚期遗址里已经开始发现打制的石镞，但是与其他类型的石器相比，数量极少。如峙峪遗址的出土物中，石镞仅只有一枚。下川遗址调查获得的大量石器中，镞的数量仅是总数的千分之七强。这些例子说明，当时石镞远没有普遍使用，所以才如此罕见。箭镞的大量使用，还是新石器时代的事。

新石器时代箭镞的发展，主要表现在选材加工和形制变化两方面。关于镞的选材，是和工艺技术水平紧密联系的。因为镞是消耗量很大的物品，所以必需选择当时的工艺条件下最易于加工的原材料，以保证能大量生产。至于镞的形制，又是受原材料的质料和生产工艺的水平所制约，随着工艺技术的改进，不断地改变镞的形体，以取得最大的效能。因此，新石器时代虽然是以磨制石器工艺为特征的，但是在这一时代的初期，却看不到磨制的石镞，那是因为磨制工艺技术还不够成熟，对于生产需要大量消耗的物品，人们宁愿选取比较容易进行加工修磨的兽骨等材料的缘故。因此在属于这一时代的早期遗址，例如河北武安磁山遗址[1]和河南新郑裴李岗遗址[2]，迄今还没有发现过石镞，只是发现了一些骨镞。甚至更晚一些的仰韶文化半坡类型和庙底沟类型的遗址中，大量出土的还是骨镞，石镞是较稀有的。只有到龙山文化时期，才能经常在遗址发掘中获得磨制的石镞。

讲到新石器时代箭镞形制的变化，不禁令人又想起古史传说中发明弓箭的英雄羿。据传说羿是东夷的君主，而古代夷字的形象，就描绘出一个背着弓的大人，这也似乎标志着当时夷人是十分精于使用和制造弓箭的民族。今山东地区传说是东夷的活动范围，在此曾经发现过许多新石器时代

① 河北省文物管理处等：《河北武安磁山遗址》，《考古学报》1981年第3期。
② 中国社会科学院考古研究所河南一队：《1979年裴李岗遗址发掘简报》，《考古》1982年第4期。

文化遗址，它们多属于大汶口文化和龙山文化。前者时代较早，其年代约为公元前 3835～前 2240 年；后者时代稍迟，约为公元前 2010～前 1530年①。我们就从这两种考古学文化中发现的箭镞来考察新石器时代箭镞的发展概貌。

在时代较早的大汶口文化居民，大量地制造和使用骨镞，以在宁阳大汶口墓群发掘中随葬品内有镞的 20 座墓葬为例②，共计出土各式箭镞 60枚，全部都是骨质的。依据这些骨镞形体方面的特点，可以区分为下列三型。

一型：镞的形状是扁平三角形的，也就是把三角形的骨片磨出锐利的侧刃和前锋。

二型：镞的形状是圆锥形的，前端磨出锐利的尖锋，后尾开始做出镞铤的雏形，但是它与镞体还没有明显的分界。这一型骨镞出土的数量最多，约占出土总数的 84%。

三型：镞的形状是圆锥形的，镞体与铤的分界已很清楚，显然是在二型的基础上有了进一步的发展③。

大汶口文化这三型骨镞，可以说是代表了三个发展阶段，由简单的三角形骨片磨成的镞发展到圆锥形，再发展成圆锥形、有铤的镞。到了龙山文化时期，箭镞的制造技术有了相当大的进步。从质料看，除了骨质的镞以外，出土了不少磨制精细的石镞，同时在形体方面也有新的变化。在日照两城镇遗址出土的骨镞，已从简单的圆锥形发展成前锋磨出三个刃棱、剖面呈三角形、后尾磨成比镞身为细的圆铤。三刃的尖锋比圆锥尖的镞的杀伤力要大得多。同时，还发现了同样形态的磨制石镞④。最说明龙山文化镞的发展的典型资料，是 1960 年发掘潍坊市姚官庄遗址的出土品⑤。那

① 夏鼐：《碳－14 测定年代和中国史前考古学》，《考古》1977 年第 4 期。
② 山东省文物管理处等：《大汶口》，文物出版社，1974 年。
③ 山东省文物管理处等：《大汶口》，文物出版社，1974 年。本文一型相当于报告中的Ⅵ式，二型相当于Ⅰ式和Ⅱ式，三型相当于Ⅲ式。
④ 山东省文物管理处：《日照县两城镇等七个遗址初步勘察》，《文物参考资料》1955 年第 12 期。
⑤ 山东省文物考古研究所等：《山东姚官庄遗址发掘报告》，《文物资料丛刊》第 5 辑。

里出土了数量较多的角镞和石镞。先看角镞，也可以分为三型。

一型：镞体的形状接近长三角或梭形，剖面呈菱形、弧形或扁圆形，有的铤与镞体有较明显的分界。一般长 6.1～7.6 厘米。

二型：镞体圆锥形，后有铤，锋尖锐利。较一型体长，长 8.3 厘米。

三型：镞体圆锥形，锋端磨出三个刃棱，前聚成锋，尾有铤。长的达 11.4 厘米[①]。

可以看出，一型还是大汶口文化骨镞一型的发展，而二型正是承继着大汶口三型，三型又是在二型基础上的新发展。此外，还出有一枚扁平有脊的双翼镞，形状特殊，值得注意。这些角镞多是用鹿角磨制成的。再看这一遗址出土的石镞，用千枚岩或石灰岩制成，多数通体磨光，工艺精细，共有 64 枚，比角镞的数量（23 枚）多出将近两倍。从器形来观察，约略可分为两型。

一型：扁体有铤，镞体呈三角形或叶状，多有中脊，剖面呈菱形，少数呈椭圆形或五角形。一般体长 3.9～6.5 厘米，较长的 7.5～10.5 厘米（图三：1～5）。

二型：镞体圆柱状，锋端磨出三个刃棱，前聚成锐锋，圆铤。较长的 10.6 厘米，较短的仅有 3.6 厘米（图三：6～8）[②]。

可以看出，一型的石镞是在一型角镞的基础上发展而来的，而二型石镞是与角镞的三型相当。从数量看，64 枚石镞中除去 3 枚形体较特殊的以外，一型有 58 枚，二型只有 3 枚，仅为一型的十九分之一。这又说明，工艺较简单的一型石镞已大量使用，稍复杂的二型则是尚未能广泛应用的新式样。

由上述对山东地区新石器时代较早的大汶口文化和稍晚的龙山文化出土箭镞的分析，更可以清楚地看出，较早期多用骨镞，大约是因为镞是需大量消耗的狩猎工具，由于磨制工艺还不十分发达，而加工兽骨比精磨石

---

① 山东省文物考古研究所等：《山东姚官庄遗址发掘报告》，《文物资料丛刊》第 5 辑，第 11 页。本文一型相当于报告中的 Ⅰ、Ⅱ、Ⅳ、Ⅵ型，二型相当于Ⅲ型 1 式，三型相当于Ⅲ型 2 式。
② 同上书，第 8～10 页。本文一型相当于报告 Ⅰ－Ⅳ、Ⅷ、Ⅹ 型，二型相当于 Ⅴ 型。报告中Ⅵ、Ⅷ、Ⅸ型三枚形体特殊，除外。

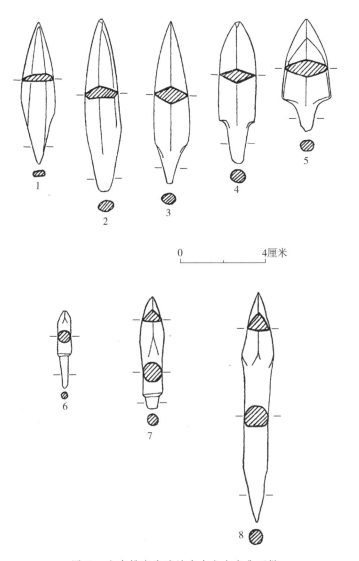

图三　山东姚官庄遗址出土龙山文化石镞

器容易得多，就只好大量制造和使用骨镞。随着石器工艺的进步，到了晚期，磨制精细的石镞就使用得日益普遍了。从箭镞质料的变化到镞体形态的发展，可以反映出那一时期弓箭制造工艺发展的概貌。

　　在中原地区，新石器时代文化中箭镞发展的情况，也和山东地区是近似的。在磁山—裴李岗文化中，仅发现有骨镞，它们的年代至少在公元前

5100年以前①。以后的仰韶文化的半坡类型到庙底沟类型、再到龙山文化所使用的箭镞，同样经历了选材由骨质到石质，形态由简单的三角形扁体到三刃前锋并有尾铤的变化。

在半坡遗址的发掘中②，共获得288枚箭镞，其中只有6枚是石质的，另外的都是骨制品，对比一下，石镞只占出土箭镞的约2%。再如临潼县姜寨遗址的前三次发掘中，第一次发掘获得的7枚箭镞都是骨制品，仅发现一枚石镞的半成品③。后两次发掘所获得的箭镞，全是骨、角制品④。半坡类型的年代大约是距今6800～3600年。

到了比半坡类型约晚400年的仰韶文化庙底沟类型，情况仍与半坡类型近似。例如在陕县庙底沟的发掘中⑤，共发现仰韶文化的箭镞71枚，全是骨质的。到了龙山文化时期，随着石器制造工艺的进一步发展，情况逐渐有了变化。例如，在河南陕县庙底沟发掘中获得的龙山文化遗物里，共发现有36枚箭镞，其中石镞有19枚，骨镞只有17枚，石镞的数量已经超过骨镞的数量。经放射性碳素年代测定，这一遗址的龙山文化的年代是公元前2780±145年。由此看来，弓箭制造工艺向前跨进的这一步，不知原始社会的人们付出了多么辛勤的劳动，至少是经历了将近两千年的漫长岁月才完成。

在浙江境内的新石器文化遗址的发掘中，获得的有关箭镞的资料也提供了类似的情况。在时代较早的余姚河姆渡遗址，发现有大量的骨镞。例如在第一次发掘中，从第四文化层中出土了多达330枚箭镞，全部都是骨质的（图四），它们是约7000年前的遗物⑥。只有到比河姆渡文化晚得多的良渚文化遗址里，才出现有较多的石镞，那也是晚于河姆渡出土品约两千年的产品了。

---

① 安志敏：《中国的新石器时代》，《考古》1981年第3期。
② 中国科学院考古研究所：《西安半坡》，文物出版社，1963年。
③ 西安半坡博物馆等：《1972年春临潼姜寨遗址发掘简报》，《考古》1973年第7期。
④ 西安半坡博物馆等：《陕西临潼姜寨遗址第二、三次发掘的主要收获》，《考古》1975年第5期。
⑤ 中国科学院考古研究所：《庙底沟与三里桥》，科学出版社，1959年。
⑥ 浙江省文物管理委员会等：《河姆渡遗址第一期发掘报告》，《考古学报》1978年第I期。

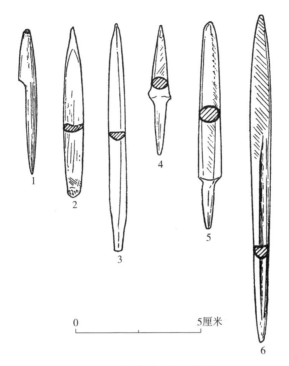

图四 河姆渡遗址出土骨镞

　　精良的弓箭帮助原始部落的猎手射中了更多的禽兽。丰富的猎获品运
回村寨，引起了一片欢腾，优秀的猎手情不自禁地抚摸着心爱的弓，当他
触动绷紧的弓弦时，忽然发出悦耳而低沉的嗡嗡声，弓弦的音响和心弦的
欢乐应合在一起，于是本来是无意识的触动，引起有意识的弹拨，用来抒
发狩猎归来的高兴心情，可能就是这样促成了原始弦乐器的产生①。如果
精良的弓箭带给人们的仅是丰盛的食品和悠扬的乐曲，自然是非常理想
的。不幸的是，这些精良的器械同样会给人们带来恐怖、忧伤、流血和死
亡，那是弓箭从狩猎工具转化为战争兵器而造成的。这一转变的确切时间
虽然尚难弄清，但从近年来考古发掘中所获得的材料，已可以寻得一些线
索。下述的两个例子值得注意。

―――――――――

① 关于弓与音乐的联系，参看［英］贝尔纳《历史上的科学》第二篇第二章，中译本，科学出
　版社，1959 年。

第一个例子是 1966 年春在江苏邳县大墩子遗址第二次发掘中获得的①。在第 316 号墓中葬有一个中年男性，身长 1.64 米。墓内随葬品 17 件，死者右手握有骨匕首，左肱骨下置有石斧，可能是一位武士。在他的左股骨上发现被箭射中的遗迹，箭上的骨镞射嵌进股骨内，深达 2.7 厘米，至今那枚断折的三角形骨镞残段还嵌留在遗骨中。鉴定者认为："骨镞之中轴线与股骨中轴线相交之下夹角（约 75°）小于上夹角。这表明骨镞是由后下方穿透臀大肌下端进入股骨，并于生前折断于皮下。"又认为，"股骨伤口周围未见有中箭之后炎症症状，说明，死者是中箭后不久就死亡的。但箭伤处非致命部位，若不是带毒箭头尚不足以致死，可能还有另外的致命的创伤"。至于被射中时的情况，鉴定者推测可能有以下两种情况："1. 在发射者前上方；2. 两人处于同一水平，前者背向发射者，正当左腿后抬跑动过程中着箭。"在原始氏族间械斗的混战中，上述两种情况都是可能出现的。这个例子不仅证明当时弓箭已用来射人，而且反映出装有骨镞的箭，杀伤能力相当强，能透过肌肉射入人骨。

第二个例子是 1972～1973 年在云南元谋大墩子发掘了一处新石器时代遗址②，获得了可以更清楚地证明用弓箭杀人的考古资料。在这一遗址的发掘中，共获得磨制石镞 172 件，说明其弓箭制造技术有相当水平。清理的 19 座墓葬中，有 8 座（M3、4、7～11、17）墓埋葬的死者，生前身上都中过箭，被射中的部位多是在胸部或腹部，常常是被密集地射中了十多箭。例如，M3 埋葬了一具年轻的男子尸骨，年龄约在 20 岁至 25 岁之间，他的胸部和腹部至少中过十二箭，头部和臀部也中过箭，大多数箭上的石镞仅射入肌肉，也有几箭穿透肌肉而射入骨质，至今还有两枚石镞分别嵌射在右颧骨和尾椎骨上（图二：2～4）。以上现象清楚地说明，这一个青年是死于乱箭之下。在 M8 中埋葬的尸骨是一个女青年，她大约只活到 22 岁到 26 岁左右。从她那不自然地向前拱合在一起的双手，可以看出原来被

① 南京博物院：《江苏邳县大墩子遗址第二次发掘》，《考古学集刊》第 1 集，中国社会科学出版社，1981 年。
② 云南省博物馆：《元谋大墩子新石器时代遗址》，《考古学报》1977 年第 1 期。

捆绑着的形状，在胸部和腹部被射中过十几箭。看来她是生前被捆绑起来以后，惨遭乱箭射死。元谋大墩子发现的这些中箭的尸骨，证实弓箭当时确已成为杀人的兵器。

上面的两个例子证实，在原始社会晚期，弓箭已经用来杀人了。邛县大墩子遗址曾经放射性碳素测定年代，经树轮校正为公元前 4494 ±300 年。元谋大墩子测定的数据，为公元前 1260 ±90 年，时代虽偏晚一些，中原地区已是商代，但在边远的西南地区，还应处于原始社会晚期阶段。看来，那些死于乱箭的人，应该是氏族部落战争的牺牲品，其目的或许是为了报复或仇杀，也许还没有发展到纯粹为了掠夺而进行战争的阶段。因此，可以认为那时兵器还处于萌芽阶段，在从狩猎的生产工具向杀人兵器转化的过程中，已经迈出了最初的几步。

弓箭由用于杀人到真正具有战争兵器的职能，应是与私有制的确立、阶级社会的出现联系在一起的。人类自相残杀的战争的魔影，正是追随着私有制而降临人间。列宁曾明确地指出："私有制引起了战争，并且永远引起战争。"① 为了取得战争的胜利，就使得一些可以杀人的有锋刃的劳动或狩猎工具，进而转变成专门用来作战杀人的特殊工具——兵器。在我国古代的传说中，常常把发明兵器的荣誉归功于黄帝或者是他的对头蚩尤，他们之间发生的激烈战争，正反映着从部落联盟向国家转化的过渡阶段，那时也确实是兵器最终与一般劳动、狩猎工具分离的关键时期。正是由于这一原因，在古史传说中，除了认为羿是弓箭的发明者以外，出现了另一种说法，把"弦木为弧，剡木为矢，弧矢之利，以威天下"归之于黄帝、尧、舜②。或者黄帝的臣子，认为"挥作弓"，"夷牟作矢"③。这种传说与羿是发明弓矢者不同，它不反映出与自然的抗争，而是强调"以威天下"，明显地阐明弓矢的军事作用了。

---

① 列宁：《在全俄哥萨克劳动者第一次代表大会上的报告》（1920 年 3 月 1 日），《列宁全集》第三十卷，人民出版社，1958 年，第 360 页。
② 《周易·系辞下》。
③ 《初学纪》引《世本》以及《艺文类聚》引《世本》。

二 青铜时代的弓矢

漫长的石器时代终于走到它的尽头，冶铸青铜的炉火给人们带来了新时代的曙光，历史进入了青铜时代。军队的武库里储存进新式的锋利的青铜兵器，其中包括安装着青铜镞的箭。迄今为止，我国已知时代最早的青铜镞是二里头文化的产品。在河南偃师二里头遗址的发掘中[1]，获得过少量的青铜镞（图五：1~3），其中有的只是扁平的圆叶形，尾部有不规则的铤，形态拙陋，应代表着铜镞的早期形态。另一些镞形态规整，在凸起的镞脊两侧伸出扁平的双翼，向前聚成锐利的尖锋，整体呈顶角为锐角的等腰三角形，两翼末端还做出倒刺，镞尾有用以插入箭杆的圆铤，代表着比较进步的形态（图五：1）。这后一种形态的铜镞，在山西夏县东下冯遗址也曾发现过[2]，其中的 H16：2 号镞，长 7 厘米。对二里头和东下冯出土铜镞进行过鉴定，证明它们都是青铜器[3]。可以用青铜铸制消耗性的镞，从一个侧面反映出了当时青铜冶铸工业已初具规模，而较进步的双翼有脊镞的使用又说明，这时与刚开始试制铜镞的最初阶段已经相距一段不短的时间。后来在商代遗存中获得的大量青铜镞，基本上都是承继着这种扁平双翼凸脊的形态，从河南安阳殷墟的发掘中得到的铜镞，可以清楚地看明这一点[4]。

随着时间的推移，商代的青铜镞在形体上也有改进。当把在郑州二里冈[5]、河北藁城台西村[6]等处商代早期遗址中出土的铜镞，与安阳殷墟出土

---

[1] 中国科学院考古研究所洛阳发掘队：《河南偃师二里头遗址发掘简报》，《考古》1965 年第 5 期；中国科学院考古研究所二里头工作队：《河南偃师二里头早商宫殿遗址发掘简报》，《考古》1974 年第 4 期。

[2] 东下冯考古队：《山西夏县东下冯遗址东区、中区发掘简报》，《考古》1980 年第 2 期。

[3] 北京钢铁学院冶金史组：《中国早期铜器的初步研究》，《考古学报》1981 年第 3 期。

[4] 李济：《记小屯出土之青铜器 · 锋刃篇》，《中国考古学报》第 4 册，1949 年。

[5] 河南省文化局文物工作队：《郑州二里冈》，科学出版社，1959 年。

[6] 河北省博物馆、河北省文管处台西发掘小组：《河北藁城县台西村商代遗址 1973 年的重要发现》，《文物》1974 年第 8 期。

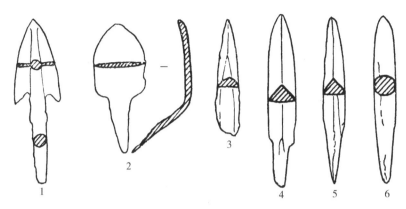

图五　二里头文化铜镞和骨镞
1~3. 铜镞　　4~6. 骨镞

的商代较晚的铜镞相比较，就可以约略寻出商代铜镞发展的轨迹。商代铜镞在形体方面的改进，主要表现在两翼的夹角逐渐增大，翼末的倒刺日趋尖锐，沿着两翼的侧刃呈现出明显的血槽。总体来看，就是杀伤力日益增大，当箭镞射入人体时，一方面扩大受创面积，另一方面使射入的镞更不易被拔取出来。改进后使用得最普遍的铜镞，就是安阳殷墟西区墓葬发掘中获得的铜镞中数量最多的两式[1]。西区墓葬发掘共出土 438 枚铜镞，其中半数以上（235 枚）是长脊双翼式，脊伸出翼底，断面呈菱形，翼末倒刺尖锐，长度以标本 M269：1 为例，长 6.5 厘米（图六：2）。占总数约五分之二（180 枚）的是短脊双翼式，脊较短，又不伸出翼底，两翼侧刃弧度较前一种大，翼末倒刺也极尖锐，长度较前一种短，以标本 M269：3 为例，长 5 厘米（图六：1）。

至于完整的商箭的长度，过去曾被推测为 87 厘米左右[2]，1973 年在河北藁城台西遗址的新发现，证明这一推测是大致正确的。在台西遗址 F10 文化层内，发现一支完整的箭，装有扁平双翼凸脊铜镞，镞铤插入木箭杆中，木质的箭杆和所附的尾羽虽已腐朽，但留在土中的遗痕保存清晰，可

---

① 中国社会科学院考古研究所安阳工作队：《1969 – 1977 年殷墟西区墓葬发掘报告》，《考古学报》1979 年第 1 期。

② 石璋如：《小屯殷代的成套兵器》，（台北）《历史语言研究所集刊》第 30 本，1950 年。

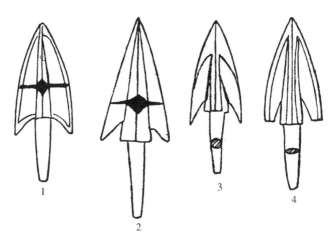

图六　殷周铜镞

1、2. 安阳殷墟西区墓葬出土　3、4. 甘肃灵台白草坡西周墓出土

知箭长 85 厘米①。

　　这些箭往往成组地装在竹质的"箙"内，箭箙也常有用木材或皮革制造的。在殷墟西区 M43 车马坑中，在车箱中放有一个皮革制成的圆筒形矢箙，平底，残长 56、直径 7 厘米。箙内装有 10 支安有铜镞的箭，都是箭锋朝下，箭羽朝上地插在箙中，铜镞的尖锋紧贴箙底②。把 10 支箭作为一组，大约是殷人的习惯做法，在殷墟妇好墓中，也发现有两束铜镞③，每束 10 支，出土时每束排成四层。以标本 5 号为例，第一层一支，第二层两支，第三层四支，第四层三支，看来也像是曾放在圆筒形的箙中，矢箙全已朽毁后，形成现在的样子。过去在小屯 C 区 M20 车马坑中，也曾发现 10 枚箭镞放置在一起的现象。因此认为，殷人装备的弓箭中，把 10 支箭作为一个基准的计数单位，看来是不会错的。关于青铜镞的制造方法，在河南郑州发现的炼铜遗址中保留了一些铸范④，这些镞都是合范浇铸成型

---

① 河北省博物馆等：《河北藁城县台西村商代遗址 1973 年的重要发现》，《文物》1974 年第 8 期。

② 中国社会科学院考古研究所安阳工作队：《1969－1977 年殷墟西区墓葬发掘报告》，《考古学报》1979 年第 1 期。

③ 中国社会科学院考古研究所：《殷墟妇好墓》，文物出版社，1980 年。

④ 河南省文化局文物工作队第一队：《郑州商代遗址的发掘》，《考古学报》1957 年第 1 期。

的。由于镞的体积小，而且需要量大，因此不是一范一器，而是一范多器。以 C5H318：19 号范为例，在范中部有一道连着浇口的主槽，两侧对称斜连三个镞的镞铤，好像植物叶子的叶脉形状。浇铸时，铜液经主槽分别流入各个镞模内，一次就可以铸出 7 枚箭镞。

由于使用青铜镞，较大地增强了箭的杀伤力；与此同时，弓也有了很大的改进。商代的弓，已经脱离了原始的单体弓阶段，虽然至今还没有获得过完整的标本，但从甲骨文的字形来观察，弓字都作"𝄃"形，把弓体中段把手的"弣"部表现得很明显，已呈现出中国古代复合弓形体方面的特点。这样的弓当把弦解去时，弓体就向反向回曲，呈现圆弧的形状，不使用时采取这种弛弓的状态，可以保持良好的弹力。在安阳殷墟小屯 C 区 M20 车马坑中，就曾发现过两张弛弓的遗痕，它们分别装有玉质或铜质的弓珥（图七）。装有玉珥的一张弓，玉珥尖相距 65 厘米，两珥本相距 73 厘米。装有铜珥的一张弓，两珥中间距也是 65 厘米的样子。据此进行推测复原，当时的弓张弦时，差不多与成人等高，长约 160 厘米[①]。

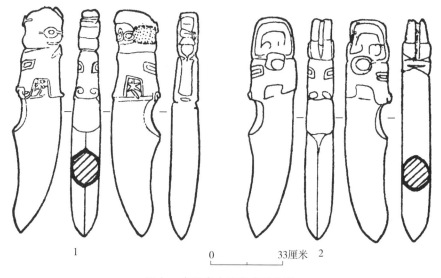

1　　　　　　0　　　　33厘米　2

图七　安阳出土的殷代玉弓珥

① 石璋如：《小屯殷代的成套兵器》，（台北）《历史语言研究所集刊》第 30 本，1950 年。

　　与这两张弛弓遗痕伴同出土的，还有两端带铃的青铜“弓形器”，它们应当是属于弓的附件。这种“弓形器”，在殷代的墓葬中常有出土。例如，在妇好墓中就出土了6件，有的饰有精美的龙纹，有的臂端作马头形或蛇头形。“弓形器”器身都是扁长条形，中部较宽且向上拱起，两端连有弧形的臂。较大的有通长超过40厘米的，较小的则不超过20厘米①。关于它的用途说法不一，唐兰先生认为，它是弛弓时缚在弣部以防弓体损伤的“柲”②。

　　关于商代的弓箭，还有两点值得注意。首先是前面讲到的可复原为弓长160厘米的两张弓，都是与车子一起出土的。可以认为，这种长度与一般人身长相近的弓，是适合车战使用的远射兵器。其次应该注意到，青铜器的使用，并不能完全把石质的生产工具排挤出历史舞台。殷代的青铜镞虽然使用得比较广泛，但是石镞或骨镞仍然在战争中使用着，在狩猎等活动中可能使用得更多。例如在前引的M20车马坑中，埋着的是一辆驾有四马的战车，以及车上三个乘员的尸骨。其中车右所装备的一套兵器中，与那张装有玉珥的弓一起，有两个装满箭的矢箙，每箙十箭，其中一个箙内的箭上装着铜镞，而另一个箙内的箭上全装着石镞③。这证明当时在战斗中，石镞是与铜镞一起通用的。又在大司空村的一座车马坑中，在战车上除了发现有两组各10枚铜镞（另有两枚零散的）外，还有一组10枚是骨镞。骨镞是圆锥形的，有铤，镞体磨制光滑，铤则较粗糙，尚有磨痕，大约是为了便于缚牢在箭杆上，通长75厘米④。这个例子说明，骨镞也与铜镞配合使用。

　　讲到商代的骨镞，不禁令人想到下面的事实，那就是当时用来制造骨镞的原料，不但有各种动物的骨骼，还曾大量采用人骨。在郑州紫荆山商代早期遗址的发掘中，发现过一处制造骨器的场所，从一个贮藏物品的不

---

① 中国社会科学院考古研究所：《殷墟妇好墓》，文物出版社，1980年。
② 唐兰：《“弓形器”（铜弓柲）用途考》，《考古》1973年第3期。
③ 石璋如：《殷墟最近之重要发现，附论小屯地层》，《中国考古学报》第二册，1947年。
④ 马得志等：《一九五三年安阳大司空村发掘报告》，《考古学报》第九册，1955年。

大的竖井形窖穴里，出土了一千多件骨制品，还有半成品、骨料以及废料。发现的制造骨器的工具，有 11 块使用痕迹明显的砺石①。出土的成品和半成品中，有镞和簪等。对窖穴中所存骨料进行鉴定，发现其中除了牛、鹿等动物的骨骼外，大量的是人类的骨骼，约占全部骨料的半数左右。大量采用人骨来制造箭镞，正暴露出商代奴隶社会残暴野蛮的一面，繁荣的商代青铜文化正是在野蛮地奴役广大奴隶的基础上创造出来的。当然那时不仅使用奴隶或俘虏的骨骼制造箭镞，他们的头骨也可以用做容器。在郑州商城的一条壕沟中，还曾发现过一些准备制作器物而锯开的人头骨，一般是从眉部或耳部上端横截锯开，数量将近万颗，可能是一处骨器作坊的贮料处②。这种情况到商代晚期越来越甚，在安阳殷墟发现的数目众多的杀祭奴隶或俘虏的排葬坑，也是很突出的证据。残暴的虐杀在奴隶中种下的仇恨的种子，终于在周人进攻商的国都时爆发，影响了战争的胜负。"百克无后非战罪，前途倒戈乃众俘"③，商灭周兴，江山改变了颜色。

西周时期，军队中普遍装备的远射兵器仍旧沿袭着商代的传统，是弓和弩。这时期的弓也没有发现过完整的标本，但可以看出，在商流行的用于保护弛弦的弓使用的青铜"弓形器"——弓柲，在西周初期也还沿用着，北京昌平白浮④和甘肃灵台白草坡⑤等地西周墓的发掘中，都曾获得过有关的标本。白浮发现的两件，一件全长 36 厘米，另一件长 37.5 厘米，在弧臂的钩端都铸有圆铃。灵台出土的标本，通长 34 厘米，器身面上饰有蝉纹，弧臂的铃端亦饰圆铃，内含响丸，可发声响。特别是在弧臂和弓形体相连处，还遗留着原来捆缚在弓上的痕迹。后来可能因为流行更方便而

---

① 河南省文化局文物工作队第一队：《郑州商代遗址的发掘》，《考古学报》1957 年第 1 期。
② 河南省博物馆：《郑州商城遗址内发现商代夯土台基和奴隶头骨》，《文物》1974 年第 9 期。
③ 郭沫若：《观圆形殉葬坑》，《考古学报》1960 年第 1 期。
④ 北京市文物管理处：《北京地区的又一重要考古收获——昌平白浮西周木椁墓的新启示》，《考古》1976 年第 4 期。
⑤ 甘肃省博物馆文物队：《甘肃灵台白草坡西周墓》，《考古学报》1977 年第 2 期。

实用的竹弓柲, 青铜制品就不再使用了①。

西周时期箭上所安装的铜镞, 基本上也是沿袭着商代的式样, 主要是凸脊扁平双翼镞。例如在陕西长安沣西的西周墓中出土的 11 枚青铜镞, 形状相同, 都是凸脊扁平双翼镞, 有两侧刃、前锋和双尾刺, 有铤。以 M204: 8 号镞为代表, 全长 5.3 厘米②。这时有的青铜镞双翼的尾刺不呈尖状, 而是扩大成平铲状。在甘肃灵台白草坡西周墓, 共出铜镞 227 枚, 除了两枚是双翼后锋尖锐的 (图六: 3), 其余的都是后锋作平铲状, 翼上有尖血槽 (图六: 4)。这些镞体长 6.2 厘米, 每 10 枚平均重 9.5 ~ 10.5 克。但没有能保存下来完整的箭, 只在墓 2 中残存有苇类箭杆的残迹, 残长 18 厘米, 杆体粗细均匀, 杆径 0.7 ~ 0.8 厘米。在铜镞铤部先缠一些纤维物质, 然后插入杆端, 再在外面用丝缠绕扎紧。杆的表面髹黑漆③。总的看来, 西周的铜镞比商代的两翼夹角更大些, 翼尾或倒刺更锐利或改为平铲状, 以扩大中箭者的受创面积, 增强箭的威力。另外, 西周时骨角等质料的镞也还大量使用, 发掘陕西长安张家坡的西周遗址时, 出土铜镞 62 枚, 而骨质或角质的镞却多达 310 枚④, 其数量约为铜镞的五倍。很有可能制工精良的铜镞是当时的主战兵器, 装骨角镞的箭则是辅助性兵器, 同时还大量用作渔猎的工具。

传统的凸脊扁体双翼青铜镞, 从它在二里头文化时期出现起, 历经商代和西周, 一直是青铜镞的唯一的型式, 虽然也有一些变化或形成一些异样的变体, 但总的形制没有改变, 一直延续使用了 10 个世纪以上。但是从西周末年开始, 特别是进入春秋时期以后, 随着车战的日益发展和战争规模的逐渐扩大, 防护装具也进一步完善, 皮甲胄的制造日益牢固, 防护的部位也更周密完备, 迫切需要更为锐利而穿透力更强的箭镞。同时还应更适应战场上的大量需要, 必须更便于铸造。于是仅仅在传统的扁体双翼镞

---

① 唐兰:《 "弓形器" (铜弓柲) 用途考》,《考古》1973 年第 3 期。
② 中国科学院考古研究所:《沣西发掘报告》, 文物出版社, 1962 年。
③ 甘肃省博物馆文物队:《甘肃灵台白草坡西周墓》,《考古学报》1977 年第 2 期。
④ 中国科学院考古研究所:《沣西发掘报告》, 文物出版社, 1962 年。

的基础上作些改进，远远满足不了需要，因此一种新式样的青铜镞开始出现。首先是抛弃了传统的扁体形态，改用三棱锥体，由两翼的侧刃前聚成锋，改成三棱的三条凸起的棱刃前聚成锋，既增强了穿透力，又加强了杀伤力。关于对扁体双翼镞的进一步改进和锥体三棱镞的出现，在河南陕县上村岭虢国墓发掘中获得的铜镞中都可以观察到①。其次，对扁体双翼镞的改进表现在脊部加长，双翼下垂，把过去向两侧平伸而微向下弧的翼刺，改成后伸下垂的翼刺。这种体长而翼刺下垂的双翼镞，比原来的式样增强了穿透的能力。殷代青铜镞的镞宽与脊长之比常常是 1∶1.6，而虢国墓出土的双翼镞，镞宽与脊长的差距增大了（图八：1～3），有的甚至达到 1∶2.6。其中比较突出的标本，如虢国墓中时代较晚的 1747 号墓中，有的双翼镞（M1747：242）宽仅 1.6 厘米，脊长达 4.2 厘米（图八：4）。也正是在 1747 号墓里，也出土有新式的锥体三棱镞，剖面呈弧边三角形，通过三个顶点伸出的凸刃，向前聚成前锋（图八：5），这就开启了后来一直流行到汉代的三棱锥体镞之先河。由于在春秋早期这种式样的镞还处于刚刚出现的阶段，因此数量很少，虢国墓地出土的总数达 324 枚铜镞中，锥体三棱镞仅有 4 枚，只占总数的千分之十二。这一情况随着时间的推移不断发生变化。迟到春秋晚期，例如长沙浏城桥 1 号墓中②，出土了 46 枚铜镞，其中锥体三棱镞③就有 29 枚，并分为长刃和短刃两式，占总数的 63%。此外，还有 4 枚扁平柳叶状的和 13 枚平头圆柱状的，前者应是源于传统的扁平双翼镞而形成的变体，后者则是供射猎用的工具，并不是战争的兵器。浏城桥 1 号墓出土的箭，原来可能插放在饰有漂亮的装饰图案的竹矢箙内，带镞全长约为 75.5 厘米。

春秋时期青铜镞的这些变化，反映出当时弓箭制造工艺在承袭着前代

---

① 中国科学院考古研究所：《上村岭虢国墓地》，科学出版社，1959 年。

② 湖南省博物馆：《长沙浏城桥一号墓》，《考古学报》1972 年第 1 期。

③ 东周的锥体三棱青铜镞的穿透力是很强的。例如，1959 年在山西芮城龙泉村东发现的中箭人骨架，发现一枚铜镞，从背部脊椎骨第四节射入，直穿到腹部左侧。见《山西芮城永乐宫新址墓葬清理简报》，《考古》1960 年第 8 期。另外，天津巨葛庄也发现过射入人骨的铜镞，但时代比上例晚，是战国时期的墓葬。

（主要是殷和西周经验）的基础上，有了较大的进展，使弓箭的质量有了较大的提高。为了满足战争的需要，当时各国都力图巩固已取得的成绩，因此，在积累和整理前代经验的基础上，形成有关制造工艺的详尽记录，进一步制定官方标准，用以指导弓箭的生产，以获得更多的规格一致的精良的远射兵器。

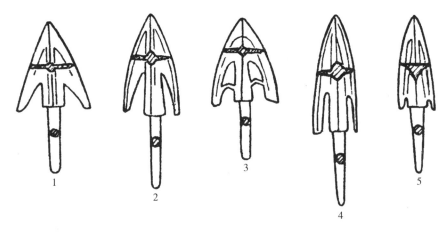

图八　上村岭虢国墓出土铜镞

齐国所修的官书《考工记》，由于后来被补入《周礼》一书中，所以流传颇广。《考工记》中的"弓人为弓"和"矢人为矢"两节，详细地记述了有关制造弓箭的选材、工艺流程等，并且记录了按使用人身份而规定的弓的等级。书中指出，制造弓所需的六材是干、角、筋、胶、丝和漆，"六材既聚，巧者和之"，只有六材准备好了，才有可能合制成弓。六材所起的作用，分别是"干也者，以为远也；角也者，以为疾也；筋也者，以为深也；胶也者，以为和也；丝也者，以为固也；漆也者，以为受霜露也"。对于六材的选用标准，书中有较详细的规定。如弓干，书中列举了七种原材料，并排定了它们优劣的次第，指明"凡取干之道七：柘为上，檍次之，檿桑次之，橘次之，木瓜次之，荆次之，竹为下"。认为七种树木中，以柘木制弓是最好的材料，而最次的是竹材。选取角材时，要注意杀牛的季节、牛的老幼、是否是病牛的角，应选用的角必须是"青白而丰末"。因为"夫角之本，蹙于脑而休于气，是故柔。柔，故欲其埶也。白也者，埶之征也。夫角之中，恒当弓之畏，畏也者必桡。桡，故欲其坚也。青也者，坚之征也。夫角之末，远于脑而不休于气，是故脆。脆，故欲其柔也。丰末也者，柔之征也。"最好选取本白、中青、末丰的角，"角长二尺有五寸，三色不失理，谓之牛戴牛"。这是最佳的角材，一只牛角的价格就相当于一头牛，所以称为"牛戴牛"。对于胶、筋、漆和丝的选材，也各有规定。至于将六材合制成弓，并不是短时间可以完成的，不同的工序需选不同的季节，以保证弓的质量。"凡为弓，冬析干而春液角，夏治筋，秋合三材，寒奠体，冰析灂"，再春被弦，因此制成一张弓，时间短了是不够的。据抗日战争时期对成都长兴弓铺的调查，从备材到制成一张弓，要跨越四个年头，实需三整年的时间①。由此推知，古代制成一张良弓，所需的时间也不会相差很多，至少需二至三年才成。但是当时的弓是战争中的主要远射兵器，需要不断地成批供应军队，所以并不是制成一张才开始制造第二张，一次是制一批，各项工作交错进行，流水作业，因此实际上每年都会有成批的成品，但是以一张弓而论，其制造的时间是无法缩短的。

关于按使用人身份而规定的弓的等级，《考工记》中分为天子、诸侯、大夫、士四级。具体规定如下："为天子之弓，合九而成规；为诸侯之弓，合七而成规；大夫之弓，合五而成规；士之弓，合三而成规。"这是因为选用的干材越优良，则弓的钩曲度越小。同时，又根据弓的长度，将弓定为上制、中制和下制，"弓长六尺有六寸，谓之上制，上士服之；弓长六尺有三寸，谓之中制，中士服之；弓长六尺，谓之下制，下士服之"。郑氏注："人各以其形貌大小服此弓。"

有了《考工记》这样的官定制度，有助于推广较先进的工艺技术，并使产品规范化，有利于提高兵器的质量。兵器生产的规范化和规格化，改进了军队的装备状况，士兵能使用标准一致的兵器，自然有利于训练士

---

① 谭旦冏：《成都弓箭制作调查报告》，（台北）《历史语言研究所集刊》第23本，1951年。

卒，且便于在战斗中进行指挥。

近年来在考古发掘中获得的春秋战国时期的古弓资料，主要都是在湖南、湖北等地的楚墓中获得的，或是与楚文化关系密切的曾侯墓中获得的，这些标本除了反映出整个时代的特征外，自然还带有地域特色，与《考工记》中基于齐国产品而制定的标准，难以完全符合，但是其基本情况，特别是制造工艺的特点，都是一致的。在楚墓中获得的弓，有竹弓和木弓两种，主要出土于湖南长沙五里牌406号墓[1]、紫檀铺30号墓[2]、扫把塘138号墓[3]、月亮山41号墓[4]、浏城桥1号墓[5]、常德德山25号墓和51号墓[6]；以及湖北江陵藤店1号墓[7]、天星观1号墓[8]、拍马山22号墓[9]、襄阳蔡坡12号墓[10]、云梦珍珠坡1号墓[11]，鄂城鄂钢53号墓[12]。此外，在雨台山楚墓发掘中[13]，有19座墓曾出土过竹弓，多已残毁，长度不详。在随县曾侯乙墓[14]，则出有竹质和木质的弓多张，有长有短，有单体弓也有复合弓。现据已发表弓长数字的标本，依其长短次序分列如下：

---

[1] 中国科学院考古研究所：《长沙发掘报告》，科学出版社，1957年。

[2] 湖南省文物管理委员会：《湖南长沙紫檀铺战国墓清理简报》，《考古通讯》1957年第1期。

[3] 高至喜：《记长沙、常德出土弩机的战国墓——兼谈有关弩机、弓矢的几个问题》，

[4] 湖南省博物馆：《长沙楚墓》，《考古学报》1959年第1期。

[5] 湖南省博物馆：《长沙浏城桥一号墓》，《考古学报》1972年第1期。

[6] 湖南省博物馆：《湖南常德德山楚墓发掘报告》，《考古》1963年第9期。

[7] 荆州地区博物馆：《湖北江陵藤店一号墓发掘简报》，《文物》1973年第9期。

[8] 湖北省荆州地区博物馆：《江陵天星观1号楚墓》，《考古学报》1982年第1期。

[9] 湖北省博物馆等：《湖北江陵拍马山楚墓发掘简报》，《考古》1973年第3期。

[10] 襄阳考古训练班：《襄阳蔡坡12号墓出土吴王夫差剑等文物》，《文物》1976年第11期。

[11] 云梦县文化馆：《湖北云梦珍珠坡一号楚墓》，《考古学集刊》第1集，中国社会科学出版社，1981年。

[12] 鄂城县博物馆等：《湖北鄂城鄂钢五十三号墓发掘简报》，《考古》1978年第4期。

[13] 荆州博物馆：《江陵雨台山楚墓发掘简报》，《考古》1980年第5期。

[14] 随县擂鼓墩一号墓考古发掘队：《湖北随县曾侯乙墓发掘简报》，《文物》1979年第7期。

紫檀铺 30 号墓	竹弓	长 215 厘米
藤店 1 号墓	木弓	长 169 厘米
德山 25 号墓	木弓	长 160 厘米
月亮山 41 号墓	木弓	长 157 厘米
五里牌 406 号墓	竹弓	长 140 厘米
德山 51 号墓	木弓	长 138 厘米
浏城桥 1 号墓	竹弓	长 130～125 厘米
珍珠坡 1 号墓	木弓	长 126 厘米
蔡坡 12 号墓	木弓	残长 124 厘米
扫把塘 138 号墓	竹弓	长 106.5 厘米
天星观 1 号墓	竹弓	残长 72 厘米，原约 90 厘米
鄂钢 53 号墓	竹弓	长 85 厘米
天星观 1 号墓	木弓	残长 70 厘米，原约 80 厘米
拍马山 22 号墓	竹弓	长 70 厘米

　　如将上列标本的长度，与《考工记》所定的上、中、下三制相对照，可以看出有些是较为符合的。如以当时一尺约当今 23 厘米计算，六尺六寸约为 152 厘米，六尺三寸约为 145 厘米，六尺约为 138 厘米。则藤店 1 号墓、德山 25 号墓和月亮山 41 号墓所出的三张木弓，应属上制。至于紫檀铺 30 号墓所出竹弓，简报中说残长已有 215 厘米，可能有误，暂略去不计①。五里牌 406 号墓的竹弓，或可属于中制。德山 51 号墓木弓和浏城桥 1 号墓竹弓均合于下制。其余的弓均比标准的下制为短，也应划入下制，同时也不排除这些短弓中有些应是安于弩机上的弩弓。仅就这些标本反映出的情况，上、中制的弓数量较少，而下制的数量较多，说明，《考工记》所定的尺寸标准，在当时是很恰当的。同时从这些标本观察，一般来看，木弓的长度都较竹弓为长，也可以说，弓干的选材是木优于竹，这正合于《考工记》中所定的选材标准。不过从楚墓出土的这些标本看，用竹材制造的弓的数量相当多，超过出土总数的半数以上。大量使用竹材造弓，又

---

① 关于这张弓的尺寸不准的问题，过去已有日本学者提出过，可参看［日］林巳奈夫《中国殷周时代之武器》，1972 年，第 288 页。

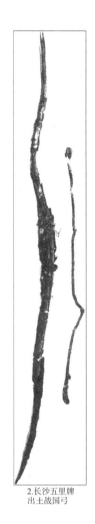

1.新疆民丰尼雅出土东汉弓箭及箭箙

2.长沙五里牌
出土战国弓

3.居延出土西汉箭及
箭杆刻铭

4.马王堆三号墓出土竹弓、木弓
及箭箙

图九 战国、两汉弓箭及箭箙

与《考工记》所述不相符合，很可能是由于地域不同，取材的标准也有差别，楚地与齐地不同，似并不把竹材视为干材中最下等的原料，并能采用复合多层的办法，以补救竹材本身的缺陷，仍能制成适用的良弓。

这类用竹材造的复合弓，可以长沙五里牌406号墓出土的一张为代表，弓体为竹质，中间一段用四层竹片叠成，取其富于弹力。在竹股外缠以胶质薄片。再外面，用丝密密地缠绕，然后涂漆，出土时漆皮及丝线已大部剥落，现作黑褐色（图九：2）。在弓两端附有角质的珥，长5厘米，上有刻槽，即所谓"锲"，是用来挂弦驱的。弓弦保存完整，丝质，黄褐色，长80厘米，弦径7毫米。在弓弦两端有弦驱，以挂于弓珥上的锲中①。由这张弓，可以看到正如《考工记》所说的"干、角、筋、胶、丝、漆"六材具备。其余的竹弓，制法也与五里牌406号墓的相似。如浏城桥一号墓共出三张竹弓，都是用三层竹片叠合而成，先用其中两片竹片以较薄的两端上下相叠，再在相叠的部位加附上第三片竹片，然后用丝线缠紧，外表髹漆。竹弓脱水后并不变形，但其他竹器一经脱水即变形干缩，由此可证，制作弓体的竹材，当时曾做过特殊加工处理。天星观1号墓出的五张竹弓，都由三片竹片叠合，用丝线缠紧，通体髹黑漆。雨台山出土的竹弓，虽均已残毁，但可看出都是用几层竹片叠合，缠以丝线，再髹黑漆。只有扫把塘138号墓的竹弓，在紧缠的丝线下还包裹有绸绢，外表亦髹黑漆。综上所述，楚墓竹弓的制造工艺极为一致，也反映出楚弓的制造已经形成规范。至于楚墓出土的木弓，可能因选材较优良，多为单体。以德山25号墓木弓为例，弓呈黑褐色，两端及中部均髹黑漆，中部有用丝线捆扎的痕迹。弓的一端有两个小圆孔，另一端刻出对称的缺口，是装弦的锲。弓宽24毫米，中部厚18毫米。藤店1号墓出土的木弓，断面呈圆形，直径约2厘米，通体除髹漆外，并有漂亮的彩绘花纹，相当精美。这些制工精良的弓箭，为楚国的优秀射手准备了充分的物质条件，当时楚国出现了像养由基那样的神射手，他和潘党都可以射透七层甲札②，除了他们的精湛射技外，也得力于当时楚国弓箭制造技艺的精良。

楚墓里出土的这些制造精良的弓箭，看来依然是在车战中使用的，因为在一些未遭盗扰的墓中，弓箭与其他兵器都是与车器伴同出土的。例如浏城桥1号墓、藤店1号墓、天星观1号墓、蔡坡12号墓等，都是如此。至于随县曾侯乙墓，随葬的简文中更记明各种战车和所装备的兵器，出土的那些木弓和竹弓正是用于车战的。当时除了把弓装饰得很华美，前述的

① 中国科学院考古研究所：《长沙发掘报告》，科学出版社，1957年。
② 《左传·成公十六年》。

藤店 1 号墓所出木弓上的图案彩绘，就是很好的例子。浏城桥 1 号墓的竹矢箙，把装箭的矢箙装饰得华美异常，满髹黑漆，上面绘出红色的云纹图案，并加饰黄色的勾云纹，色彩鲜艳，相当漂亮①。江陵望山 2 号墓里出土的矢箙虽残，但下部的木雕保存尚好，长 22.6 厘米。木雕以一只俯飞的雀为中心，左右各有一凤一兽，相互对称，都是透雕，全器用彩漆精绘，更是华丽美观②。除了楚国以外，其余诸国也同样把战车上使用的弓囊和矢箙装饰得华美异常，《诗·秦风·小戎》中所描绘出的战车是"俴驷孔群，厹矛鋈錞。蒙伐有苑，虎韔镂膺。交韔二弓，竹闭绲縢"。这后三句诗，正是描述那刻金的虎皮弓囊和内藏的良弓。

三 弩的出现

弓箭制造工艺在春秋时期达到前所未有的高峰时，在远射兵器的制造方面发生了一场革命，这场革命的结果，到战国中期已表现得很明显了，竟能使战场的面貌为之改观，成为从兵器方面影响战局胜负的突出事例。试看发生在公元前 343 年的齐魏马陵之战，齐军按照军师孙膑的计策，利用减灶的办法引诱魏军轻敌贸进，而设伏于马陵。司马迁在《史记·孙子吴起列传》中对这一场战斗做了如下的生动描绘："（庞涓）乃弃其步军，与其轻锐倍日并行逐之。孙子度其行，暮当至马陵。马陵道狭，而旁多阻隘，可伏兵，乃斫大树白而书之曰：'庞涓死于此树之下。'于是令齐军善射者万弩，夹道而伏，期曰'暮见火举而俱发'。庞涓果夜至斫木下，见白书，乃钻火烛之。读其书未毕，齐军万弩俱发，魏军大乱相失。庞涓自知智穷兵败，乃自刭，曰：'遂成竖子之名！'齐因乘胜尽破其军，虏魏太子申以归。孙膑以此名显天下，世传其兵法。"③ 在这次著名的战斗中，齐军能够成功地突然展开猛烈的射击，主要是依靠可以预先张机、持满待敌

---

① 湖南省博物馆：《长沙浏城桥一号墓》，《考古学报》1972 年第 1 期。
② 湖北省文化局文物工作队：《湖北江陵三座楚墓出土大批重要文物》，《文物》1966 年第 5 期。
③ 《史记·孙子吴起列传》，第 2164～2165 页。

的新型远射兵器——弩，并且在军中大量装备了这种兵器。弩作为主要的远射兵器走上战争的历史舞台，就是这次远射兵器制造方面的革命变革的结果。

近年来，在湖南①、江苏②、河南③、河北④、山东⑤和四川⑥等地的战国墓中，不断出土青铜弩机（图一〇：3、4），长沙扫把塘138号墓中还发现完整的木弩臂和竹弩弓⑦，都是当时弩已成为重要的远射兵器的实物例证。有关的考古资料，已在本书的《〈孙膑兵法〉反映出的战国时期兵器和战术的变化》中作过介绍，并曾绘制了战国弩的复原示意图（该文图四）和战国弩机发射示意图（该文图五）。这里就不多重复了。至于山东曲阜鲁故城出土的铜弩机（图一一），其结构和湖南等地出土的大致相同。在那些出土的战国弩标本中，以湖南境内的战国墓中发现的较多，还有完整的带有木臂竹弓的弩，反映出这种远射兵器当时在楚国使用较为普遍，也反映出楚国的造弩工艺比较先进。这些发现自然使人联想到《吴越春秋》，其中记述有越王勾践请楚将陈音教射的故事。陈音把他学习射术的师承关系，一直追溯到传说时代的羿，并把弓弩的发明和发展的历史，归结为"弩生于弓，弓生于弹"，是楚国的琴氏"横弓着臂，施机设枢"，因而发明了弩。认为安装了青铜扳机、并在春秋时开始把弩用为战争兵器是源于楚国，看来可能性很大。但是弩的产生远较春秋时期早得多。

---

① 高至喜：《记长沙、常德出土弩机的战国墓——兼谈有关弩机、弓矢的几个问题》，《文物》1964年第6期。
② 镇江市博物馆：《江苏武进孟河战国墓》，《考古》1983年第8期。
③ 洛阳博物馆：《洛阳中州路战国车马坑》，《考古》1974年第3期。
④ 河北省文物管理处：《河北易县燕下都44号墓发掘报告》，《考古》1975年第4期。
⑤ 山东省文物考古研究所等：《曲阜鲁国故城》，齐鲁书社，1982年。
⑥ 四川省文物管理委员会：《成都羊子山第172号墓发掘报告》，《考古学报》1956年第4期；四川省博物馆等：《四川涪陵地区小田溪战国土坑墓清理简报》，《文物》1974年第5期；四川省博物馆：《四川新都战国木椁墓》，《文物》1981年第6期。
⑦ 高至喜：《记长沙、常德出土弩机的战国墓——兼谈有关弩机、弓矢的几个问题》，《文物》1964年第6期。

1.独龙族射弩

2.傈僳族射弩

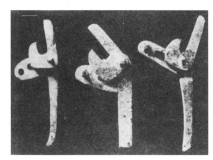

3.四川涪陵出土铜弩机

4.燕下都44号墓出土铜弩机和铁廓

图一〇　少数民族木弩和战国铜弩机

　　在我国古代，弩是什么时期开始出现的？这一问题现在还没有确切的答案。近年来，有的研究者到新石器时代的遗物中去探寻它的踪迹[①]。他们依据的是在我国一些少数民族中尚存的较原始的木弩，那些弩上所安的扳机（古称"悬刀"）还是用骨角制造的，是一种体长 6~9 厘米的扁平式长方形穿孔的骨片或角片。在各地发现的新石器时代遗物中，常有一些用途不明的带穿孔的小骨片，也有的是牙质或蚌质的。如"庙底沟仰韶文化

---

① 宋兆麟等：《从少数民族的木弩看弩的起源》，《考古》1980 年第 1 期。

出土的小形有孔骨匕，徐州高皇庙龙山文化的长条形有孔蚌饰，西北齐家文化出土的长条形有孔骨匕、穿孔器等，不仅形制与上述悬刀相一致，大小尺寸也相近，其中有些可能就是原始木弩的悬刀"（图一二）。如果上述说法无误，就可以把用弩的历史推溯到新石器时代，还可以进一步推测原始的弩的形态，也当与流行于黎、独龙、景颇等族和苦聪人的那些较原始的木弩相近似。为了有助于了解古弩的面貌，这里简介一下傈僳、黎、哈尼、独龙等族所使用的木弩。

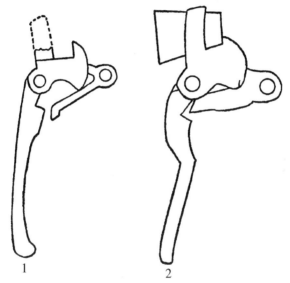

图一一　山东曲阜鲁国故城乙组墓出土铜弩机（1/2）
1. M52：75　　2. M3：61

　　傈僳族的木弩，弩臂用柘木或野桑木制成，长约80厘米，臂面挖有容箭的浅槽。臂前端向下斜削，呈鸟首状。在弩臂居中处挖槽安扳机，用一件2.5厘米见方的牙骨上刻容弦线的路槽，其下之直路挖成仅1厘米的隙缝，中插骨质的扳机片。弩弓微呈半月形，长约120厘米，安于弩臂前端。弩弦用十余股精麻绹成，两端结成绊扣，套结在弩弓两端。弩箭用竹削成，长约40厘米，并以薄竹皮叠成角形，插入箭尾，用麻线扎紧，起箭羽

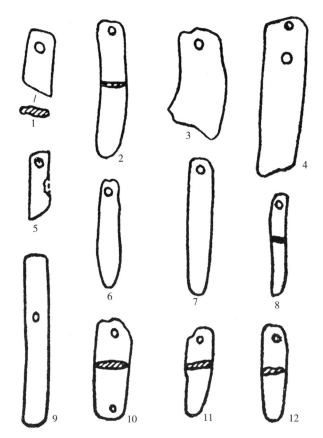

图一二　少数民族原始弩扳机（9～12）和原始社会骨、角穿孔片（1～8）比较图

1、2. 庙底沟弧形骨匕　3. 东庄村牙饰　4. 高皇庙蚌饰　5. 秦魏家骨匕　6. 张家嘴穿孔器
7、8. 大何庄骨匕　9. 黎族骨扳机　10. 独龙族骨扳机　11. 苦聪人骨扳机　12. 景颇族骨扳机

的作用。有时还用乌草熬成的毒药膏涂在箭头上，制成毒箭[①]。

　　黎族木弩的弩臂长仅64.5厘米，臂面也有容箭的浅槽，后有弦槽，也在槽上嵌有长方形的骨郭。由于弩臂较窄，仅有1.2厘米宽，因此不用挖槽装扳机的办法，而是在弦槽左侧，用一根竹轴安一长方形的扳机片。弩弓长136厘米，以长145、直径0.2厘米的牛皮绳为弦。弦中央部位，以藤条缠紧。发射时，先引弦至弦槽处，将扳机片的前端压于弦槽之下，弦卡在槽内，这时扳机片后端仰起。然后用手下压扳机片的后端，使其前端

———————————

① 陶云逵：《碧罗雪山之栗粟族》，中央研究院历史语言研究所集刊第十七本，1948年。

上抬，于是将弦挤出弦槽，弦收而将箭弹射出去①。

哈尼族的木弩（图一三），弩臂用硬木制成，长70.2、高3.3～5.4、厚1.7～5.1厘米。弦槽在木臂上挖出，槽下挖空，用竹轴固定一个骨质的扳机片。弩弓用竹制成，长92、高2～4.3、厚1.4～2.3厘米。用麻绳制弦，长86厘米，两端结成绊扣，套结在弩弓上，在弦的中央用藤条缠绕②。

独龙族的木弩，弩臂用栗木或岩桑木制造，加工时须用火烤，然后外表磨光，弩有大中小之分，大的弩臂长110厘米，射程达150米；中型的臂长90厘米，射程100米；小型的臂长65厘米。臂面刻有容箭的槽，安有骨质弦槽，内装扳机片。弩弓竹制，长75厘米。弦用麻绳制成，弦中央也紧缠藤丝。弩箭竹制，长30～40厘米，箭头削修成三棱形或扁锥形，用芭蕉叶制尾羽③。

这些少数民族使用的木弩，制作过程比较复杂，常需费时数月之久，因此并不是人人都能掌握的技能。在苦聪人的地区，能够掌握制弩技术的只有少数人，他们用质地坚固的半角树和西皮尼树为造弩臂的原料，先砍成弩臂的形状，再经火反覆烘烤，需长达两三个月才能定型。弩弓用竹制，弦用野麻"卡加"的皮搓制。傈僳族制弩时，也是先砍成材，放在火炕上边烤干，然后放在酒中煮，使木料柔软，再经火熏烤，最后定型后，再以错草将弩臂打磨光滑。弩弓虽不用酒煮，但也需烘烤、定型④。根据上述民族学方面的资料，可以推测着大致勾勒出原始社会木弩的基本轮廓（图一〇：1、2）。

从古代文献中，也可以找到有关用弩的记述。《礼记·缁衣》引《太甲》："若虞机张，往省括于厥，度则释。"郑氏注："虞，主田猎之地者也。机弩牙也。度谓所拟射也。虞人之射禽，弩已张，从机间视括，与所

① 宋兆麟等：《从少数民族的木弩看弩的起源》，《考古》1980年第1期。
② 宋兆麟等：《从少数民族的木弩看弩的起源》，《考古》1980年第1期。
③ 宋兆麟等：《从少数民族的木弩看弩的起源》，《考古》1980年第1期。
④ 宋兆麟等：《从少数民族的木弩看弩的起源》，《考古》1980年第1期。

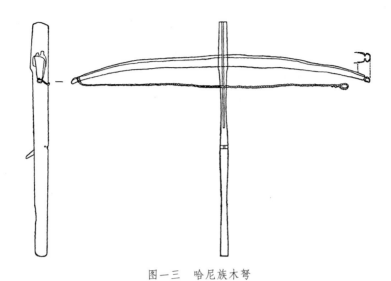

图一三　哈尼族木弩

射参相得，乃后释铉发矢。"① 太甲，系商汤之孙。这应是有关商代初年曾使用弩的记述。商代曾有弩，也可从甲骨文中去寻找证据。唐兰先生曾指出，商代以前就有过弓弩，"只要看甲骨文常见的弘字，画出弓上有一个臂的形状，就可以知道了。"② 但是那时可能还是用木弩，没有青铜的机栝。只有青铜的机栝在春秋时期开始使用以后，才能进一步提高弩的性能，使它具有军事意义，开始成为军中的远射兵器。因此在孙武的《孙子兵法》中，已把弩视为与甲胄戟楯同等重要的兵器，在《作战篇》中说："公家之费，破车罢马，甲胄矢弩，戟楯蔽橹，丘牛大车，十去其六。"在《势篇》中讲到"势"与"节"时，用"矿弩"和"发机"来作譬喻，说"是故善战者，其势险，其节短。势如矿弩，节如发机"。至于弩的大量使用，并在战斗中发挥出可以影响胜负的作用，则是到了战国时期，前面引述的齐魏马陵之战，正是用弩破敌的典型战例。

据《释名・释兵》："弩，怒也，有执怒也。"从汉人对弩的名称含义的解释，可以看出它从出现在战场上后即被认为是声势威响如怒势的兵

---

① 中华书局影印本《十三经注疏》，第 1649 页。
② 唐兰：《"弓形器"（铜弓柲）用途考》，《考古》1973 年第 3 期。

器。陈音把弩的特点概括为"横弓着臂，施机设枢"八个字，是颇为精练而准确的。弩正是由臂、弓和机三部分组成。臂用木制，《释名》说："其柄曰臂，似人臂也"，《说文》亦把弩解释为："弓有臂者"。弓和机都装在臂上，弓横装在臂的前端，机装在臂的中部偏后尾处。春秋战国时期的弩机已用青铜铸制，包括悬刀（扳机片）、望山和牛（钩心），在望山下部连有钩弦的牙，它们都用青铜的枢（栓塞）结合在弩臂上挖出的框槽内，因此弩之张发，枢都是很重要的部件。这也就是陈音强调了弓、臂、机、枢的原因。从发射原理看，弩和弓是相同的，都是利用张弓储存能量，然后通过急速收弦把它转化为动能，将箭弹向前方。它们不同的地方主要表现在下述两方面，一是拉弓仅靠人的臂力，就是人的气力再大，两膀的拉力终究是有限的，所以不可能长时间张弓，需要迅速瞄准，尽快放箭。二是弓的强度不能超过人的臂力，否则就拉不开了，因此限制了射程，更不能张一次弓发多支箭。弩就不同了。因为它是把横装在臂上的弓拉开后，先将弦管在牙上，如不扳动悬刀而使机牙下松，就不会收弦发箭，因此可以延时发射，既有充分的时间进行瞄准，又可持满傅矢，等待有利时机，还能全体齐射，矢道同的，充分发挥兵器的威力。其次是弩除了使用人的臂力张弩外，还可以运用全身的力量，用脚蹬，用腰引，甚至安装绞车，集中几个人甚至几十个人的合力，因此弩的强度可比弓成倍地增加，相应地是射程增大了，威力增强了，还能同时发射多支箭。以上是弩较弓优越之处，但是它也有不如弓的地方。首先是张弩比张弓慢，不够灵活，特别是不利于骑兵于行进间射击敌人。其次是弩的力量越强，张弩等准备发射的过程也相应加长，所以发射缓慢。但是在它开始现于战场上的春秋时代和战国前期，上述缺陷表现得并不突出，因为当时军队的主力还是驷马战车，目标庞大，行进时又欠机动灵活，正是强弩射击的好靶子。因此当各国军队中都普遍装备了强弩以后，传统的驷马战车无法与之对抗，这也是迫使战车被淘汰的因素之一①。虽然也曾尝试着在战车上装弩，以提高

① 杨宽：《战国史》，上海人民出版社，1980年，第279页。

传统的驷马单辕木制战车的战斗力，但是与新兴的装备着强弩的步兵相比，这种努力并没有太大的作用。虽然从考古发掘中获得的战国时代的弩，可能都属于用人的臂力张弩的"臂张"弩，但是从文献中知道当时已使用了威力更强的用脚踏张的"蹶张"弩。苏秦在说韩宣王时，极力夸耀韩国的兵器和士兵，曾说："天下之强弓劲弩皆从韩出。溪子、少府、时力、距来者，皆射六百步之外。韩卒超足而射，百发不暇止，远者括蔽洞胸，近者镝弇心。……以韩卒之勇，被坚甲，蹠劲弩，带利剑，一人当百，不足言也。"① 这里讲的"超足而射"，《史记·苏秦列传》"正义"解为"夫欲放弩，皆坐，举足踏弩，两手引揍机，然始发之"②。正是用脚踏张的强弩。由此可以看出步兵的主要装备已是强弩、利剑和甲胄，这和《荀子·议兵篇》所讲的魏国步兵装备是相合的。《议兵篇》讲的魏步兵"衣三属之甲，操十二石之弩，负服矢五十个，置戈其上，冠轴带剑，赢三日之粮"。这种十二石的强弩，也应是"蹶张"弩。正是由于普遍装备了强弩，才使步兵在野战中的作用日趋重要，这也是以步骑兵为主的野战能够取代传统的车战的原因之一。

除了蹶张弩外，战国时期也可能有用于守城的威力更大的弩机，例如《墨子·备高临》中的"连弩之车"，但是可能因错简等原因，这段文字很难读通，但总可看出是一种装有铜机的大型弩，射出的"长十尺，以绳□□矢端，如如戈（弋）射，以磨鹿卷收"，也就是这种长大的箭用绳结箭尾，发射后，还可用轮盘卷收回来以备再射。因此这里讲的"连弩"，并不是连续发射的意思，而是连属之意。后来秦始皇至琅琊，听信了方士徐市的说法，以连弩去射海中的大鱼（鲸?）③，也应是这种箭后有连索的大弩，这一事实说明连弩在秦代确实已在使用着。但从始皇陵侧陶俑坑中的出土品观察，秦军中普遍装备的弩，还是和楚墓出土的弩形制相同，铜

---

① 《史记·苏秦列传》，第 2250~2251 页。这是战国时策士游说之词，其说法不尽可靠，多有夸大之处，如说当时的弩可射六百步，看来是不可能的，据汉简记录，汉代强弩也不过射二百步左右。

② 《史记·苏秦列传》，第 2251 页。

③ 《史记·秦始皇本纪》，第 263 页。

弩机由牙、牛和悬刀组成，无郭，用铜枢安在木臂框槽中。木臂长约71.6厘米，前安木质的复合弓，弦长约117~140厘米（参见本书《〈孙膑兵法〉反映出的战国时期兵器和战术的变化》图六）。同出的弩箭，长约68~72厘米，上装三棱青铜镞①。由出土时较完整的标本看，似乎没有可供踏张的装置，很可能还是用臂力张弦的"臂张"弩。

四 汉代的弓弩

战国的纷争在秦王朝统一的凯歌中结束，随后起义的农民又敲响了暴秦的丧钟，接着是楚汉之争，最后以项羽自刭乌江而告终，中国古代的地图又涂成单一的颜色，刘邦建立了统一的西汉帝国。在这将近四分之一的世纪中，战火燃遍了中原大地，无数劳动农民披上了戎装，改变着军队的成分，促进着新的兵种的成长。社会的生产全用来支持战争，各类兵器的制造工艺在实战的考验下不断改进。到了西汉中期，在文景时期社会经济恢复和发展的基础上，尤其是钢铁冶炼工艺发展的基础上，汉武帝时期，兵器在品种、形态、质量等各方面，和秦代相比都有了显著的变化，远射兵器的弓和弩更是如此。

西汉中期与秦代相比，在弓箭质量改进的一个显著变化，表现在箭镞的材质方面，那就是钢铁镞的大量使用。在秦始皇陵俑坑的发掘中，获得了大量的箭镞，根据已经发表的资料，总数约为8400余枚②，仅有4枚铁铤铜镞和一枚铁镞③，其余的全是青铜镞，但铸造技术极精，并且经过精细的磨砺。三棱镞的三个棱都呈微凸的弧线，它的横截面作等边三角形。有的镞表面还经过铬酸盐或重铬酸盐处理，增强了抗锈蚀的能力。这些青铜镞可以说已达到青铜工艺的顶峰，但它毕竟是已经逝去的旧时代的代

---

① 始皇陵秦俑坑考古发掘队：《临潼县秦俑坑试掘第一号简报》，《文物》1975 年第 11 期。

② 始皇陵秦俑坑考古发掘队：《临潼县秦俑坑试掘第一号简报》，《文物》1975 年第 11 期；《秦始皇陵东侧第二号兵马俑坑钻探试掘简报》，《文物》1978 年第 5 期。

③ 王学理：《秦俑坑青铜器的科技成就管窥》，《考古与文物》1980 年第 3 期。

表，而那仅有的一枚铁镞，才是已经步入铁器时代的象征。

直到西汉初年，青铜镞可能还是占据着主要地位。1977 年，在安徽阜阳双古堆发掘的西汉汝阴侯墓，推测该墓埋葬的应是第二代汝阴侯夏侯灶，他死于文帝十五年（前 165 年），该墓出土的 26 枚三棱箭镞还是装有铁铤的铜镞，另外还有 9 枚形体较大的三刃铜镞，镞上有穿，当是可以收回的弋射用的镞①。但是到了武帝时，这一情况迅速改变。在河北满城发掘的中山靖王刘胜墓中，共出土有箭镞 441 枚，其中只有 70 枚是青铜镞，其余 371 枚都是钢铁制造的②。钢铁镞与青铜镞的数量之比为 5.3∶1。刘胜死于汉武帝元鼎四年（前 113 年），与汝阴侯夏侯灶的卒年（前 165 年）相距五十多年，从而可以看出正是在这期间，箭镞的材质发生了急剧的变化，新式的钢铁镞已能在数量上超过传统的青铜镞。同样可以表明箭镞材质发生变化的例证，是汉长安城武库遗址的发掘。那座规模庞大的中央兵器库，是西汉建立之初由萧何建造的，一直沿用到王莽末年毁于兵火。在其中一座巨大的库房（第 7 号遗址）中，发掘出铁镞一千余枚，但同出的铜镞仅有一百余枚，两者的数量相差悬殊，铁镞与铜镞之比约为 10∶1③，较刘胜墓所代表的武帝元鼎时期，又有所发展。能用钢铁制造大量消耗的箭镞，反映出当时钢铁冶炼技术的发展和产量的提高，同时也正是弓弩等远射兵器质量改进的显著标志之一。

西汉时期使用的铁镞，据现已发现的考古资料，可以归纳成四种式样。其中最主要的一种是镞体呈圆柱形，前端呈四棱形，然后聚成尖锋。一般镞体较短，仅长 1.4 厘米左右。后接圆铁铤，出土时铤多已残断，残长 4~10 厘米左右④。在满城刘胜墓中，出土铁镞的数量达 273 枚，占总数的四分之三左右（图一四：2）。曾将这类镞的标本多件经光谱分析和金

---

① 安徽省文物工作队等：《阜阳双古堆汉汝阴侯墓发掘简报》，《文物》1978 年第 8 期。
② 中国社会科学院考古研究所等：《满城汉墓发掘报告》，文物出版社，1980 年。
③ 中国社会科学院考古研究所汉城工作队：《汉长安城武库遗址发掘的初步收获》，《考古》1978 年第 4 期。
④ 中国社会科学院考古研究所汉城工作队：《汉长安城武库遗址发掘的初步收获》，《考古》1978 年第 4 期。

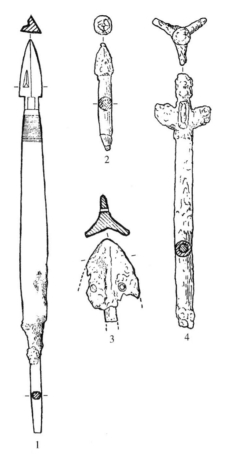

图一四　河北满城刘胜墓出土铜镞和铁镞
1. 铜镞　2~4. 铁镞

相考察，系为铸铁固体脱碳钢或中碳钢制成。铸铁固体脱碳成钢法是将生铁（含碳约4%）加热到一定温度，在固体状态下进行比较完全的氧化，使碳降低，得到高碳、中碳以及低碳钢，这是世界上最早利用生铁为原料的制钢方法，是钢铁技术发展史的一个重要阶段，满城汉墓固体脱碳钢镞的发现，表明这种方法出现的年代可以提早到公元前2世纪末叶，它是中国古代劳动人民在冶金技术发展方面的新贡献[1]。在汉长安武库第7号遗

---

[1]　参看《满城汉墓发掘报告》附录三《满城汉墓部分金属器的金相分析报告》，第371~372、375~376页。又见《满城汉墓出土铁镞的金相鉴定》，《考古》1981年第1期。

址出土的铁镞中，也以这种式样的为数最多（图一五：1)[1]。因此，可以认为这种式样的铁镞，是西汉时期曾大量生产并被普遍使用过。另外的三种式样的铁镞，都仅有极少量的出土，因此可能不是当时普遍使用的箭镞。其中一种镞体锋端呈三角形，后附长铤，在长安武库中发现过（图一五：2)。另两种都是伸出三翼的形式，不同处是一种三翼前聚成锐锋，在满城汉墓和长安武库都有出土（图一四：3、一五：3)；另一种是三翼前伸，形成三叉状的镞锋（图一四：4)，在满城汉墓[2]和山西浑源汉墓[3]中都有出土。

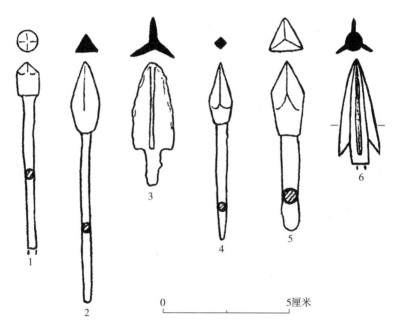

图一五　汉长安城武库遗址出土铜镞和铁镞
1~3. 铁镞　4~6. 铜镞

钢铁箭镞占有了优势，还不意味着青铜镞退出历史舞台，铸工精美的青铜镞在西汉时期仍然大量装备着部队，并且一直沿用到东汉时期。

① 详见《汉长安城武库遗址发掘的初步收获》，《考古》1978 年第 4 期。
② 中国社会科学院考古研究所等：《满城汉墓发掘报告》，文物出版社，1980 年。
③ 山西省文物工作委员会等：《山西浑源毕村西汉木椁墓》，《文物》1980 年第 6 期。

　　汉代青铜镞的基本形制，是上承战国末年出现的锥体三棱镞。当时称棱为"镰"。《方言》："三镰者谓之羊头。"又说："其三镰长尺六者谓之飞虻。"从满城刘胜墓和长安武库中出土的青铜镞，都以三镰的"羊头"镞为主要类型。羊头镞又有两种式样。一种是镞体横截面呈正三角形，三棱刃向上弧聚成锐锋，镞尾后附铁铤。满城刘胜墓出土的铜镞中，93%属这一式样。镞体模铸而成，大小一致，长3厘米，后附径约3毫米的铁铤。以铁铤插入木箭杆，木杆前端近镞部分收细，使杆径与镞尾同宽，在镞后杆前端用丝线层层紧缠，缠线处宽约1.5厘米，以使镞、杆牢靠地结合在一起。经化学定量分析，其成分为铜74.74%、锡22.1%、铅2.7%，含锡比例较高，硬度较大。在镞体的一个侧棱面上有一个三角形小槽（图一四：1），或认为是为敷毒药而设的[1]。看来这种式样的羊头镞完全承继着秦俑坑出土锥体三棱镞的传统，而且与秦俑坑铜镞一样，表面曾用铬化物处理过，故防腐耐磨。在洛阳西郊汉墓中也发现过这种式样的铜镞，但上面没有药槽。第二种式样的三镰羊头镞，是在横截面呈圆形的圆锥镞体上，伸出三个刃棱，然后由这三个凸出的棱刃前聚成锐锋，长安武库出土的铜镞主要是这种式样的，后附有长约34厘米的铁铤（图一五：4、5）。也有的棱刃外伸较长，或在后尾形成倒刺的（图一五：6），但数量都很少[2]。除了三镰的羊头镞外，还有四镰的铜镞。《方言》："四镰或曰拘肠。"长安武库出土的具有四棱刃的铜镞，镞体较细小，最宽处约在镞高的三分之一处，自最宽处向下斜收，与圆铁铤相接，横截面呈圆形；向上则形成四棱刃，直上斜聚成尖锋，其横截面呈方形。全镞残长7厘米[3]。

　　有关铜镞在部队实际装备情况的资料，可以从居延汉简中看到。值得注意的是，凡记明箭镞质料的简，所记的一般都是铜镞。《方言》："箭自

① 中国社会科学院考古研究所等：《满城汉墓发掘报告》，文物出版社，1980年。
② 中国社会科学院考古研究所汉城工作队：《汉长安城武库遗址发掘的初步收获》，《考古》1978年第4期。
③ 同上。

关而东谓之矢，江淮之间谓之鍭，关西曰箭。"但在居延简中，箭均称"矢"，镞则均称"鍭"。现将记有铜镞的简列举十例如下①。

> 受九月余卤矢铜鍭二万完☑（五二一·九）
>
> 二月余陷坚橐矢铜鍭四百六十七☑（一九九·一二）
>
> 橐矢铜鍭三百（二六七·一四）
>
> 橐矢铜鍭三百☑（二八三·二〇）
>
> 出橐矢铜鍭二百完（九〇·一五）
>
> ☑矢铜鍭百完卒李雁故吏野主（一六〇·一九）
>
> 十二月余郭橐矢铜鍭六十四　毋出入（四一三·四）
>
> 第卅五隧橐矢铜鍭五十完（三九三·八）
>
> 橐矢铜鍭五十完……（三八·三九）
>
> 右橐矢铜鍭（二七·一七）

此外，很多简中把装有铜镞的箭与弩记在一起，暂不例举。目前在居延遗址出土的箭镞实物，也都是铜镞。如在肩水金关遗址获得的铜镞，都是三棱锥体的三镰羊头镞。特别是还发现两支完整的箭（EPT57：011、012），竹杆，装三棱铜镞，全长67厘米，首尾缠丝髹漆，装三条尾羽。其中一支的杆上阴刻"睢阳六年 造"五字，出土于下层，应是西汉昭、宣时期的遗物。另外还发现一支残箭杆，其上针刻有"元凤三年，执金吾护工卒史喜，考工令通、丞常、令史奉省……"等铭文②，元凤是昭帝年号，三年为公元前78年。说明当时居延战线所用的装备，常是汉王朝中央监制的，器上刻记了监造官吏与匠师的姓名，对提高弓箭的质量会起积极的作用。同时这也是说明，铜镞仍是汉代军中的重要装备（图九：3）。

关于西汉时期的弓，在考古发掘中获得的材料不多，在阜阳汝阴侯夏

---

① 中国社会科学院考古研究所：《居延汉简（甲乙编）》，中华书局，1980年。
② 甘肃居延考古队：《居延汉代遗址的发掘和新出土的简册文物》，《文物》1978年第1期。

侯灶墓中曾出有三张木弓，身髹黑漆，附有鎏金铜弓弭，弦已朽毁①。在马王堆三号墓中发现过复合弓的模型器，其中有一张髹漆木弓全长 142 厘米，弓弦由四股丝绳绞合而成，弦径约 5 毫米，长 117 厘米。另外，还有一张弩弓与两张较短的竹弓，竹弓一长 126 厘米，另一张残长 113 厘米。矢箙中有 12 支芦苇杆制的模型箭，装有三棱形角镞，全长 82.4 厘米（图九：4）②。邗江胡场五号墓中出土两张弓③，一张是竹、木制的复合弓，通长 129 厘米，弓弣部是一"冖"状的厚木，杆长 44、两端宽 4.5、中宽 1.4、厚 1.7 厘米，两端分别接装竹片制的弓渊。弓渊中宽，两头尖窄，并弯成弧形。另一张竹弓长 116 厘米，用三片薄竹片相合制成，中间宽 2.3、厚 0.8 厘米，有用线绑扎的痕迹，弓渊部渐窄并呈弧曲，弓萧宽 6 毫米，有装弦的锲槽，体髹黑漆。同出有两个圆筒形的皮矢箙，保存较好的一个箙内，尚存细圆竹杆箭十余支，残长约 57 厘米，箭杆髹漆并彩绘云纹与弦纹图案。据墓中出土木牍的纪年，该墓下葬于汉宣帝本始三年（前 71 年）。在居延甲渠候官遗址的发掘中，获得了一张年代较迟的复合弓，是王莽时期至东汉建武初年的遗物，弓长 130 厘米，外侧材为扁平的长木，里侧材由几块牛角锉磨、拼接、黏合而成，弣部又夹辅二木片。弓表缠丝髹漆，外黑内红④。从上述这张弓，可以大略推知西汉时期居延汉军装备的弓的一般面貌。此外，在新疆尼雅曾出土过一张东汉时期的弓，外侧用黑骨，里胎用白骨制成，弓表缠裹筋条，长 130 厘米，这张弓的弓弦，系用筋条或肠衣制成。同时出土的木箭箙中，装有四支长 80 厘米的木箭⑤，为了解汉弓提供了有用资料（图九：1）。综上所述，出土的几件汉弓的尺寸是比较接近的，很可能当时弓的长度在 130～140 厘米左右，箭有长、短

① 参看《阜阳双古堆汉汝阴侯墓发掘简报》，第 20 页表一，木弓弦距 260 厘米，但由第 13 页图一中按比例尺量木弓，远较该尺寸为小，看来有误。因中国古代的弓高大于人高的情况是少见的，因此弦距 260 厘米似不可能。
② 何介钧等：《马王堆汉墓》，文物出版社，1982 年。
③ 扬州博物馆等：《江苏邗江胡场五号汉墓》，《文物》1981 年第 11 期。
④ 甘肃居延考古队：《居延汉代遗址的发掘和新出土的简册文物》，《文物》1978 年第 1 期。
⑤ 新疆维吾尔自治区博物馆：《新疆民丰县北大沙漠中古遗址墓葬区东汉合葬墓清理简报》，《文物》1960 年第 6 期。

两种，长的约 80 厘米左右，可能就是居延简中称的稾矢，短的 67 厘米左右，也许就是汉简中的苗矢。以此与前述的楚墓中出土的弓相比，从弓的尺寸看，标准比较划一，没有楚墓中那种长（169 厘米）短（70 厘米）相差悬殊的情况。同时弓体较宽厚，箭的镞短杆长，均利于远射，表现出汉弓箭比楚墓中的弓箭有了较大的进步。

除了弓箭以外，汉代军队中装备有大量的弩，当时一般是把弩视为比弓更重要的远射兵器，在抗击匈奴的前线上，更是如此。当时的许多政治家，在对比汉与匈奴的军事实力时，常认为汉军在装备方面胜于匈奴的关键，就在于远射的强弩和坚密的铁铠。在前线的将士中，有许多是射弩的能手，其中最著名的还是长于骑射的飞将军李广。元狩二年（前 121 年），李广率领的四千骑兵被十倍的敌人包围，当"汉兵死者过半，汉矢且尽"的危急时刻，"广乃令士持满毋发，而广身自以大黄射其裨将，杀数人，胡虏益解"。"大黄"即是弩名，为"角弩色黄而体大也"[1]。在居延汉简中，也可以看到大黄的名字，当是一种强弩。如：

入大黄具弩十四（四三三·二）

今毋余大黄弩□▨（二三六·一三）[2]

李广的事迹一方面说明他射弩的技术极精；另一方面也表现出当时制弩的技术达到很高的水平，能够生产这种精良的大黄强弩。从现已获得的考古资料可以看出，汉弩较战国的弩有了极大的进步。主要的改进表现在青铜弩机的构造方面。

青铜弩机构造的改进，有两点特别值得注意。第一点是在青铜扳机（牙、悬刀和牛）外面加装一个铜铸的机匣——郭（又作"廓"）。《释名》："牙外曰郭，为牙之规郭也。"牙、悬刀和牛都用铜枢联装在铜郭内，再把铜郭嵌进木弩臂上凿出的机槽中去。已经发掘出土的战国铜弩机，多

---

① 《史记·李将军列传》，第 2873 页。
② 中国社会科学院考古研究所：《居延汉简（甲乙编）》，中华书局，1980 年。

没有铜郭，而是用枢直接把牙、悬刀和牛等部件装入木弩臂的机槽中去。木槽所能承受的力较弱，自然也就限制了弩的强度，否则就会导致木臂断裂。可能在战国末年已开始尝试着在青铜机栝外面增设铜郭，有人认为一些传世的铜弩机是属于这一时期的，如中国历史博物馆所藏一件带"司马孙礼"铭的带郭铜弩机，郭长 18.8 厘米①。但是至今还没有发表过经过科学发掘的标本。而且在秦俑坑出土的多件标本，弩机仍保持着无郭的结构②，至少说明战国末年如有带铜郭的弩机，也是很少见的，并未在军中普遍应用。到了西汉时期，情况发生了极大的变化，发掘出土的标本都是带有铜郭的，不带铜郭的弩机已消逝不见。现举两个年代较早的西汉墓所出弩机为例。葬于汉文帝前元十二年（前 168 年）的马王堆三号墓中，出土过两件木弩模型，上装的机栝模型是用灰黑色的牛角制作的，外面也有牛角的郭③。比上例稍迟的汝阴侯夏侯灶（死于前 165 年）墓中，出土有三件鎏金的铜弩机，大小不同，但都是有郭的。其中第一件铜弩机，郭长 16.5、宽 3.8、高 3.3 厘米，木臂已朽，残长 50 厘米；第二件郭长 14、宽 2.7 厘米，残存木臂长 36 厘米；第三件郭长 19、宽 2.6、高 2.8 厘米，木臂残长 48 厘米④。这两墓中出土的实物和模型器，说明带铜郭的弩机使用得相当普遍。至于比前两座墓年代迟一些的满城刘胜墓中，出土的 16 件实用铜弩机都有铜郭，郭长 8.7～13.6 厘米不等，其中三分之二的弩机铜郭长度超过 12 厘米⑤。铜郭后部装机栝，前部托矢道，因此后阔前窄，郭面的平面呈瘦长的"凸"字形。此外，在全国各地发掘的西汉墓葬中，出土的实用铜弩机都是带有铜郭的形制。例如在河南洛阳⑥、湖南长沙⑦、湖北

① 宋兆麟等：《从少数民族的木弩看弩的起源》，《考古》1980 年第 1 期。
② 除秦俑坑外，其他地方出土的秦弩机，也是无郭的，如陕西宝鸡凤阁岭出土的标本，参看《陕西宝鸡凤阁岭公社出土一批秦代文物》，《文物》1980 年第 9 期。
③ 何介均等：《马王堆汉墓》，文物出版社，1982 年
④ 安徽省文物工作队等：《阜阳双古堆西汉汝阴侯墓发掘简报》，《文物》1978 年第 8 期。
⑤ 中国社会科学院考古研究所等：《满城汉墓发掘报告》，文物出版社，1980 年。
⑥ 中国科学院考古研究所发掘队：《洛阳西郊汉墓发掘报告》，《考古学报》1963 年第 2 期。
⑦ 高至喜：《记长沙、常德出土弩机的战国墓——兼谈有关弩机、弓矢的几个问题》，《文物》1964 年第 6 期。

光化①、江西南昌②、江苏盱眙③、山东临沂④、山西浑源⑤、广东广州⑥等地西汉墓中的出土品，都可以证明这一点。甚至在云南的滇族墓葬中，也发现过西汉时期的带郭铜弩机，如江川李家山 M3 内，出土有一件弩机（3：61），郭长 10.5 厘米，在机郭、悬刀、牙和枢上，都阴刻有"河内工官二百□十□"的铭文⑦，说明这一兵器是由中原传去的，因此是西汉通用的形制。增设铜郭以后，使机栝可以承受更大的张力，从而增加了弩的强度，使弩箭的杀伤力更强，射程更远，并为制造威力更大的床弩创造了条件（图一六）。

值得注意的第二点，是弩上瞄准装置的改进。少数民族的原始木弩，机栝部分只装有扳机片，它的上端起弩牙的作用，下端起悬刀的作用，没有望山⑧。战国时代的青铜弩机，悬刀与弩牙已分开，功能明确，并且在钩弦的机牙后面连铸出望山⑨。望山有两个用途。一是在张弩时用，因发弩后，机牙沉入弩臂槽中，释弦发箭。再张弩时，用手拉望山，则可将倾沉下去的机牙重新升直，下面的"牛"随着旋平，下齿卡入悬刀枢孔下的刻口，于是弩机形成发射前的闭锁状态，才能将弦张钩在机牙上。二是张弦搭箭后，利用直立起的望山进行瞄准，使发出的箭能准确地命中敌人。因为弩箭发出后，受到地心引力和空气阻力的影响，是呈抛物线轨迹飞向目标的，如果平视瞄准，近距射击时偏差不大，但射程远时，箭着点常常比目标偏低，影响了命中率⑩。强弩正是利于远射而不利于近射的兵器，弩力越强、射程越远，就越需纠正弩箭飞行时形成的偏差，才能发挥威

---

① 湖北省博物馆：《光化五座坟西汉墓》，《考古学报》1976 年第 2 期。
② 江西省博物馆：《南昌东郊西汉墓》，《考古学报》1976 年第 2 期。
③ 南京博物院：《江苏盱眙东阳汉墓》，《考古》1979 年第 5 期。
④ 山东省博物馆等：《临沂银雀山四座西汉墓葬》，《考古》1975 年第 6 期。
⑤ 山西省文物工作委员会等：《山西浑源毕村西汉木椁墓》，《文物》1980 年第 6 期。
⑥ 广州市文物管理委员会等：《广州汉墓》，文物出版社，1981 年。
⑦ 云南省博物馆：《云南江川李家山古墓群发掘报告》，《考古学报》1975 年第 2 期。
⑧ 宋兆麟等：《从少数民族的木弩看弩的起源》，《考古》1980 年第 1 期。
⑨ 参看高至喜《记长沙、常德出土弩机的战国墓——兼淡有关弩机、弓矢的几个问题》。
⑩ 参看夏鼐《考古学和科技史》，科学出版社，1979 年，第 20 页。

力。古人通过长期的实践，逐渐认识到射远时应将弩臂前端稍微上扬，才能在箭沿抛物线轨迹射向目标时，克服箭着点偏低的毛病。如何能在战斗现场的条件下，迅速决定上扬的角度，这是新的难题。古人摸索出依三角形的勾股定律，利用望山、弩镞、目标三点连成直线的办法。这种办法是何时开始应用的尚难确定，但是战国弩机上望山的设置说明，当时已经开始应用，到西汉时期更趋完善。现已发现的战国青铜弩机，都在钩弦的机牙后面连铸望山，但它的高度和机牙相差不大，且后缘的弧曲度较大。以长沙左家塘新生砖厂 15 号墓所出土的铜弩机为例，机牙全高 3.3 厘米，望

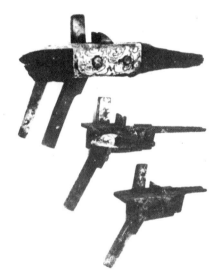

1. 阜阳汝阴侯墓弩机

2. 满城刘胜墓弩机

3. 满城刘胜墓弩机

4. 定县北庄汉墓弩机

图一六　汉代弩机

山高仅 6 厘米，超出机牙端点 2.7 厘米（图一七）[1]。射手发射时注视的望山后面弧曲大又无刻度，因此，瞄准时只能利用与机牙高相平处、望山顶端两个标准点，前者用于平射，是近距离时用的；后者用于弩臂前端微上扬时，是远距离时用的。至于其他的情况下，只有靠射手凭经验而调整弩

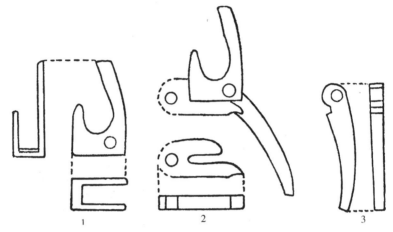

图一七　长沙出土战国铜弩机结构图（长·左·M15 出土）

1. 弩牙及望山　2. 牛　3. 悬刀

臂的角度了。到了西汉时期，对望山进行了很大的改进，表现在两方面。一方面，增高了望山的高度，并且从原来的弧曲度很大的弧面改成直面，但从侧面看，从下而上还有收分，呈瘦长的梯形，这一点还保留着战国弩机望山形状的传统影响；另一方面是有的弩机上还在望山面上增加了刻度。早在北宋时，沈括就注意到古代弩机的这一特点，他在《梦溪笔谈》中分析了海州出土的古弩机结构以后，指出：“其望山甚长，望山之侧为小矩，如尺之有分寸。原其意，以目注镞端，以望山之度拟之，准其高下，正用算家勾股法也。”在望山上增设刻度的弩机，时代较早的标本，是从满城刘胜墓中出土的[2]，说明至少在公元前 1 世纪初，这种新的瞄准方法已经使用了，至于它开始出现的年代，则会更早。在刘胜墓中出土的

①　参看高至喜《记长沙、常德出土弩机的战国墓——兼谈有关弩机、弓矢的几个问题》。

②　参看《满城汉墓发掘报告》。

有刻度的弩机（1∶2256），保存完好，郭长9.5厘米，在发射前闭锁状态时，机牙凸露出郭面约1厘米①，望山露出郭面高约4.5厘米，望山上的刻度是从郭面向上1厘米处开始的，恰与弩牙的端点相平（图一八：2）。由此可知，弩平射时瞄准，是以弩牙的端点为准的，这应是继承着战国弩的传统。距郭面1厘米处向上，望山面上分刻五度，每度间又中分出半度的标线，并分别用错金和错银标出一度和半度的标线，相当精密，度距从下往上递减，从每度7.5毫米减为6.5毫米。望山顶部也有错金和错银两道线。另外，还有一件弩机（1∶4089）望山面上有小直槽，可能是为嵌入刻度标尺而设的，但标尺已缺失（图一八：1）。望山上标有刻度，则可随着目标距离的不同，从望山选择合适的刻度，让射手的视线经由望山上选好的刻度再通过箭端对准目标，当三点在一条直线时，即可拨动悬刀，松牙释弦，使箭射向预定的目标。因此这种标有刻度的望山，正起着现代步枪瞄准装置中表尺的作用②。换句话说，它正是现代枪械上表尺的最原始的形态。既然有这种原始的射击表尺——带刻度的望山，就自然有与现代步枪瞄准线上弹道高表类似的射表，标明望山上刻度与目标距离的关系，以便射手实战时使用。《汉书·艺文志》中兵技巧诸家中有八种专讲射法的书，有的从书名即标明是讲弩射的书，如《望远连弩射法具》十五篇③，很可能其中有讲到这种古代射表的，可惜这些书都已失传，无法查核了④。也应注意到，有精确刻度望山的铜弩机，在当时还是数量较少的先进兵器，并不是军中能普遍装备的，大量使用的还是望山上无刻度的弩机，只能用望山约略地估量瞄准。以刘胜墓所出土的实用弩机而论，总数有16件，有刻度望山的仅一件，望山上带有可能原嵌刻度尺槽的也仅一

---

① 由于原发掘报告中没有附出土弩机各部分的具体尺寸，本文所引的数字，都是从报告附图上度量后，按原图比例尺折算的，不完全准确，但大致可参考。

② 夏鼐：《考古学和科技史》，科学出版社，1979年。

③ 《汉书·艺文志》，第1761页。

④ 东汉末年，陈王刘宠善射弩，"十发十中，中皆同处"。据《后汉书·孝明八王传》注引《华山齐书》："宠射，其秘法以天覆地载，参连为奇。又有三微、三小。三微为经，三小为纬，经纬相将，万胜之方，然要在机牙。"或即为用刻度望山的射法。见《后汉书》，第1670页。

件，而与它们同出的十几件制造精致的大型鎏金弩机，望山上全都没有刻度①。在山东曲阜九龙山西汉鲁王墓里，发现过一辆装饰华美的驷马猎车，两侧各安一张弩，弩上都装有鎏金的铜弩机，它们的望山上都没有刻度（图一九）②。上述情况可以说明，这种有先进瞄准装置的弩机，当时仍是较珍贵和较稀有的兵器。

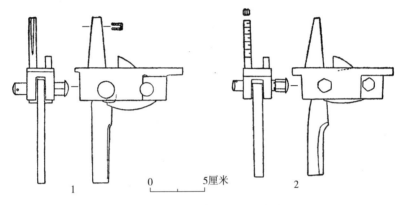

图一八　满城刘胜墓出土铜弩机

迟到东汉时期，带有刻度望山的弩机也还是较少见的。在考古发掘中获得的有关标本里，值得注意的有以下两例。一个例子是在河南灵宝张湾M4出土的永元六年（94 年）弩机③，郭长 12.7 厘米（图二〇：1）。郭侧有铭文："永元六年考工所造八石鑛。郭工吴孟作，造工王山，大仆监右工掾閭，令伦，丞诗，掾[宕]，史旦主。"（图二〇：2）望山露出郭面约 6.9 厘米，上有五道刻度。它的形制几乎与满城刘胜墓弩机一样，完全沿袭着西汉弩机的旧制。另一个例子是在浙江长兴出土的弩机④，它与灵宝出土弩机不同，显示了与西汉弩机不同的特点（图二一）。以望山而论，与西汉弩机有两点不同，一是西汉弩机的望山侧视呈瘦长的梯形，面对射

① 参看《满城汉墓发掘报告》。
② 山东省博物馆：《曲阜九龙山汉墓发掘简报》，《文物》1972 年第 5 期。
③ 河南省博物馆：《灵宝张湾汉墓》，《文物》1975 年第 11 期。
④ 夏星南：《浙江长兴县出土一件有刻度的铜弩机》，《考古》1983 年第 1 期。

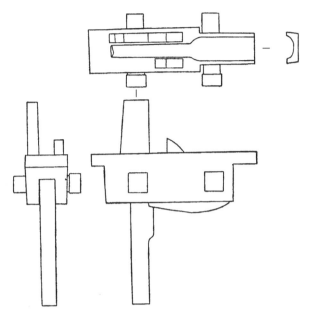

图一九　山东曲阜九龙山出土西汉铜弩机

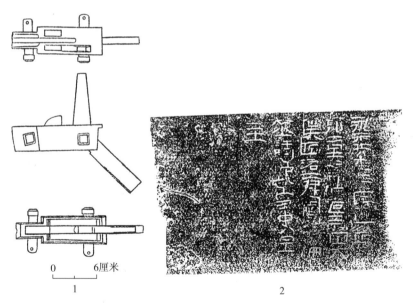

图二〇　河南灵宝东汉永元六年弩机
1. 实测图　2. 弩机铭文拓片

手的带刻度的一面是向前倾斜的；长兴出土的弩机望山侧视改成长方形，因此带刻度的一面几乎与郭面垂直，这就更便于瞄准。二是望山尺寸增高，分度更细密。这件弩机的弩牙露出郭面约 1 厘米，望山则露出郭面10.4 厘米。其上分度线错银，共分为六度又半度，每度除半度线外，又各设四分之一度和四分之三度线，使每度由西汉的二分度增为四分度。在第六度以上至望山顶端，还有半度即二分度。但最下一度的第一分度线，与机弩的端点相平，这又是与西汉刘胜墓弩机制度相同处。此外，长兴弩机铜郭加长，悬刀由扁平体改为前半部扁平、后半部从两侧加厚呈半圆状，以适应弩力增强，防止扳发时折损。又在悬刀下端设横穿孔，可能因弩强，人用单手握力不易扳动，故需系索用双手合力甚至多人拽发。长兴出土弩机形体结构的这些改进，表现出东汉弩机的特点，以后魏晋六朝弩机，

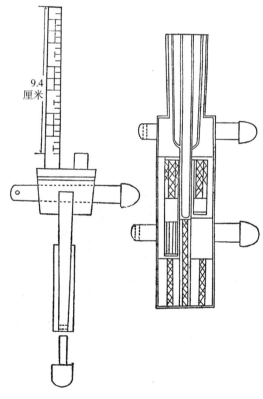

图二一　浙江长兴东汉铜弩机

都沿袭着东汉的传统形制。

由于汉代的铜弩机有了以上两方面的改进，所以弩的威力大为提高，在战场上发挥出更大的作用。关于汉弩的强度，当时是以石计算，前引灵宝出土永元六年弩机，上面的铭文注明是"八石鑯"，它的机郭长 12.7、前端宽 2.2、后端宽 3.9、高 3.5 厘米。北京大学藏有传为陕西富平出土西汉铜权，上有"武库一斤"铭，重 252 克①。据此计算，则八石弩力约为241.9 千克。居延汉简简文中记录有当时军中装备的各种力量不同的弩，出现的数量较多的有三石、五石和六石弩，又以六石弩最多。此外也见有四石、七石和八石的，以及弩力更强的大黄弩②。依武库铜权计算，这些弩的强度约合现公斤数如下：三石合 90.7 千克，四石合 120.9 千克，五石合 151.2 千克，六石合 181.4 千克，七石合 211.7 千克，八石合 241.9 千克。这些强力不同的弩，射程也不同，但是一般说来，三石到六石的弩，射程在一百二十步至二百步左右。现将居延简中记有不同力量的弩的简文举例如下。

　　　　☒具弩一今力四石射二百☒（三四一・三）
　　　　官第一六石具弩一今力四石卅二斤射百八十五步完（三六・一〇）
　　　　服胡燧戍卒☒一今力三石廿九斤射百八十步群木郭（一四・二六A）
　　　　五石具弩射百廿步（五一〇・二六）
　　　　三石具弩射百廿步（五一五・四六）
　　　　☒射百一十六步（一四九・四三）

如以汉尺一尺约当 23.2 厘米计，一百二十步至二百步约当 160～278 米，这可能是当时一般的强弩的射程范围。同时由于遭到损伤等原因，弩的强度会有减弱的可能，因此为了战备需要经常要核查弩的实际强度，居延汉简中有以下记录：

① 国家计量局主编：《中国古代度量衡图集》，文物出版社，1981 年。
② 中国社会科学院考古研究所：《居延汉简（甲乙编）》中华书局，1980 年。

官六石弩第一弩，今力四石卅斤，伤两洞可缮治（三六·一一）

夷胡隧七石具弩，伤二优一深二▨一彄，可缮，今力三石卅六斤六两，元康三▨乙卯隧▨（三五三·一）

三石具弩八　其二力如故▨，三今力三石卅斤▨（一五九·七）

可以推知，当时军中对弩力的核查是相当注意的，这也是由于强弩是烽燧中最主要的远射兵器的缘故。从简文中还可看出，除了可供实战的弩外（称为"具弩"），还有备用的弩，称为"承弩"，以及备用的弩弦，称为"承弦"。据一〇·三七号简所记的一组兵器，有具弩七张，备用的弩弦十四条，备用的承弩二张，以及四百支箭（内槀矢三百五十，槀䖟矢五十）。同时在一个守御单位中，各种强力不同的弩是配合使用的，例如：

□□年廿六　▨，八石具弩▨，六石具弩▨，三石具弩▨（二二五·三四）

▨戍卒八人　六石具弩四，系弦纬完；五石具弩二，系弦纬完；槀矢铜铜鍭三百，其八十六序呼，二百一十四完。（二八三·一二）

海东凡六石十二　五石弩三，三石弩一（四四五·六）

第十五隧长李严　铁鞮瞀二中毋絮今已装，铁铠二中母絮今已装，六石弩一細缓今已更細，五石弩一太弦三分今已亭，槀矢十二干枡未能会，䖟矢十三干枡末能会。（三·二六）

从上述诸例，可以看出不同强度的弩相互结合配备的一般情况。

关于汉弩的具体形态，除铜弩机易于保存外，木弩臂和竹木的弩弓则易于朽毁，因此至今缺乏全部保存完整的实物，但是在发掘中也获得了一些保存较好的弩臂或弩弓的标本，把它们综合起来，可以勾勒出汉弩的大致轮廓。

马王堆三号汉墓出土的模型弩，弩臂木质髹漆，并雕有卷云纹。漆臂上又针刻有云气纹。共出土两件，一件长 68 厘米，另一件长 61 厘米[①]。

---

① 湖南省博物馆等：《长沙马王堆二、三号汉墓发掘简报》，《文物》1974 年第 7 期。

木臂侧视前端托矢道处较薄，最厚处在悬刀前方，装悬刀处呈上曲的弧形，在木臂后尾处装有下伸的握手，形状近似现代手枪的握把[1]。与弩伴出的有复合木弓，全长 145 厘米，中部平直，两端弯曲，由两块木片叠合而成，其上缠线后髹漆，漆上又密缠丝线。由这件模型弩的尺寸推知，弩臂长与弩弓长之比为 1：2.1 或 1：2.4。

江苏盱眙东阳 7 号西汉墓出土的一张漆弩（图二二），木臂保存完整，上髹黑漆，是研究西汉弩的极重要的实物资料[2]。弩臂全长 56.5 厘米，后宽前窄，后部约占弩臂全长的三分之一，最宽处约 4.2 厘米，尾端呈椭圆弧状[3]。铜机郭全长 12.5、宽 2.7 厘米，安装在弩臂后部距尾端约 3.2 厘米处。木臂前部呈长条状，最窄处约 2.6 厘米，面上刻出宽约 1 厘米的矢道，向后与铜机郭面的矢道连成一体，向前直达臂端，矢道全长近 50 厘米。在近前端处，因装有弩弓之故，又在两侧加宽，最宽处与后部接近。侧视机臂最厚处在安装弩机前枢的地方，厚达 6.5 厘米，由此向前逐渐向上弧升，至臂端仅厚 5.5 厘米；由此向后则上曲呈圆弧状，再弧接尾端下伸的握手[4]，悬刀位于圆弧的中央处。握手的横截面呈椭圆形，长径约 5 厘米，短径约 4.2 厘米，自臂面至握手底面全高 11 厘米。在握手前侧下部开有竖直的窄槽，槽宽约 1.6、深约 2 厘米，当扳发弩机时，可将后扳的悬刀纳入槽中。弩弓横装于距臂前端约 8 厘米处，容弓孔宽约 4 厘米。出土时伴同漆弩有一竹弩弓，但已残损。由这件漆弩可推定，铜机郭与弩臂长之比为 1：4.5。木臂前窄后宽，后部装铜机郭处约占全臂长的三分之一（图二四：1）。

另外，在乐浪汉墓中曾出土过一些汉代的弩，如王根墓（石巌里二一九号墓）所出木弩（147 号），木臂长 54.1 厘米，弩铜郭长 9.38 厘米（图二三）。同出复合木弓一张，是以两片薄板重叠，用线密缠后髹黑漆，长

① 何介钧等：《马王堆汉墓》，文物出版社，1982 年。

② 南京博物院：《江苏盱眙东阳汉墓》，《考古》1979 年第 5 期。

③ 东阳 7 号西汉墓出土弩机，发表时未附线图，现承南京博物院纪仲庆同志寄来，特此致谢。

④ 带有握手的汉弩，除西汉的标本外，东汉的也有，比如广州龙生冈 43 号墓所出残弩臂，参看广州市文物管理委员会等《广州汉墓》，文物出版社，1981 年，第 345、348 页。

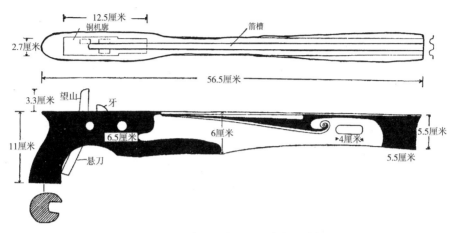

图二二　江苏盱眙东阳西汉墓出土漆弩

约 130 厘米，应为弩弓[1]。该弩铜郭与木弩臂长之比为 1∶5.8；弩臂与弩弓之比为 1∶2.4。在石巖里二一二号墓亦出有汉弩，木臂长 37.5 厘米，铜机郭长 13.6 厘米。残弩弓长 80 厘米，也是木质髹漆的复合弓[2]。弩铜郭与木弩臂长之比为 1∶4.9。另外，王光墓（贞柏里一二七号墓）出土汉弩木臂长 61 厘米[3]，弩铜郭与木弩臂长之比约为 1∶4。贞柏里三五六号墓出土的汉弩，弩臂前端有残损，残长约 55.5 厘米[4]，铜郭与木弩臂残长之比约为 1∶3.8（图二四∶2）。

根据上述资料，汉弩的弩臂与弓长之比应约为 1∶2.4，铜郭长与弩臂长之比约为 1∶4.5 ~ 5.8。因此可以将那些弩臂与弩弓已缺失的铜弩机，依照上述比例关系，对全弩进行推测复原。例如，河北满城刘胜墓中出土的望山有刻度的弩机（M1∶2256），郭长 9.5 厘米，可推知所装木臂约长 43 ~ 55 厘米，而弩弓长约 103 ~ 132 厘米。再参照马王堆三号墓与东阳七号墓弩臂的外形，可知弩臂平面后宽前窄，铜弩机装于后部，机郭面上矢

① ［日］榧本杜人等：《乐浪汉墓》第二册《石巖里第二一九号墓发掘调查报告》，1975 年。
② ［日］梅原末治、藤田亮策：《朝鮮古文化綜鑑》第二卷《楽浪》，養德社，1948 年。
③ ［日］小場恒吉、榧本亀次郎：《楽浪王光墓》，1935 年。
④ ［日］梅原末治、藤田亮策：《朝鮮古文化綜鑑》第二卷《楽浪》，養德社，1948 年。

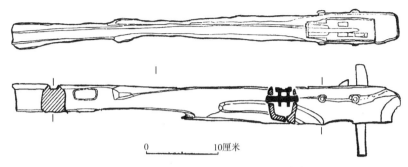

图二三　乐浪石巖里二一九号墓出土木弩

道与弩臂面上矢道相连，直贯臂前端。弩臂后尾下连有握手①。弩弓可能为木质的复合弓，横装弩臂前端。

关于汉弩所用弩箭所装镞，从居延汉简中的记录看，几乎全是铜质的，仅举一例：

出物故戍卒魏郡内黄东郭里詹奴，三石具弩一完，槀矢铜镞五十完，帕一，兰、芄各一，负索一完，凡大小五十五物。五凤二年五月壬子朔丙子▢（四一八·二）②

上述简中列举了一个戍卒曾装备的弩和与弩有关的装备，所用的箭是装铜镞的。从居延出土的铜镞标本来看，弩箭上的"铜镞"应是锥体的三镰羊头镞。在满城西汉墓③和山东曲阜九龙山西汉墓④中，这类三镰羊头铜镞也是与铜弩机伴同出土，满城墓的铜镞上还有可能是蘸毒药的三角形浅槽。除了铜镞以外，从西汉时先进的钢铁箭镞一出现，它就已用于弩箭，在满城刘胜墓中已有铁镞伴同弩机出土的例子。更为明确的例证，则是从山西浑源毕村汉墓中获得的⑤。在毕村 M1 中出土了两张弩，一张出于南棺

①　有的弩上的握手，还嵌有错金银的铜件，如光化出土 M7：5 号弩机（图二四：3），见《光化五座坟西汉墓》，《考古学报》1976 年第 2 期。
②　中国社会科学院考古研究所：《居延汉简（甲乙编）》，中华书局，1980 年。
③　中国社会科学院考古研究所等：《满城汉墓发掘报告》，文物出版社，1980 年。
④　山东省博物馆：《曲阜九龙山汉墓发掘简报》，《文物》1972 年第 5 期。
⑤　山西省文物工作委员会等：《山西浑源毕村西汉木椁墓》，《文物》1980 年第 6 期。

西侧，木臂全朽，仅存铜弩机，在它的西侧出土了 10 枚铁镞，排列规整，上面还有丝织物遗痕，看来原装于箙内。另一张弩出于漆画棺的西侧，木臂虽朽，但臂表的漆皮还有残留，系黑地上饰朱绘勾云纹。在这张弩的西侧，也有放在箙内的弩箭，现仅存箭镞，都是铁质的，其中有圆柱体、前端呈三棱形尖锋的，也有三翼前伸呈三叉状的，长约 15.3 厘米。由此可知，满城所出三叉状铁镞也应为弩箭的箭镞。在毕村 M2 中，原也放有两张弩，均仅存铜弩机，弩旁也有放于箙内的弩箭，现仅存箭镞，亦是铁镞。浑源毕村的发现清楚地说明，西汉时强弩已装备有铁镞，而且形成专为弩箭使用的形制，三翼前伸呈三叉状的铁镞，大约就是专用的弩箭镞①。关于弩箭的全长，还缺乏资料，但从已知木弩臂上矢道全长来看，应与弩箭全长相差不远，以东阳弩为例，约在 50 厘米左右。由于箭尾羽后到栝的一段箭杆，要经由两机牙间而又搭在弩弦上，因此这段距离应与机牙的宽度相当②。以东阳弩为例，牙宽约 1.6 厘米，则尾羽至箭尾栝的长度应略长于 1.6 厘米，可能在 2 厘米左右。

通过以上的叙述，我们已可以较清楚地勾画出汉弩的轮廓，对当时这种主要远射兵器有了较清楚的了解。同时也可以看出造弩的工艺要求也是比较严格的，因此中央和地方的兵器作坊都很注意弩的制造，并常常在铜郭上留有制作官署、监造官吏、匠师的名称，制造年月及弩的强度③。近年来发掘出土的带铭文汉弩机标本，较重要的有河北定县北庄汉墓出土的建武三十二年弩④和灵宝张湾出土的永元六年弩⑤，后一件的铭文前面已引述过了，现将北庄汉墓弩机铭文转录于下："建武卅二年二月，虎贲官治十涷铜 濡 鐍鏃百一十枚。工李岩造，郭郎 丙 ，彤朱，掾主，右史侍郎刘

① 在山西孝义张家庄西汉墓中，也有铜弩机和铁箭镞同出，参看《山西孝义张家庄汉墓发掘记》，《考古》1960 年第 7 期。
② 这样推测弩箭由尾羽后到栝一段箭杆长度，是孙机同志告诉我的，谨此致谢。
③ 参看陈直《两汉经济史料论丛》，陕西人民出版社，1980 年第 139～145 页。
④ 河北省文化局文物工作队：《河北定县北庄汉发掘报告》，《考古学报》1964 年第 2 期。
⑤ 河南省博物馆：《灵宝张湾汉墓》，《文物》1975 年第 11 期。

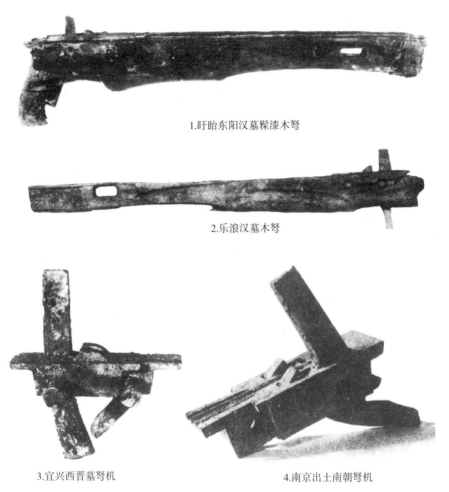

1.盱眙东阳汉墓髹漆木弩

2.乐浪汉墓木弩

3.宜兴西晋墓弩机　　　　　　　　4.南京出土南朝弩机

图二四　汉晋六朝的弩和弩机

伯录。"（图二五）建武三十二年为公元 56 年。据《后汉书·百官志》，虎贲中郎将是主宫廷宿卫的①，因此由虎贲官治的弩机，可能是用来守卫宫廷的兵器。灵宝张湾弩的铭文证明，该机是太仆属官考工所造。据《后汉书·百官志》，太仆属下有考工令，"考工令一人，六百石。本注曰：主作兵器弓弩刀铠之属，成则传执金吾入武库"②。说明那件铜弩机正是当时中

---

① 《后汉书·百官志》，第 3575 页。
② 《后汉书·百官志》，第 3581 页。

图二五　东汉建武三十二年
弩机铭文拓片

央专造兵器的兵工厂的产品，并可看出，造弩机时工师有明确分工，有专造机郭的，有造其他部分的，各有专职。同时一张弩机也包括不同的零件，为了便于组合，不致弄错，也常在各机件上标出数字，以便查找装配，在满城刘胜墓出土的鎏金铜弩机中，13 件均有这类铭文。例如，第 1∶4338 号机的郭、悬刀、牛、牙、前枢、后枢上均有"六"字铭文；1∶2107 号机上则均有"十四"二字铭文。又常在前枢和后枢上分别加刻"一"字和"二"字。例如，1∶1042 号机前枢铭"十八；一"，后枢铭"十八；二"；1∶4341 号机前枢铭"四；一"，后枢铭"四；二"，这显然是为了装配准确而刻的记号①。

汉弩的制造已极精良，但还需要好的射手才能发挥作用，孙膑早就指出："矢轻重得，前［后］适，而弩张正，其送矢壹，发者非也，犹不中招也。"② 空有好弩，缺乏好射手，仍不能射中目标。正因为同样的原因，汉代极注意提高士卒发射弓弩的技能。当时是根据各地的地理条件和民众习俗的不同，来编组不同兵种的部队。例如在金城、陇西、天水、安定、北地、上郡等郡组训骑兵——骑士③。在江南水乡组训水军——楼船④。在

① 中国社会科学院考古研究所等：《满城汉墓发掘报告》，文物出版社，1980 年。
② 见《孙膑兵法（普及本）》，文物出版社，1975 年，第 67 页。
③ 《汉书·地理志》，第 1644 页；《汉书·宣帝记》，第 260 页。
④ 《后汉书·百官志》，第 3624 页。

中原广大的农业地区，例如沛郡、淮阳、汝南等地，组训步兵——材官①，其中有专门装备强弩的部队，即所谓材官蹶张，或蹶张士，善射用足踏张的强弩②。据《汉书·地理志》，在南郡设有发弩官，注："师古曰：主教放弩也"③。正是专设的组训强弩步兵的官员。据《汉官仪》："民年二十三为正，一岁以为卫士，一岁为材官、骑士，习射御骑驰战阵。八月，太守、都尉、令、长、相、丞、尉会都试，课殿最。"④ 可见，每到秋天还要进行考核，根据成绩分别给予奖惩。这种秋季的考核，在前线的部队中也是很认真地执行的。例如在居延汉简中可以看到许多有关秋射的记录，如"居延甲渠逆胡隧长公乘王毋何　五凤元年秋以令射，发矢十二，中帮六当"（三一二·九）。又如"□燧长常以令秋射，发矢十二，以六为程，过六赐劳矢十五日☑"（二七〇·二三）。说明当时秋射考核每人需射十二箭，以六发中靶为准，超过则受奖励。除上述两简外，第四五·二三、一四五·三七、二〇二·一八、二一七·二九、二三二·二一、二八五·一七、四八四·五二、四八四·五五、四八五·一、四八五·一三、四八五·一四、四八五·二〇、四八五·三六、四八五·五〇、四八五·五九等简，都是关于秋射的，其中提及的年号，除五凤元年（前57年）外，还有初元三年（前46年）、初元四年（前45年）、建昭二年（前37年）、元延二年（前11年）和☑凤二年等年号⑤，从初元三年和初元四年的纪年可以看出，秋试是每年都举行的。前线守御部队认真按时进行考核，对提高士卒射术是很起作用的。

当我们对汉弩的具体形制、结构特点、实用功效及装备部队的情况有了概括的了解以后，自然会产生下列问题，为什么在汉代特别重视弩，尤其是在对付匈奴、羌等古代少数族的战争中，常把弩和铠并列为汉军克敌

---

① 《汉书·宣帝纪》，第260页。
② 《史记·张丞相列传》，第2682～2683页。汉画像中常见踏张强弩的蹶张画像，参看《唐河汉郁平大尹冯君孺人画象（像）石墓》，《考古学报》1980年第2期。
③ 《汉书·地理志》，第1566～1567页。又临淄亦有习弩，《汉书·卜式传》，第2627页。
④ 《后汉书·百官志》，第3624页。
⑤ 参看《居延汉简（甲乙编）》，中华书局，1980年。

制胜的重要物质因素。但是弩力虽强而发射迟，又如何在战场上有效地对抗轻捷快速的骑兵？解答上述问题，除了弩本身的性能和战术应用外，还要考虑民族、地理、传统等社会历史因素的制约。

从弩的特点看，发射时利于位置固定而不利于流动射击。特别是弩越强则本身体积越大、重量越重，还需用足蹬张或用腰引，张发的时间也较长，最好射手有防御工事为依托，因此它是防守的利器。在《墨子·备城门》讲到城防器械时，常提到弩，"城上九尺，一弩、一戟、一椎、一斧、一艾，皆积参石、蒺藜"。又如《备高临》篇讲的强力的"连弩之车"，更是守城的利器。为了不让敌方伤及弩手，还在城墙上安装"转射"，那是一种木结构的回转射击孔，这种装置在汉代居延烽燧中也普遍使用。据出土的实物观察①，汉代的转射是在大木框架中间安一竖直的圆轴，在轴上开凿有向外倾斜的射击孔，将弩安置其后，射孔轴可向左右转动，射界角面宽120°。由于射击孔面积很小，城外敌人的矢石难以伤害隐蔽在转射后的弩手，可以使弩在守御中充分发挥威力。如果再装备了带有刻度望山的强弩，就更可以在敌军出现在远离烽燧的戈壁上时，按射表标定的表尺瞄准远射，给敌人以致命的打击。同时，在长期的守御实践中，汉军还总结出一些行之有效的战术配合，例如先集中多弩、共射一敌，从而引致敌方混乱溃散的办法。例如东汉时虞诩守赤亭，遭羌兵万余围攻，"诩乃令军中，使强弩勿发，而潜发小弩。羌以为矢力弱，不能至，并兵急攻。诩于是使二十强弩共射一人，发无不中，羌大震，退"②。另外，汉军为抗御匈奴的骑兵，在守城时，有时会使用毒箭，如东汉永平十八年（75年），匈奴攻耿恭所守的金蒲城时，"恭乘城搏战，以毒药傅矢。传语匈奴曰：'汉家箭神，其中疮者必有异。'因发强弩射之。虏中矢者，视创皆沸，遂大惊"③。综上所述，依托于设防城垒，强弩可以充分地发挥威力，成功地抗击进犯的骑兵。

---

① 甘肃居延考古队：《居延汉代遗址的发掘和新出土的简册文物》，《文物》1978年第1期。
② 《后汉书·虞诩传》，第1869页。
③ 《后汉书·耿弇传附耿恭传》，第720页。

在没有城垒的情况下，发挥步兵强弩的威力的办法之一，是设法造成有堡垒可依托的态势，通常采用的办法是以车结垒的办法。这种办法在弩出现于战场上不久时，就已被采用了，在竹简本《孙膑兵法》里收有《陈忌问垒》，篇中主要阐述了以车当垒的战法，并讲了弩在其中的作用①。在汉代，汉军与匈奴骑兵遭遇，常是先结车为营，作为可依托的临时性堡垒，然后作战。元狩四年（前119年），卫青从定襄出塞千里，与匈奴单于相遇，在纵骑兵攻击前，先"令武刚车自环为营"②。天汉二年（前99年）李陵引步兵五千在浚稽山与匈奴三万骑兵遭遇，也是先"以大车为营"，然后出营外为阵③。时代较迟的一个例子，是曹魏时田豫的事例，"鄢陵侯彰征代郡，以豫为相。军次易北，虏伏骑击之，军人扰乱，莫知所为。豫因地形，回车结圜陈，弓弩持满于内，疑兵塞其隙。胡不能进，散去。追击，大破之"④。这也正是结车为垒、利用弓弩对抗骑兵的成功战例。

在不依托城垒的一般野战条件下，步兵要想发挥强弩的威力对抗骑兵的冲击，主要是靠严整的战斗队形——阵，在其中正确地配置各种格斗兵器、远射兵器和防护装具，一般是将强弩集中在第二线，前面是装备长戟或长矛等长柄格斗兵器的战士，或是装备卤楯的战士，形成弩手可依托的活动屏障⑤。有可能时，又常在两翼配置骑兵，供必要时对敌包抄攻击。但是能这样进行战斗的部队，必须受过严格的训练，才能临敌不乱。同时，这样的阵形可以对抗骑兵，也与当时匈奴及羌等古代少数族军队的特点有关，那些民族处于较原始的游牧生活，人人都是战士，剽悍善斗，战马耐劳，善于骑射，能"险道倾仄，且驰且射"。但是缺乏严格的训练，没有严整的战斗队形和配合有素的战术动作，胜则合击，败则分散。就个

① 见《孙膑兵法（普及本）》，文物出版社，1975年，第49—50页。

② 《汉书·卫青霍去病传》，第2484页。

③ 《汉书·李广苏建传》，第2452页。

④ 《三国志·魏书·田豫传》，第726页。

⑤ 在攻城时，也采取"卤楯为前，戟弩为后，仰射城中楼上人"的办法，见《汉书·陈汤传》，第3013页。

别战士讲，骑射优于汉军，但编组成军队，则难与同等数量的汉军对抗①。西汉文帝时，晁错上疏言兵事，已指出汉军与匈奴相比有五点长处："若夫平原易地，轻车突骑，则匈奴之众易挠乱也；劲弩长戟，射疏及远，则匈奴之弓弗能格也；坚甲利刃，长短相杂，游弩往来，什伍俱前，则匈奴之兵弗能当也；材官驺发，矢道同的，则匈奴之革笥木荐弗能支也；下马地斗，剑戟相接，去就相薄，则匈奴之足弗能给也。"② 其中的第二至第四点，讲明了步兵如能使强弩、长戟等兵器相互配合，就能够取得战斗的胜利。在当时的战场上，步兵确曾依靠严整的阵形和强弩的威力，有效地对抗骑兵的冲击。李陵在浚稽山以五千步兵抗击六倍于己的匈奴骑兵，是一个突出的战例："陵引士出营外为陈，前行持戟盾，后行持弓弩，令曰：'闻鼓声而纵，闻金声而止。'虏见汉军少，直前就营。陵搏战攻之，千弩俱发，应弦而倒。虏还走上山，汉军追击，杀数千人。"③ 虽然后来李陵终因兵少无援而失败，但以绝对劣势的步兵抗击优势的骑兵初战大胜，说明了以强弩为主要远射兵器的步兵部队的威力。另一个例子见于《后汉书·段颎传》，建宁元年（168年）春，段颎"将兵万余人，赍十五日粮，从彭阳直指高平，与先零诸种战于逢义山。虏兵盛，颎众恐。颎乃令军中张镞利刃，长矛三重，挟以强弩，列轻骑为左右翼。激怒兵将曰：'今去家数千里，进则事成，走必尽死，努力共功名！'因大呼，众皆应声腾赴，颎驰骑于傍，突而击之，虏众大溃，斩首八千余级，获牛马羊二十八万头"④。迟至东汉末年的一个战例，更生动地描绘了步兵战胜骑兵的经过。那是袁绍与公孙瓒之间的战斗，而公孙瓒部下的骑兵是很有名的，特别是骑兵的核心——白马义从，是一支训练有素的正规骑兵。当时"瓒步兵三

① 恩格斯曾引述过拿破仑关于法国兵和马木留克兵的比较。两个马木留克兵可以打败三个法国骑兵，但是成建制的法国骑兵部队，则是马木留克兵无法战胜的，因此，一千个法国兵能打败一千五百个马木留克兵。这足以说明军队的组织和战术训练所起的作用。见恩格斯《骑兵》，《马克思恩格斯全集》第十四卷，人民出版社，1964年，第320页。
② 《汉书·晁错传》，第2281页。
③ 《汉书·李广苏建传》，第2452～2453页。
④ 《后汉书·段颎传》，第2149页。

万余人为方陈，骑为两翼，左右各五千余匹，白马义从为中坚，亦分作两校，左射右，右射左，旌旗铠甲，光照天地。绍令麹义以八百兵为先登，强弩千张夹承之，绍自以步兵数万结陈于后。义久在凉州，晓习羌斗，皆兵骁锐。瓒见其兵少，便放骑欲陵蹈之。义兵皆伏楯下不动，未至数十步，乃同时俱起，扬尘大叫，直前冲突，强弩雷发，所中必倒，临阵斩瓒所署冀州刺史严纲甲首千余级"①。上面的战例都说明，训练有素的步兵部队，发挥强弩的威力，是可以战胜骑兵的。同时，也不能忽视汉军步兵有着用弩的历史传统。早在楚汉之争时，刘、项两军中都装备强弩，刘邦在广武前线曾遭项羽伏弩射中伤胸②。西汉开国之初的将相中，也有的人是出身于能踏张强弩的步兵，如文帝时丞相申屠嘉，即"以材官蹶张从高帝击项籍"起家③。高祖时，发兵白登击匈奴而被围，士卒饥困，流传着下面的歌谣："平城之下亦诚苦，七日不食，不能彀弩"。也反映出当时军中远射兵器以弩为多的情况。弩为汉军中的传统装备，因此对弩的使用、训练以及用弩的战术都积累了丰富的经验，这些也促进了制弩工艺的提高和强弩性能的改进。

综上所述，对于汉代军中重弩的事实，有了比较全面的了解，这也正是在居延汉简里有关远射兵器的记录中，主要是弩而不是弓的原因。

五 汉以后的弓弩

汉代以后，弓弩的制造工艺在魏晋时期没有什么变化，特别是弩机的制造方面更是如此，从考古发掘中获得的三国和西晋弩机的标本，还是沿袭着汉代的传统，用青铜铸造。南京石门坎出土的魏正始二年（241年）弩机、四川郫县出土的蜀汉景耀四年（261年）弩机以及江苏宜兴西晋建兴四年（316年）周氏墓出土的两件错金铜弩机（图二四：3），其形态和

---

① 《三国志·魏书·袁绍传》注引《英雄记》，第193页。
② 《史记·高祖本纪》，第376页。
③ 《史记·张丞相列传》，第2682～2683页。

图二六　蜀景耀四年弩机铭文拓片

结构都沿袭汉代弩机旧制。从魏、蜀的两件弩机的铭文看，都是当时中央控制的兵器工场制造的产品。曹魏弩机的制造，是由尚方负责的，正始二年弩机的铭文为"正始二年五月十日，左尚方造，监作吏罷泉，牙匠马□，师陈耳，臂匠江□，师□□"。这和传世的几件正始二年五月十日造弩机的铭文大致相同，可知牙匠名马广，臂匠名江子。可见当时造弩工匠仍和汉代一样有明确分工。蜀汉制造弩机，隶属中作部，铭文中也注明监造官吏和工匠的姓名，并标明弩的强度和弩机的自重："景耀四年二月卅日，中作部左兴业刘纯业，吏陈深，工杨安作。十石机，重三斤十二两。"（图二六）[1] 该机铜郭长 8.5、宽 3.5、厚 4 厘米，现重 1475 克（缺悬刀）。此外，在增强弩的威力方面，也有过一些改革，例如诸葛亮曾经在前代可一次发射多矢的连弩的基础上，改制成一种"元戎"弩，可以一次发射十支长八寸的铁弩箭[2]。

西晋灭亡以后，匈奴、鲜卑等古代少数民族先后进入中原，这些都是原以游牧为业的民族，长于骑射，传统的远射兵器是弓箭。在当时的战争舞台上，纵横驰骋着弯弓跃马的剽悍骑兵。同时骑兵的装备有了很大的改进，马镫的普遍使用使骑兵更具有灵活性和做出复杂的战术动作；马具装铠的大量使用，加强了对战马的防护。于是人马都披重铠的甲骑具装成为当时军队的核心，而自西汉以来一直雄踞于战场上的强弩步兵——材官蹶

---

① 承沈仲常同志寄赠景耀四年弩机照片，特此致谢。
② 《三国志·蜀书·诸葛亮传》注引《魏氏春秋》，第 928 页。

张，则日渐泯没无闻了。因此在已经发掘的大量北朝时期的墓葬中，几乎没有发现过弩机的踪迹。在当时的壁画或雕塑品中，也同样找不到弩的形象。

在江南地区就有所不同了，偏安江左的东晋，仍然沿袭着西晋的传统，军队里还普遍使用弩，不少将领亦长于弩射。例如夏口之役中，朱伺"用铁面自卫，以弩的射贼大帅数人，皆杀之"①。在南京地区发掘的东晋墓里，还常常能获得铜弩机，它们的基本结构还是沿袭着东汉弩机的旧制，有的机郭上也饰有漂亮的错金银花纹。在当时著名世族的琅琊王氏②及颜氏③的族葬墓地的发掘中，不少墓内随葬有铜弩机，其中在江苏南京象山王氏墓群的七号墓内，获得过一件铜弩机，牙、牛、悬刀、枢和外郭都保存完好，郭长 19.2 厘米，可以作为这一时期弩机的代表④。在广东地区的晋墓里，也常获得弩机，例如始兴赤山岭 M36 中，出土的弩机郭长17.1 厘米，望山高约 8.5 厘米，上有刻度⑤。

值得注意的是，东晋、南朝时还制造过威力极为巨大的强弩，称为"神弩""万钧神弩"等。据《宋书·武帝纪》，刘裕与卢循军相拒，屯兵石头，卢循"遣十余舰来拔石头栅，公（刘裕）命神弩射之，发辄摧陷，循乃止不复攻栅"⑥。这说明神弩的威力很大。又记有"军中多万钧神弩，所至莫不摧陷"⑦。"万钧"当系夸张之词，但也说明弩力极强。又见《南齐书·武十七王传》，鱼复侯萧子响叛乱，"令二千人从灵溪西渡，克明旦与台军对阵南岸。子响自与百余人袍骑，将万钧弩三四张，宿江堤上。明

① 《晋书·朱伺传》，第 2120～2121 页。
② 参看《南京人台山东晋兴之夫妇墓发掘报告》，《文物》1965 年第 6 期；《南京象山东晋王丹虎墓和二、四号墓发掘简报》，《文物》1965 年第 10 期；《南京象山 5 号、6 号、7 号墓清理简报》，《文物》1972 年第 11 期。
③ 南京市文物保管委员会：《南京老虎山晋墓》，《考古》1959 年第 6 期。
④ 南京市博物馆：《南京象山 5 号、6 号、7 号墓清理简报》，《文物》1972 年第 11 期。
⑤ 杨式挺：《广东始兴晋—唐墓发掘报告》，《考古学集刊》第 2 集，中国社会科学出版社，1982 年。
⑥ 《宋书·武帝纪》，第 20 页。
⑦ 《宋书·武帝纪》，第 22 页。

日，凶党与台军战，子响于堤上放弩，亡命王充天等蒙楯陵城，台军大败"①。也可以看出这种强弩的威力。其实这类强弩在东汉时已曾在守城的战斗中出现过，也是在南方地区。据《后汉书·陈球传》，朱盖、胡兰率数万人攻零陵，陈球"乃悉内吏人老弱，与共城守，弦大木为弓，羽矛为矢，引机发之，远射千余步，多所杀伤"②。但那还不是军中常备的兵器。到西晋时，已开始出现有"神弩"的名目，并列入大驾卤簿中。《晋书·舆服志》："自豹尾车后而卤薄尽矣。但以神弩二十张夹道，至后部鼓吹，其五张神弩置一将，左右各二将。"③ 到东晋、南朝时，承继西晋的传统，这类万钧神弩有了进一步发展。在南京的秦淮河里，曾经发现过五件南朝时期的铜质弩机，其形态和结构与当时通用的弩机一样，具有外郭、悬刀、牛、枢、望山和牙，但是尺寸要大得多，机郭长达 39 厘米，悬刀全长近 20 厘米（图二四：4）。如按汉代弩机与弩臂的比例推算，安装这种大型弩机的木弩臂，其长度至少在 180～226 厘米左右。而所用的弩弓，则长约 430～540 厘米。这样巨大的弩，靠一个人的气力是不可能发射的，看来只有安装在床子上，靠用绞车等办法才能张开，称之为"神弩"，看来并不为过，它应是后来唐宋时流行的多弓床弩的前身。

从旧石器时代末期讲到南北朝，已经可以概略地把弓和弩从诞生、经过童年而成长起来的历史，用粗线条勾勒出简单的轮廓。在南北朝以后，弓弩还要走过一段很长的历程，才会在火器的逼迫下被排挤出战争舞台，最后它们是随同中国历史上最后一个封建王朝——清朝的覆亡，才最终从军队的正式装备中被除掉。在这一篇中，无法把弓弩的全部历史都容纳进来，最后只能再介绍一下弓弩在唐代军队的标准装备中所占的位置，以及它们在明代抗倭名将戚继光军队装备中所占的比重，因为这在中国封建社会的中期和晚期是有典型意义的。

据唐卫公李靖兵法和李筌的《太白阴经》，当时一军中装备的弓箭比

---

① 《南齐书·武十七王传》，第 705～706 页。

② 《后汉书·陈球传》，第 1831 页。

③ 《晋书·舆服志》，第 760 页。

例是十分，也就是平均每人都装备有弓箭。每张弓配备 3 副弓弦、36 支箭，还有弓袋和箭胡禄各一副。这与《新唐书·兵志》讲每个士兵要"人具弓一，矢三十，胡禄，横刀"① 是大致相合的。按一军士兵为 12500 人计，装备有弓 12500 张，弓弦 37500 条，箭 45 万支，内有射甲箭 37.5 万支、生钢箭 5 万支和长垛箭 25000 支。而军中装备弩的比例较低，仅为二分，每张弩配备 3 副弩弓弦和 100 支箭，计有弩 2500 张，弦 7500 条，箭25 万支。此外，由于弩张迟，临敌不过一二发，所以把弩手单编在一起，采取轮番张弩的办法，"阵中张，阵外射，番火轮回，张而复出，射而复入，则弩不绝"②。除去一般的弩以外，也装备有在前代"万钧神弩"基础上发展的车弩，一次可以发 7 支铁羽箭，射程达 700 步。在此以后，弓箭一直维持着它在军队装备中的地位，还是主要的远射兵器，而一般的弩则日益衰落，且越发不被重视，仅有像车弩那样威力强大、用于攻坚或守城的强弩还有所发展。在北宋成书的《武经总要》中，记录的这种用绞车张发，配有多张复合弓的床子弩（图二七），名目较多，有双弓床弩、三弓床子弩、小合蝉弩、大合蝉弩、斗子弩等，需用数人甚至百余人以绳轴绞张，以槌击发，射程达 120 步。最强的三弓床弩，又称"八牛弩"，所用的箭"木干铁翎，世谓之一枪三剑箭"。又可称为"踏橛箭"。"以其射著城上，人可踏而登也"。这样的三弓床弩的射程，可远达 300 步。

在强力的床弩发展到它的高峰的时候，火药兵器已经登上战争舞台，原始火器很快就把笨重的床弩淘汰了。因此经过一段历史时期，到明代戚继光组训的部队中，不但找不到笨重的床弩，连一般的弩也从正式装备的名单中被淘汰了。同时，传统的弓箭所占的比重也大为降低，远射兵器主要是各种火器③。例如，在步兵一营 2699 人中，战斗人员计 2160 名，其中只有十分之一的士兵装备着弓箭，计弓 216 张，每张弓备弦 3 副、箭 30支。另有二分之一的人员配备有鸟铳，计 1800 门，弓箭与鸟铳之比约为

① 《新唐书·兵志》，第 1325 页。
② 《通典》卷一四九。
③ 戚继光：《练兵实记》杂集，卷六。

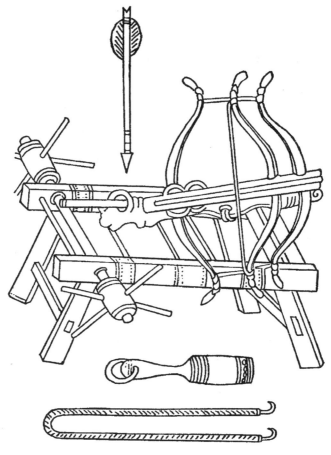

图二七　《武经总要》中的"三弓弩"

1∶8.3。在马军营中，由于传统的骑射的关系，装备弓箭的比重较大，兵勇2160名中，有1152人配备弓箭，占总人数的二分之一以上。骑兵拥有的火器有虎蹲炮60位、鸟铳432门、快枪432杆。此外，当时军中重型的远射兵器，已是无敌大将军、佛狼机和虎蹲炮，自然不会用那些过时的笨重的床子弩了。戚家军里兵器装备的情况，预示着弓箭这种最古老的兵器即将退出战争舞台的前景。

（原载《中国古兵器论丛（增订本）》，文物出版社，1985年）

中国军事百科全书·古代兵器

古代兵器，为从原始社会晚期到封建社会终结的战争中，使用的兵器和装备的统称。在原始社会晚期（即新石器时代后期）的战争中，一些生产工具演化为专门用于作战的兵器。随着社会生产力的发展、科学技术的进步和战争的需要，兵器不断发展变化，到了青铜时代和铁器时代，以青铜和钢铁为主要材质的冷兵器的发展日趋成熟。火药发明以后，火器逐渐发展起来，在一个相当长的历史时期内与冷兵器并用。因此，世界古代兵器的发展以火药开始用于制作兵器为分界线，分为两大阶段：前一阶段是冷兵器时代，约始自原始社会晚期，迄于公元 10 世纪；后一阶段是火器和冷兵器并用时代，约始自 10 世纪；由于社会发展进程不同，这一阶段的结束在世界各地有所不同，在欧洲约为 17 世纪中叶，在中国为清代后期，约 19 世纪中叶。

一　冷兵器时代（约公元前第 3 千年～公元 10 世纪）

与人类社会生产力的发展进程相适应，冷兵器时代可以分为三个阶段，即石器时代的兵器、青铜时代的兵器和铁器时代的兵器，此外，古代冷兵器也可从不同角度进行区分，如：按材质可分为石、骨、蚌、竹、木、皮革、青铜、钢铁等种；按用途可分为进攻性兵器和防护装具，而进攻性兵器又可分为格斗、远射和卫体三类；按作战使用可分为步战兵器、车战兵器、骑战兵器、水战兵器和攻守城器械等。

石器时代的兵器　冷兵器的萌发阶段，相当于新石器时代后期，即原

417

始社会晚期。当时最先进的工艺是磨制石器,故原始兵器也以磨制的石兵器为其代表,但也大量使用木、骨、蚌、角制作的兵器。

在史前阶段,原始社会的氏族或部落之间,为了争夺生存空间,获取祭神的牺牲品,乃至血族仇杀等原因,不断发生争斗,导致流血的暴力冲突,于是一些生产工具,就被转用于人类的互相残杀。这种杀人工具与生产工具不分的状况曾经历了一个很长的时期。随着生产力的发展和私有制的萌发,促进了原始社会的解体。开始由部落联盟向国家过渡,部落联盟之间不断发生激烈而残酷的原始战争。在中国古史传说中,最著名的是涿鹿之战,以黄帝为首的部落联盟战胜了以蚩尤为首的部落联盟。原始战争日益频繁且规模日益扩大,迫使人们去设计和制造专门用以杀伤和防护的特殊用具,这种用具逐渐与一般生产工具分离,遂正式出现了专用于作战的兵器。这一变化大约发生于原始社会晚期,约当公元前两千年以前。因此中国古史传说中常把兵器的发明归功于蚩尤,或者是黄帝及他的臣子,这正反映了部落联盟间的原始战争与兵器出现的历史联系。从考古发掘中,已获得关于带锋刃的生产工具转化为兵器的资料。在史前时期,石斧(或锛)与弓箭曾是男子狩猎和争斗中最有效的器物,正是这两类工具最早转化为兵器(图一)。在江苏、山西、云南等省的新石器时代遗址中,都发现被石镞或骨镞射中后的死者骸骨,镞已射入骨质。在山东、山西和江南等地的新石器时代晚期遗址中,都发现有薄体弧刃的石钺,它们不适于砍伐林木或农耕,应是专门的兵器。制作精美的玉钺,还应是氏族军事首领身份和权威的象征,在浙江余杭反山良渚文化墓地有发现,钺柄的顶端和尾端都安有玉饰,有的钺体上还精细地雕出"神徽"形象。

史前时期进行的氏族间的争斗,主要方式是两部分武装人群的徒步混战,还伴随着繁杂的宗教仪式和原始禁忌的制约,也采用偷袭和伏击等手段,因此最初的兵器是与徒步格斗的方式相适应的。在中国新石器时代晚期,人们已经熟练地掌握了磨制石器的技能,也提高了以石质工具加工木器、骨器的技术,为琢磨精致而锋利的石质兵器准备了工艺方面的条件。当时由生产工具转化而成的兵器,已经形成进攻性兵器的几个主要类型。

远射兵器主要是弓箭，使用木质或竹质的单体弓，以及装有石质或骨、角、蚌质镞的箭。还有用飞石索投掷的石球或陶球，可能还使用了原始的木弩。格斗兵器有用于扎刺的石矛或骨矛，用于劈砍的石斧、石钺，用于砸击的棍棒和石锤，用于勾啄的石戈等。近体防身的兵器有石、骨、角质或骨柄嵌石刃的匕首（图二）。同时，为了抵御敌方进攻性兵器的杀伤，已经使用原始的防护装具，主要是以藤、木、皮革等制造的盾和原始甲胄。在世界其他地方，原始兵器的器类也大致相同，弓箭是最普遍被采用的兵器。但不同地区的原始兵器也存在着一些地方特色，例如盾牌的质料、尺寸、式样和装饰因地而异，矛头的式样和矛柄的长度也各有不同。同时也有一些具有地方特色的特殊兵器，如中国的石戈、东南亚岛屿的吹筒毒矢、澳大利亚的可飞回的特殊飞镖——飞去来器等。

图一　仰韶文化陶缸上的彩绘石斧图像　　图二　埃及新石器时代燧石匕首

　　青铜时代的兵器　公元前第 4 千年初，西亚的一些地区率先进入青铜时代，欧洲爱琴海沿海的岛屿于公元前 3500 年左右，印度约在公元前第 3 千纪中，中国稍迟约在公元前 21 世纪进入青铜时代。人类在这一物质文化发展阶段中，以青铜（铜和锡或铅的合金）作为制造工具、用具，特别是制造兵器的重要原料。在世界古代文明形成的各中心地区，奴隶制国家拥有强大的武装力量，这促使兵器制作的规模日益扩大且质量日渐提高。在古代埃及，古王国时期的军队中步兵是唯一的兵种，主要兵器是弓箭。到公元前第3千纪末和第2千纪的中王国时期，军队的兵器除弓箭外，还装备有盾、矛、战斧或狼牙棒，但是战士仍赤膊赤足，缺乏护体的装具。公元前第2千年中期，埃及进入新王国时期，军队中除步兵外出现了战车兵，由马匹拖驾的双轮木质战车成为重要的军事装备。但陵墓雕刻的战士形象多数裸体赤足，腰束短裙，仅以大盾为防护装具，少数头上戴胄，格斗兵器以长矛为主，远射兵器是弓箭。在两河流域苏美尔人建立的乌尔第一王朝（公元前27~前26世纪），军旗标帜的镶嵌画中出现有四轮的战车，战士披有防护躯体的长斗篷。在其王陵中殉葬的侍卫们装备有铜胄、斧、匕首和投枪。在古希腊的"英雄时代"（"荷马时代"，约公元前12~前8世纪），战士头戴有护颊的铜胄，身披铜胸甲和胫甲，持有以皮革外蒙青铜制作的大盾，格斗兵器是投枪、矛和短剑，远射兵器是弓箭，还使用驾马的双轮战车，但它不是用于冲击，主要是用来将战将运送到战场，然后下车徒步格斗，有时也可作为射手放箭或掷投枪的机动平台。

中国进入青铜时代，大约是在夏代，经商、西周、春秋到战国，延续约2000年。但是青铜器出现的时期，可能早得多，如甘肃东乡族自治县马家窑文化遗址中出土的距今约5000年的青铜小刀，就是实物证明。青铜时代是冷兵器的发展阶段，最精锐的兵器以青铜质料的为代表，也以青铜铸造防护装具，但还大量使用石、骨制作的兵器，特别是青铜时代的早期更是如此，防护装具更以皮甲胄为主。

古代史籍中说夏代"以铜为兵"，反映出当时可能是青铜兵器开始使用的时期。从考古发掘资料看，距今3600年前的二里头文化时期已可生产技术较成熟的青铜器。出土的青铜兵器已有格斗兵器戈和戚，远射兵器镞等，青铜兵器的铸造工艺已达到一定水平。

到了商代，中国青铜文化达到一个高峰，当时的青铜冶炼工艺已超越由矿石混合冶铸的低级阶段，发展到由铜、锡和铅按一定配比冶铸的较高水平。商王朝不断扩大军事力量，日益要求得到更多和更锐利的青铜兵器装备军队。在河南安阳侯家庄1004号大墓的墓道中，出土有禁卫商王的战士的装备，据不完全统计，包括铜矛 730 件、铜戈 72 件，以及不少于 141 件铜胄，按各类兵器的平均重量估算，总重接近 1/3 吨，反映出商代晚期青铜兵器制作的规模和水平（图三、四）。

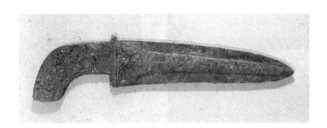

图三　河南安阳殷墟妇好墓出土铜戈

图四　河南安阳殷墟妇好墓出土青铜钺

　　青铜兵器的发展与商代作战方式的变化也有密切关系。商代早期的军队，应为步兵，其标准装备是戈和盾，在商代金文中常可见到右手执戈、左手持盾的步兵形象，戈柲约为人体高的 1/2。在河北藁城台西遗址中，一尸骨的右侧放有柲长 87.8 厘米的铜戈，这种短柲戈只适于步战格斗。商代中期以后，由于青铜工具的进步，促进了木工技术的提高，为木质战车的制作提供了技术条件。由于战车在速度和冲击力方面表现出原始步兵无法抗拒的优越性，于是徒步格斗开始被车战所取代，战车兵逐渐成为军队的主力。为了满足车战的战术要求，兵器的设计和制造随之有了新的变化，特别是为了两车错毂接战的需要，加长格斗兵器的柄长。在商代晚期，车战兵器装备的主要类型已经具备，包括战车、青铜进攻性兵器和防护装具。（1）战车：都是木质的，装有青铜件，特征是独辕（辀）、双轮、方舆（车厢）、长毂，以轭驾马，马数一般为 2 匹。车士 3 人，1 人御车，其余 2 人作战。（2）青铜进攻性兵器：包括远射、格斗和卫体三类。远射兵器主要是弓箭，箭上装有青铜镞，也用石镞和骨镞；格斗兵器主要是安有长柲的青铜戈和矛，以戈为主，也有用于砍劈的钺等；卫体兵器主要是青铜短刀和短剑等。（3）防护装具：主要是青铜胄、皮甲和盾。附属于战车的徒兵，装备相对简陋，还较多使用石、骨质的兵器，缺乏甲胄。当时战争的胜负主要决定于双方战车的战斗，徒兵很难与战车抗衡。商代晚期已有武装的骑士，但数量很少，马具简单，远没有形成单独的兵种。他们装备的兵器主要是弓箭、戈和短刀。

经西周到春秋时期，随着战争规模的不断扩大，对青铜兵器的需要日益增加。这时期的青铜冶铸业已有较大发展。春秋时期，铜矿的开采和矿石的冶炼都达到空前的规模，以湖北大冶铜绿山古铜矿为例，据古矿井附近发现的炉渣推算，累积提炼出的红铜至少有 4 万吨，为扩大青铜器的产量提供了雄厚的原料来源。同时，青铜兵器的质量也有极大提高，春秋时期已总结出适合于不同器类和不同兵器的合金比例配方，即《考工记》中所述的"六齐（剂）"。有了统一的配比标准，就保证了兵器生产质量的稳定性，并促进了军队装备的规范化。在产量和质量日益提高的基础上，青铜兵器的性能和品种都发生新变化，创制出众多的新型兵器，如弩机、刺（矛）体（戈）联装的戟和剑（图五），传统兵器镞、戈、矛等的外形也都有改进，提高了杀伤效能。由于战争的扩大和生产技术水平的提高，车战的规模也日益扩大，交战双方出动的战车总数，从几百乘扩大到上千乘，随车徒兵人数也由一乘数人增多到数十人。《孙子·作战篇》论用兵之法："驰车千驷，革车千乘，带甲十万。"带甲十万是包括车上和随车徒兵的总人数，所需兵器装备的数量自是十分庞大的。这时战车的制工也更精细。轨宽减小，车辕缩短，驾马一般为 4 匹，两服两骖。同时车战兵器的组合更加合理，日趋规范化和制度化，包括远射的弓矢，格斗的戟、殳、戈、矛，卫体的剑，以及防护装具盾和髹漆皮甲胄。文献中还出现了"五兵"的概念，用以概括主要的车战格斗兵器。西周、春秋时期青铜兵器的发展成果，在《考工记》中得到了系统总结。该书《冶氏》《桃氏》《函人》《庐人》《弓人》诸篇详细记录了兵器的选材、尺寸、形制和制作规范，这些都可以与考古发现的大量实物相印证，表明当时中国古代车战兵器已达到最成熟的阶段，也是青铜兵器制造工艺成熟的时期。

图五　湖北江陵望山一号楚墓　　图六　湖北随县战国
出土春秋时期越王勾践剑　　　曾侯乙墓出土三果戟

　　战国初期，青铜兵器仍保持着发展的势头，战车的制作也更为精细，还在车上增加防护设施，如在车舆四周加装由大型青铜甲片组成的护甲；或在軎（车轴头）端增置矛状长刺，用以杀伤靠近战车两侧的敌方徒兵。车战兵器的组合更加完善，湖北省随县曾侯乙墓出土的兵器最为典型，远射兵器是弓箭；格斗兵器除戈、戟、矛外，还有带尖锋和刺球的殳，安有多重戟体的"多果戟"（图六），并普遍采用"积竹"长柲；防护装具有盾牌和整套的髹漆皮甲胄，并有防护马匹的髹漆皮马甲。同时青铜兵器的生产规模继续扩大，各国都设立了专制兵器的官营作坊。在成批生产的兵器上，铸刻出制造机构、监造官吏及工匠姓名，河南新郑"郑韩故城"出土的大量有铭青铜兵器可以证明。青铜兵器的制作技术也有新的提高，如对青铜合金成分的配制有了较深刻的认识，能生产脊部和刃部分铸的复合剑，脊部材料含锡较低，故性坚韧，而刃含锡较高，故性刚而锋利。虽然青铜兵器的数量和质量不断提高，然而钢铁冶锻工艺在春秋时期的出现，以及车战的衰落和步兵、骑兵的兴起，却是青铜兵器由高峰转向衰落的标志。然而钢铁兵器真正取代青铜兵器还需要经历相当长的历史阶段，秦始皇陵兵马俑坑的出土品表明，青铜兵器在秦始皇时还大量使用，当时青铜剑的长度已超过90厘米，至今仍锋利异常。同时驷马木质战车也还排列在陶俑群行列内最重要的位置上。

铁器时代的兵器　世界历史发展中，青铜时代以后，生产工具、用具和兵器主要以铁为原料，进入铁器时代。迄今所知世界上最早的铁器产生于公元前第2千纪的小亚细亚赫梯地区，当时铁器极珍贵，价比黄金。公元前13世纪赫梯王国衰亡，冶铁技术传播到邻近地区，主要是位于其东的叙利亚、巴勒斯坦和其西的希腊，世界历史上的早期铁器时代才真正开始，并逐渐普及于欧亚大陆。在公元前10世纪雅典的遗址中，已发现较多的铁质工具和兵器，兵器有长剑、长矛、刀等。埃及、巴比伦等古代文明是在青铜文化高度发达以后进入早期铁器时代的，而希腊、罗马则在早期铁器时代诞生其古代文明。在希腊和罗马，重装步兵是军队的主要力量，步兵方阵是主要的作战形式。希腊步兵使用的铁兵器，有用于投掷的标枪，还有长矛，近距格斗则主要靠宽刃的短剑，与盾配合使用。胄及胸甲、胫甲、盾等防护装具，仍主要以青铜制作。希腊方阵发展到马其顿时代，达到高峰，战士的主要格斗兵器是长矛，矛柄很长，而且位于后排的战士的矛柄更长，使方阵前进时所有的矛锋突前，形成如林的屏障。骑兵也使用长矛，但只是作为国王的近卫军或用于保障侧翼和进行联络的辅助部队。古罗马的军团仍是主要以重装步兵组成，配以少量骑兵和一些轻装步兵。战斗时以方阵为基本队形。战士戴胄，披胸甲，胸甲是以皮革上钉缀铜或铁甲片构成。腿上佩有胫甲，但只佩于右腿。还使用几乎可掩护全身的大盾牌。主要格斗兵器是短剑，铁剑的尺寸稍长于希腊时期，但剑刃更宽，以增强击刺的力量。标枪是另一种主要兵器，比希腊标枪重，掷出后穿透力更强。通常的作战方式是方阵接敌时先掷出密集的标枪，然后抵近以短剑格斗。远射兵器主要是弓箭。为了对付设防城堡，使用了重型的弩砲等器械。

中国进入铁器时代约在东周晚期，迟于西亚、北非和欧洲地中海沿岸的古代文明，而且在社会发展阶段方面也有所不同。铁器的出现被视为古代中国封建生产关系出现的象征。在进入铁器时代以前，商代时人们就已懂得利用天然陨铁制作兵器的刃部。到西周晚期出现了人工冶炼的钢铁兵器，说明人们一旦掌握了新的金属材料，就立即尝试着用来制造兵器了。铁器时代是中国古代冷兵器的成熟阶段，最先进的工艺是钢铁的冶炼，于是钢铁兵器取代了青铜兵器，连防护装具也以钢铁制造的为主。这一阶段从战国晚期开始直到北宋，北宋时期火药兵器的出现，宣告冷兵器阶段结束，冷兵器与火器并用的新阶段开始。

西周晚期的钢铁兵器，已在河南三门峡上村岭虢国墓地出土1件铜茎玉柄铁剑，但形体较短，难以作为主要格斗兵器，尚属个别尝试的制作品，不足以在战争中起作用。战国晚期，由于掌握了块炼铁固态渗碳制钢的工艺，可以较多地制作钢铁兵器，并部分装备军队用于实战。在燕、楚两国疆域内，现已发现较多的钢铁兵器，包括剑、戟、矛等格斗兵器，以及铁甲片编缀的兜鍪等防护装具。质量方面，有的是以块炼铁直接锻成的铁制品，有的是以块炼铁渗碳的低碳钢制作的，其中还有些经过淬火，以增强刃部的硬度。在古代文献中，还有三晋地区生产锋利铁兵器的记载。但是青铜兵器当时还是军队的主要装备，仍旧大量生产，因为钢铁兵器取代青铜兵器的基础在于社会生产力水平的提高，这不是短期可以达到的。

钢铁用于制造兵器，改变了兵器（特别是格斗兵器）本身的特征。青铜的联装戟，改成尖锐的前刺侧旁垂直伸出小枝的"卜"字形钢铁戟。青铜剑的长度较短，刃部较宽，两侧刃呈两度弧曲的线条，而钢铁剑的长度明显增长，侧刃不再作两度弧曲，而是直收成锐锋。这些变化是与材质和工艺的变化相适应的。

从秦到西汉时期，随着封建经济的巩固和发展，钢铁冶炼技术的进一步提高，以及骑兵的成长和壮大，使钢铁兵器获得全面发展。在陕西西安西汉都城长安城遗址，发掘了建于汉高祖刘邦时的武库，这是一处厚墙围护的封闭式的宏大建筑群，发掘出铁质的刀、剑、戟、矛和斧等兵器，仅铁镞就达 1000 余件，而出土的青铜兵器数量极少，主要是镞，其数量只有出土铁镞的 1/10 左右。说明西汉时已生产了品种齐备的精锐的钢铁兵器，并且已用钢铁制造消耗量大的箭镞。这明显地反映出钢铁兵器已基本取代了青铜兵器。

由于钢铁兵器远比青铜兵器锋利且有良好的韧性，加之骑兵和步兵新的战术需要，使兵器类型有了新变化。在进攻性兵器中，格斗兵器变化最明显，商周时作为主要格斗兵器的青铜戈和青铜戟，为"卜"字形钢铁戟所取代，铁矛的形体加长，还有体扁刃窄形似剑的铩。青铜剑让位于窄体尖锋的钢铁剑，并出现了环首长铁刀。只有远射兵器弩上安装的弩机，还用青铜铸制，但一般在机栝外周加了铜郭，以增强弩力，有的在望山上加刻度，用于瞄准，以提高命中率。在防护装具方面，使用了铁甲片编缀成的铠甲、兜鍪和铁盾。皮质甲胄仍在使用，但已退居辅助地位。这些进攻性兵器和防护装具组合在一起，构成了汉代军队装备的主要部分。但不同兵种装备的兵器也有差别。骑兵（图七）使用的远射兵器以弓箭为主，也用以臂开张的擘张弩；格斗兵器是马戟、马矟（槊）及环首刀，刀又多与盾配合使用，并备有护身的匕首；防护装具除盾外，备有铁铠。步兵（图八）使用的远射兵器则以强弩为主，常用以脚踏张的蹶张弩，辅以弓箭；格斗兵器以矛、戟、刀或剑为主，常与盾配合使用，矛和戟的柄有长、短两种。另有护身的匕首和手戟；防护装具是铁铠和皮甲，还有盾。边防烽燧的守御部队，主要防守兵器是强弩。

东汉以后，钢铁兵器进入稳步发展的时期。兵器发展的重点集中在

图七　陕西咸阳杨家湾西汉墓陶骑俑

图八　西安西汉墓出土执盾士兵俑

骑兵装备方面，特别是南北朝时期，军队的主力是重装骑兵，特别注意人和马的防护。同时，马具的完善与改进，如镫的普遍使用和高鞍桥马鞍的改进，使战士能更快掌握骑术，便于奔驰和长途行军，提高了骑兵的作战能力。骑兵的铠甲，南北朝前期以两当铠为主，后期以明光铠为主；战马的防护是完备的"具装铠"，由面帘、鸡项、当胸、马身甲、搭后和寄生构成。人铠和马具装都以铁质为主，皮质为辅，并配套使用，色彩也相同。同"甲骑具装"——重装骑兵的大量使用相适应，进攻性兵器也有变化。在格斗兵器中，马戟日渐淘汰，多用长体双刃的马矟，以增强穿透铠甲的功效（图九）。在远射兵器中，适于骑马的弓箭有了发展，强弩则向重型的床弩发展。南北朝时期步兵不如甲骑具装受重视，常是轻装而缺少铠甲，装备的兵器由以戟盾为主改为以刀盾为主，也常见长矛与盾配合使用。远射兵器以弓为主。着铠的重装步兵，则以明光铠为主。

图九　吉林集安高句丽墓壁画甲骑具装战斗图像

到隋唐时期，钢铁兵器的生产更加规范化，按府兵制，一般士兵标准装备的兵器为"弓一，矢三十，胡禄、横刀……皆一"[1]。弓箭和横刀（佩刀）是当时骑兵和步兵每人必备的兵器。重装骑兵的重要性已比南北朝时下降，恢复了骑兵轻捷的特点，因此，马具装铠的生产不如以前受重视。至于整个军队中主要装备的兵器和它们之间的比例关系，在唐代兵书《太白阴经》中有较详细的记述（表一）。

从唐代晚期经五代至北宋初期，兵器又有新变化。成书于北宋庆历四年（1044年）的《武经总要》，总结和记述了汉唐以来传统的冷兵器中当时还生产和装备部队的类型，以及新发展的兵器及装具。在后一类兵器

---

[1]　《新唐书·兵志》，第1325页。

表一　《太白阴经》所记军队的兵器配备情况

一军总人数为 12500 名

类别	器名	数量	装备的人数与总人数的百分比
远射兵器	弓	12500 张（附弦 37500 条、箭 375000 支）	100%
	弩	2500 张（附弦 7500 条、箭 250000 支）	20%
格斗兵器	枪	12500 条	100%
	佩刀	10000 口	80%
	陌刀（马军以啄、锤、斧、钺代替）	2500 口	20%
	棓（棒）	2500 根	20%
防护装具	甲	7500 领	60%
	战袍	5000 领	40%
	牛皮牌	2500 面	20%

注：弓弩用箭包括射甲箭、生铊箭和长垛箭三种。陌刀是这个时期新出现的一种长柄双刃刀。

中，出现了以火药制作的兵器，表明古代兵器发展的新阶段即将来临。《武经总要》中列举的传统格斗兵器仍以刀、枪（矛）为主，但为了适应各种特殊战斗和训练的需要，每类又形成若干分支，同时大量采用各种棒类兵器，以及骨朵、铁链夹棒等锤击兵器。远射兵器仍以弓箭为主，弩则向大型床弩发展。防护装具有铠甲和马甲，以及步兵、骑兵用盾牌。值得注意的是，这一时期的战争主要在中原和江南进行，夺取设防城市是重要的军事目的，因此兴起于战国时期的攻守城器械到宋代又有了引人注目的发展。这些器械有：（1）重型远射兵器：床弩和砲。（2）攻城器械：有用以攀登的云梯，跨越壕沟的壕桥、折叠桥，掩护战士抵近城垣的防护棚具轒辒车，登高侦察的巢车、望楼车等。（3）守城器械：有用以毁坏敌方攻城器具和杀伤攻城人员的檑石，用以烧毁云梯等攻具的飞炬、猛火油柜等，还有为了塞补被敌方摧毁的城门、雉堞用的塞门刀车、木女头等，以及对付火攻用的灭火器械。

中国铁器时代的兵器，对东亚诸古代国家影响很大，特别是朝鲜半岛和日本列岛上的古代国家。在朝鲜半岛，曾大量出土中国式样的铁环首刀，扁圆的刀环常作龙、凤等形象的装饰。装备战马的具装铠，经由高句丽传入南方的新罗和百济。使这三个国家都发展了重装骑兵。日本"古坟时代"的兵器深受中国影响，从古坟的随葬品中发现有大量铁刀、剑和镞，刀都是中国式样的环首刀。在中国古代甲胄的影响下，日本"古坟时代"的铠甲有了很大发展，开始制作由小型甲片编缀的甲胄，以后发展为以较大的甲片铆接成的形制独特的"短甲"，以后又发展成适于骑兵使用的"挂甲"。隋唐时期，随着日本派"遣唐使"来中国而掀起中日文化交流的新高潮，中国兵器继续对日本产生很大影响，现在日本奈良东大寺正仓院中尚藏有当时的"唐大刀"等兵器，最名贵的是鞘上带有双附耳的"金银钿荘唐大刀"。平安时代中期以后，日本刀（倭刀）逐渐摆脱中国的影响，形成自己的风格，刀身出现特殊的弧度，形成许多著名的刀工名家。在防护装具方面。也形成具有独特民族风格的铠甲体系，出现大铠、胴丸、腹卷等不同形式的铠甲。

欧洲大陆进入封建社会以后，到公元 9 世纪末，军队的构成以封建骑士为核心，主要是人马都披有铠甲的骑士组成的小规模骑兵部队。于是，兵器和防护装具的制作完全以骑士的需求为目的，护体的甲胄由锁子甲逐渐发展成各式钢板组合而成的厚重铠甲，全身包括手臂和腿足都用铠甲围护起来。马甲也日益完备。骑兵失去轻捷快速的机动性，几乎成为一座可以移动的小型钢铁堡垒。使用的兵器主要是长矛、剑和盾牌。随同骑士的步兵，装备简陋，缺乏防护的铠甲，战斗力不强，因此当时的战争主要是依靠骑士的搏斗来决定胜负的。只是当火药由中国传入西方，最后在战场上发挥其威力的时候，封建骑士的铠甲才无法抵御，从而退出战争舞台。

二 火器与冷兵器并用时代 (10~19世纪中叶)

中国宋代初年火器的出现，标志着人类战争史上火器与冷兵器并用时代的开始。这个时代，在中国历经元、明到清代鸦片战争时期，延续达9个世纪。在欧洲，从14世纪初叶仿制中国西传的火器开始，到17世纪中叶冷兵器退出战争舞台，延续仅3个多世纪。这一时代的兵器，又可分为火器的创制、中国火铳的发明与欧洲的早期枪炮、火器的发展三个阶段。

火器的创制 宋代是中国古代火器的创制与冷兵器继续发展的时期。北宋王朝建立后，由于进行统一战争和巩固边防的需要，在全国建立了一个以东京（今河南开封）为中心的庞大的兵器制造体系，大量制造兵器。在朝廷奖励政策的鼓励下，各地纷纷创制火器。《宋史·兵志》等史书记载，自开宝三年至咸平五年（970~1002年），有兵部令史冯继升、神卫水军队长唐福、冀州团练使石普等人，先后向朝廷进献火箭、火毬、火蒺藜等燃烧性火器，是为中国创制火器之始。《武经总要》记载了它们的制造和使用方法，并列出世界上最早的三个火药配方。这些火器虽仍须借助弓弩和砲才能发挥作用，但是由于具有较好的燃烧、发烟、致毒等性能，所以得到了迅速的发展。元丰七年（1084年）二月，从东京一次调发熙州、河州驻军的火器，就有神臂弓火箭10万支、火药弓箭2万支，火药火砲箭2000支、火弹2000枚之多。

南宋时期，由于火药性能的改良，促进了爆炸性火器铁火砲与各种火枪的创制。嘉定十四年（1221年），金军在进攻蕲州（今湖北蕲春）时，使用了铁火砲，爆炸后能以四散飞击的碎片，毁伤对方人马和战具，成为最早问世的铁壳爆炸弹。火枪的创制与发展，是火器进步的又一表现。绍兴二年（1132年），陈规守德安（今湖北安陆）时，用火砲药制造了20支长竹杆火枪。绍定五年（1232年），金军在坚守南京（今河南开封）时使用了飞火枪，在近战中既可喷焰灼敌，又能格斗拼杀，成为最早装备单兵的两用火枪。开庆元年（1259年），寿春府（今安徽寿县）有人创制了以巨竹为枪筒、能发射子窠（最早的弹丸）的突火枪，为金属管形射击火器——火铳的创制，奠定了基础，被认为是世界枪炮的鼻祖。

铁火砲与火枪创制后，宋军和蒙古军都竞相制造。南宋都城临安（今浙江杭州）的火器作坊已超过当年东京火器作坊的规模，军事重镇江陵府（今湖北江陵）一个月就造1~2万件铁火砲，建康府（今江苏南京）在2~3个月内就制造和添修了铁火砲、霹雳砲、突火筒等6.4万件。蒙古军在攻陷宋、金的城池后，特别注意搜罗工匠，为他们制造火器。

宋代的兵器作坊，不仅注重火器的制造，而且也大力发展冷兵器，其制品集中记载于《武经总要》中，其中有长柄刀、枪各7种，短柄刀、剑3种，攻城专用枪5种，守城专用枪4种，斧、叉、鞭、锏、棒、锤等杂式兵器14种，甲胄5种，马甲1种，弓4种，箭7种，弩6种，床弩8种。这些不但是北宋军队而且也是南宋军队装备的主要兵器。此外，当时还制造了各种攻守城器械。

火器的创制与冷兵器的发展，使新的作战方式开始萌芽。如靖康元年（1126年），宋军在尚书左丞李纲的指挥下，使用火箭、霹雳砲和各种冷兵器相配合，打退了金军对东京的进攻。之后，金军也学会制造火器，采用火器与冷兵器相结合的战法，攻占了东京。绍定五年（1232年），蒙古军进攻金南京。士兵在大型活动掩体牛皮洞子的遮挡下掘城，守城金军用铁索悬吊"震天雷"，至掘城处爆炸，产生强烈燃烧和四散飞击的铁壳碎片，毁坏了蒙古军的铁甲和牛皮洞子，蒙古军被迫撤围而去。

在中国宋代的军工部门大量制造各种火器与冷兵器装备军队时，正是西欧封建主组织十字军东侵阿拉伯各国之际，前后8次，历时195年（1096~1291年）。战争期间，十字军的骑士和步兵，主要使用长剑、重矛、圆锤、长矛、战斧、刀和弩等兵器作战。十字军在攻城时，采用攻城锤和装有活动轮子的碉楼（亦称攻城塔），撞击城门、城墙和直接攻上城楼，与十字军作战的土耳其和阿拉伯各国的兵种主要是步兵和轻骑兵，他们使用马刀和弓弩作战。从13世纪开始，中国发明的火药和火器先传入阿拉伯地区，后又传入欧洲。受中国早期火器影响，制成了木质管形射击火器马达发等。

中国火铳的发明与欧洲的早期枪炮 中国北方的蒙古族，在建立元朝和对外进行战争的过程中，极为重视兵器的制造，除了使用砲、标枪、刀、斧、剑、弓箭外，还利用宋人和金人的火器制造技术，制造各种火器。元朝建立之初，即于至元十六年（1279 年）集中各地工匠于大都（今北京），研制新式兵器，并在全国建立兵器制造机构。其中最重要的成果是金属火铳的创制。中国历史博物馆收藏的至顺三年（1332 年）盏口铳，是世界现存最早的有铭火铳，此外还有各种手铳。同火枪相比，火铳能耐较大的膛压，装填较多的火药，使用寿命长，发射威力大，成为元军使用的重要兵器。元末农民战争爆发后，朱元璋等起义军也使用火铳作战。明朝建立后，设立了军器局、兵仗局主管兵器制造。出土实物表明，当时除制造大量手铳和较大的碗口铳外，还制造了一些较大的火炮。明成祖即位后，增加了造铳的数量和品种，改进了结构，提高了质量，使之更利于实战。直到嘉靖时期（1522～1566 年），火铳仍是明军装备的主要火器（图一〇）。

火铳的大量使用，改变了明初军队武器装备的结构。按洪武十三年（1380 年）的规定，全国各地卫所驻军兵器装备的比例是：火铳 10% 、刀牌 20% 、弓箭 30% 、枪 40% 。永乐前期又创建了世界上最早的火器部队——神机营。与此同时，各城关要隘的防御也得到了加强。洪武二十年，云南的金齿、楚雄、品甸、澜沧江中道等地，都添置了火铳；永乐十年（1412 年）和二十年，北京北部的开平、宣府、大同等处添置了火铳。在此期间，火铳与冷兵器相结合的战术不断发展。朱元璋的军队首创火铳与冷兵器依次攻击敌船的水战战术，以多排火铳兵对敌实施依次齐射的战术，以及用火铳攻城的战术。明成祖在亲征漠北之战中，提出了"神

图一〇　明宣德元年（1426 年）铜火铳

机铳居前，马队居后"，先以火铳齐射摧毁敌军的前锋，继以密集的骑兵冲击敌军主力的布阵作战原则。于谦在保卫北京的作战（1449 年）中，创造了以火铳守御坚城的战术，击退了瓦剌骑兵对北京的进攻。

当火铳在中国得到广泛使用时，欧洲人于 14 世纪中叶制成金属管形射击火器——火门枪。火门枪的出土实物和传世的一些壁画表明，它们在基本构造与发射方式上，同中国元代和明初的手铳类似，步兵和骑兵都可使用。

欧洲早期的火炮大致是与火门枪同步发展，多为熟铁条箍合成最早的射石炮。15 世纪中叶，发射铸铁弹的火炮，已在攻城战中发挥了一定的作用。

火器的发展 15 世纪初欧洲创制了火绳枪。同手铳、火门枪相比，火绳枪枪管长，安有瞄准具和弯形枪托，使用扳机和用火绳点火，因此具有射速较快、便于瞄准、命中率较高、射程较远等优点。火绳枪的创制是手持射击火器的一大进步。与此同时，手投火器手榴弹也创制成功，至 16 世纪末至 17 世纪初，已成为欧洲军队的装备之一。

在火绳枪创制后的较长时期内，欧洲的长弓、长矛与长戟仍在广泛使用。英国军队多用长弓。瑞士军队多用长矛、长戟。长矛长 20 英尺（约合 6.1 米），前端 3 英尺为铁，以防被敌军砍断；长戟长 6～10 英尺，戟头可钩、可砍又可刺，三种功能具备。瑞典在 17 世纪 20 年代的一个 408 人的战术单位中，有长矛兵 216 人，占 53%，火绳枪兵 192 人，占 47%。作战时，火绳枪兵列于阵中，在长矛兵掩护下，以多排横列依次进行齐射，以对付密集进攻的敌人。

从 15 世纪中叶开始，欧洲的火炮制造技术也获得了迅速发展，法国首先掌握了铸造铁炮的技术，尔后传到英国。欧洲国家普遍大量制造和使用火炮，在炮身结构、炮弹、炮车等方面也有许多改进。到 15 世纪末，欧洲的枪炮制造技术超越了中国而居于世界的领先地位。16 世纪初，随着欧洲殖民者对外进行的掠夺，欧洲火器及其制造技术先后传入拉丁美洲国家和印度、日本、中国。其中在中国影响较大的有佛郎机铳、鸟铳和红夷炮。明朝曾大量仿制这些火器装备军队，使明军的装备得到了较大改善，这在戚继光蓟州（今天津蓟县）练兵时所编各营的装备中，反映最为明显，其车营和步营的装备见表二、表三。

表二 明代戚继光车营兵器配备情况

总编制人员：3109 名　　　其中战斗人员：2048 名

类别	人员配备	占战斗人员百分比	兵器配备
火器手	佛郎机手　768 名	37.5%	佛郎机　　256 门 （每门配子铳 9 门）
	鸟铳手　512 名	25%	鸟铳　　512 杆 兼配长刀　512 把
	合计　　1280 名	62.5%	
冷兵器手	藤牌手　256 名	12.5%	藤牌　　256 面 兼配火箭　7680 支
	镋钯手　256 名	12.5%	镋钯　　256 把 兼配火箭　7680 支
	大棒手　256 名	12.5%	大棒　　768 根
	合计　　768 名	37.5%	

表三 明代戚继光步营兵器配备情况

总编制人员 2699 名　　　其中战斗人员 2160 名

类别	人员配备	占战斗人员百分比	兵器配备
火器手	鸟铳手　　1080 名	50%	鸟铳　　1080 杆 兼配长刀　1080 把
冷兵器手	藤牌手　　216 名	10%	藤牌　　216 面 腰刀　　216 把
	狼筅手　　216 名	10%	狼筅　　216 根
	长枪手　　216 名	10%	长枪　　216 杆 弓　　216 张 大火箭　216 支
	镋钯手　　216 名	10%	镋钯　　216 把 兼配火箭　6480 支
	大棒手　　216 名	10%	大棒　　324 根
	合计　　1080 名	50%	

从以上两表可以看出，在戚继光编练的车、步营中，使用火器的士兵已占战斗兵员总数的一半以上。其中车营是专门装备火炮的部队，所装备的佛郎机铳已经达到每 8 名战斗兵员装备一门的高比例。戚继光在编练步营时，注重火器同冷兵器相结合，以及兵器配置要以长护短、以短卫长的原则，既装备较多的鸟铳，又装备一定数量的刀枪、镗、钯、狼筅、弓箭，以弥补鸟铳装填弹药较慢和近战中不能拼刺的弱点。戚继光的《练兵实纪》中详细记载了车营、步营、骑营和辎重营中各级的编制装备，以及训练士兵使用佛郎机铳、鸟铳和各种冷兵器进行作战的要求，反映了他以新式枪炮同冷兵器相结合的战术思想，也集中反映了中国当时兵器制造与使用的水平。

自万历四十六年（1618 年）起，明军与后金军在中国东北的战争日益激烈，攻守城战日益增多，佛郎机铳已不能满足需要。明政府命大学士徐光启派人购买和仿制欧洲大威力的火炮。当时，澳门葡萄牙当局正存有从荷兰战船上缴获的英制长管青铜炮，便卖给明廷以应急需。这种火炮，在《明史·兵志》中记载为红夷炮，是当时中国威力最大的火炮。崇祯十二年至十五年（1639～1642 年），明军与清军在松山（今辽宁锦县）、锦州之战中，双方用巨炮对轰，展开了激烈的炮战。与此同时，李自成率领的农民起义军也用大型火炮攻取坚城。在仿制红夷炮的同时，当时欧洲先进的火炮铸造技术也为中国所吸取，从而提高了中国火炮铸造的科学性。《西法神机》与《火攻挈要》等书，对此作了详细的记载，对明末清初的火炮铸造产生了较大的影响。

明代在枪炮制造获得重要发展的同时，其他种类的火器也有不同程度的进步。这在明代后期的《兵录》《武备志》《金汤借箸十二筹》等兵书中，得到了充分的反映。仅《武备志》就记载了火药、火炮、火铳、火箭、火牌、喷筒、火毬、火砖、火器战车、水战火器、地雷等类火器共200 多种，并绘有大量图片。在火药配制方面，明代后期吸收外来火药配方的特点，制成了更适合新式枪炮使用的发射火药，还配制了各种专用的火药，如引药、炸药、信号药、发烟药、致毒药等，丰富了宋元以来的火药品种。在喷筒和抛射火器方面，提高了燃烧、致毒、发烟、遮障等作战功能。利用火药燃气反作用力推进的火箭技术，得到了较快的发展，其制品有单级火箭、二级火箭、多发齐射火箭、有翼火箭等。在爆炸性火器方面，有炸弹类、地雷类、水雷类共数十种，一般用于投掷、事先埋设或沉放于水陆通衢，其引爆方式除直接点火外，已发展为拉发、绊发、触发或机械式钢轮发火。这些火器都以各自的特点，在作战中同枪炮一起发挥了杀伤和破坏作用。

16 世纪前半叶，欧洲的枪炮制造与使用技术又有了新的突破，创制了燧发枪。燧发枪简化了发射手续，提高了射速和防风雨的能力。至 17 世纪初，燧发枪的重量已减至 4.5 ~ 5 千克，便于士兵携带和发射；射程已超过长弓，达 200 ~ 300 米；枪头安有枪刺，可以代替长矛在近战中刺杀，士兵在近战中可借以护身。燧发枪以其优越的性能终于使长弓、长矛等冷兵器退出战争舞台。至 17 世纪中叶，欧洲的火炮已经普遍使用于水陆各种样式的作战中，结束了欧洲战争史上火器与冷兵器并用的时期而进入了火器时代。

从 17 世纪中叶至 19 世纪中叶的 2 个世纪中，欧洲的火器科学技术，在伴随着近代自然科学理论和实验方法新突破的基础上，出现了许多史无前例的创新。其中 G. 伽利略关于弹丸在只考虑重力作用下运动的抛物线理论，B. 罗宾斯的《炮术新原理》等著作的发表，促进了火器的研制和使用的发展。

在此期间，清代实行闭关锁国政策，欧洲在近代自然科学理论指导下的火器科学技术难以传入中国。虽然清初朝廷因战事之需，尚能重视火器的制造，但是其制造技术仍不脱明末仿制红夷炮和鸟铳技术的旧窠，缺少发展和创新（图一一）。据《清文献通考》记载，康熙十三年至六十年（1674 ~ 1721 年），清中央政府所造的大小铜、铁炮约 900 门，其中康熙十五年铸造的"神威无敌大将军炮"，大者重 1000 千克，长 248 厘米，口径 110 毫米，发射重 4 千克的铁弹，在康熙二十四年收复雅克萨之战中，曾发挥了重要的作用。鸟枪的种类虽然较多，但是大多仍采用火绳枪机，包

图一一　清代铁炮

括装备数量最多的兵丁鸟枪在内，只有少数采用燧发枪机。

　　清军火器的装备状况，大致与明末相同。康熙三十年（1691年），在满蒙八旗中设立火器营，抽调5000多人专门训练使用鸟枪。雍正五年至十年（1727～1732年），先后规定绿营兵的火器装备，其中鸟枪兵一般占40%～50%，炮兵约占10%，两者共占60%左右。之后，由于清政府的腐败统治和严重的保守思想，根本不重视火器的发展，也很少再造和创制火器，致使中国火器的发展大大落后于西方，直到1840年第一次鸦片战争爆发时，清军只能使用旧式枪炮和刀矛弓矢，同装备先进枪炮的英军作战。

　　19世纪60年代，清朝政府鉴于清军在两次鸦片战争中战败的沉痛教训，以及镇压农民起义的需要，开始建立近代军事工业，仿造西方的近代枪炮，并采取购买和仿制同时并举，改善清军的装备。这标志着中国战争史上火器与冷兵器并用时代的结束。

　　（原载《中国军事百科全书·古代兵器分册》，军事科学出版社，1991年。修改后收入《中国军事百科全书·军事技术》卷第一版，军事科学出版社，1997年）

后记 20世纪80年代末，我受国防科工委邀请，在参与编写《中国大百科全书·军事》卷中的"中国古代兵器"分支学科有关条目后，又受邀担任《中国军事百科全书》的"古代兵器"分支学科主编，本文是该分支学科的领条，由我与军事科学院王兆春合著。编写初稿时，我负责冷兵器部分，他负责火器出现以后部分，然后由我统一成文，再经编委会集体讨论，最后由我完成定稿。参加集体讨论的主要人员，除我和王兆春外，还有杨价佩、成东、钟少异、韩汝玢、兰永蔚等，分别来自军事科学院、国防科工委、社会科学院、钢铁学院等单位，因此本文系集体创作成果，收入本文集，主要为了纪念当年集体合作的情谊。

汉代兵器综论

在中国古代兵器发展史上，汉代是一个转折时期。这一转折的出现，是当时社会生产发展和社会关系变更的必然结果，直接促成这一变革的主要因素，是"更好的武器的发明和士兵成分的改变"[①]。与之相适应，军队的装备、编成、编制、战术和战略无不发生变革，因此汉代的兵器不论在品种、形制、性能、组合等方面，都呈现出与前代不同的面貌。根据有关文献和考古发现，综论如下。

一

公元前209年，大泽乡上空风云骤起，九百名发戍渔阳的闾左因雨失期，在陈胜、吴广的领导下揭竿而起，树起了中国历史上首次农民起义的大旗，很快集结起一支前所未有的农民武装，起义的狂飙席卷中华大地，动摇了秦王朝残暴统治的基石。秦王朝覆亡以后，继之出现了历时数年的楚汉之争，最后以西楚霸王项羽自刎乌江而告结束。汉王朝的赤帜插遍全国。这一时期，军队的成分发生了彻底的改变。

东周末年，随着封建制的兴起，废除世卿世禄制，军中士兵逐渐来自新兴的劳动阶层——农民，到秦灭六国的战争中，为双方效死疆场的成十万、百万计的士兵，正是来自农民百姓。封建的中央集权的秦王朝建立后，又开始实行一套从中央到地方的军事制度，征发农民戍边服役。但是

---

① 恩格斯：《反杜林论》，《马克思恩格斯选集》第三卷，人民出版社，1972年，第206页。

军队士兵成分的这一变化，在秦末农民大起义怒潮的涤荡下，才告彻底完成。在农民大起义中，反抗暴秦的农民以及丧失自由的刑徒和奴隶，涌潮般地投入起义军的行列。甚至秦王朝方面，为解燃眉之急，也不得不采取大赦天下的办法，以"郦山徒"仓促组建成军队，随章邯去抗击起义军①。在军队成分上，这一时期与以前不同的变革，更突出地表现在不仅士兵的成分彻底变化，而且军中的指挥人员乃至将相，其成分同样发生变化。席卷一切的起义狂飙，摧垮了贵族世家在军队指挥中的世袭领地。大泽乡起义后，"陈胜自立为将军，吴广为都尉"，后陈胜为王，号"张楚"②。"山东郡县少年苦秦吏，皆杀其守尉令丞反，以应陈涉，相立为侯王，合从西乡，名为伐秦，不可胜数也。"③ 于是，许多中小地主、低级县吏、贫苦农民，乃至商贩、游民、屠夫、刑徒都有机会显露自己的军事才能，成为叱咤风云的将帅。以刘邦军中的著名将相为例，除留侯张良为韩国没落贵族④以外，相国萧何与曹参在秦时均为小吏，分别为沛的"主吏掾"和"狱掾"⑤。绛侯周勃"以织薄曲为生"⑥，汝阴侯夏侯婴原为"沛厩司御"⑦，舞阳侯樊哙"以屠狗为事"⑧，颍阴侯灌婴系"睢阳贩缯者也"⑨。淮阴侯韩信因"贫无行"，连小吏和商贾都做不成，甚至乞食于漂母⑩。至于梁王彭越，"常渔巨野泽中，为群盗"⑪；淮南王英布，则是"坐法黥"的郦山刑徒⑫。军队中从士兵到将帅成分的改变，是社会关系变更的必然结果，从而导致了军队的编成、编制和战术的变革。

---

① 《史记·秦始皇本纪》，第 207 页。
② 《史记·陈涉世家》，第 1952 页。
③ 《史记·秦始皇本纪》，第 269 页。
④ 《史记·留侯世家》，第 2033 页；《汉书·张良传》，第 2023 页。
⑤ 《史记·萧相国世家》，第 2013 页；《史记·曹相国世家》，第 2021 页。
⑥ 《史记·绛侯周勃世家》，第 2065 页。
⑦ 《史记·夏侯婴列传》，第 2663 页。
⑧ 《史记·樊哙列传》，第 2651 页。
⑨ 《史记·灌婴列传》，第 2667 页。
⑩ 《史记·淮阴侯列传》，第 2609 页。
⑪ 《史记·彭越列传》，第 2591 页。
⑫ 《史记·黥布列传》，第 2597 页。

首先，在组成军队的各兵种中，殷周以来长期居于军队主力地位的战车兵，终于让位于骑兵和步兵，这一转变在战国时期已见端倪，但是古老的单辕双轮驷马战车最终被排挤出战争舞台，则是到西汉时期的事①。在世界范围内都是封建社会军队主力兵种的骑兵，也正是在这一时期确定了它在中国古代战争舞台上的主角地位，它的成长与发展，也同汉王朝抵御北方古代游牧民族的侵扰联系在一起②。

同时，随着汉代中央集权封建国家的巩固，从秦制沿袭下来的从中央到地方的军事制度已臻于完备，依据地理条件和当地习俗等不同，分别进行骑兵、步兵和水兵等各兵种的组建和训练。据《汉官仪》，"民年二十三为正，一岁以为卫士，一岁为材官骑士，习射御骑驰战阵。八月，太守、都尉、令、长、相、丞、尉会都试、试殿最。水家为楼船，亦习战射行船。边郡太守各将万骑，行障塞烽火追虏。置长史一人，丞一人，治兵民。当兵行长岭。置部尉、千人、司马、候、农都尉，皆不治民，不给卫士。材官、楼船年五十六老衰，乃得免为民就田"③。

另外，军队的编成和编制方面发生变化，特别是骑兵和步兵野战的需要，指导和进行战斗的方法也随之更新和发展，形成新的战术原则。为了适应这一发展，西汉初年就曾对先秦时期留下的内容庞杂的兵书进行清理，淘汰了已过时的内容，留取精华，由张良和韩信负责。据《汉书·艺文志》，"汉兴，张良、韩信序次兵法，凡百八十二家，删取要用，定著三十五家"。后于汉成帝时，再"命任宏论次兵书为四种"。今在《艺文志》中所存书目，把兵书分为兵权谋、兵形势、阴阳、兵技巧四种，共存录五十三家④。

汉代军队出现的上述变化，引起军事装备的设计和制造随之变化，由主要服从于战车部队的特点和战术要求，转向适应于步兵和骑兵作战的需

---

① 杨泓：《战车与车战》，载《中国古兵器论丛（增订本）》，文物出版社，1985 年。
② 杨泓：《骑兵和甲骑具装》，载《中国古兵器论丛（增订本）》，文物出版社，1985 年。
③ 《后汉书·百官志》注引《汉官仪》，第 3624 页。
④ 《汉书·艺文志》，第 1756～1763 页。

要和战术要求，特别是骑兵在西汉时期的迅速发展，更使适用于跨马战斗的兵器、防护装具和马具的创制和改进工作，迫切地提到日程上来。基于上述原因，汉代的军事装备呈现出与秦以前不同的新面貌。

二

汉代军事装备呈现新面貌的另一决定性因素，在于当时社会生产力的发展和经济的进步，主要是冶铁事业的发展和炼钢工艺的新突破，结束了青铜作为兵器主要材质的历史。殷周以来，军队的主要装备的是青铜兵器，但是春秋时期崭露头角的钢铁兵器，到战国晚期已开始向青铜兵器的传统地位提出挑战，不过其最终取代青铜兵器的转折时期还是在汉代。到东汉时，青铜兵器已从军队装备的格斗兵器的行列中被完全排挤出去，只在远射兵器中保留下最后的份额，被用于铸造弩机和部分箭镞，使这场由钢铁兵器出现而引发的古代兵器材质方面的革命基本上获得成功。

通过对已出土的古代铁器的科学分析①，可知最迟在春秋晚期，即公元前 6 世纪末，就掌握了在较低温度下用木炭还原铁矿石的块炼法，得到质地疏松的块炼铁。同时出现了经鉴定过的早期钢制品之一，即长沙杨家山春秋时期墓出土的钢剑②。到战国晚期，由块炼铁渗碳而成的钢剑、戟、矛等兵器已出现在战场上，河北易县燕下都第 44 号从葬墓中出土的一批钢铁兵器，提供了实物例证③。不过，当时的生产规模、工艺水平以及经济能力，还都无法达到可以使钢铁兵器大量生产以普遍装备军队的要求，因此，钢铁兵器虽然向传统的青铜兵器提出挑战，但还不足以动摇其作为兵器主要材质的地位，秦始皇陵侧俑坑中出土的大量工精质优的青铜兵器④，

---

① 本文关于钢铁冶炼的叙述，均转引自北京钢铁学院编《中国冶金史论文集》，《北京钢铁学院学报》编辑部出版，1986 年。

② 冶金史研究室：《我国古代钢铁冶金技术的重大成就》，载《中国冶金史论文集》，第 147 页。

③ 河北省文物管理处：《河北易县燕下都 44 号墓发掘报告》，《考古》1975 年第 4 期。有关兵器的检验报告，参见《中国冶金史论文集》，第 68～69 页。

④ 王学理：《秦俑坑青铜器的科技成就管窥》，《考古与文物》1980 年第 3 期。

说明了这一事实。只是到了西汉王朝克服了初创时的经济困难，经过文景时期的恢复和发展，才使钢铁冶炼工业获得迅猛发展。武帝时盐铁官营制度的建立，进一步扩大了钢铁冶炼生产的规模和有利于工艺技术的提高。这一时期出现了坩埚炼铁法，同时炼铁的竖炉得到进一步发展，其主要标志是原料准备工作的改善、熔剂的使用、鼓风技术的提高和炉型的扩大①。

从战国以来，经过西汉前期的大发展，我国古代炼铁的工艺技术已经达到比较成熟的水平，不仅相继出现了白口铁、麻口铁和灰口铁，而且在生铁出现后，很快就掌握了铸铁热处理技术，创造了展性铸铁②。西汉时期，还创造了简易、经济的铸铁脱碳成钢的新方法，以及以生铁为原料，用空气氧化脱碳的炒钢技术，获得不同含碳量的钢和熟铁③。战国时已用于制造兵器的块炼渗碳钢方法，到西汉时更加成熟，块炼渗碳钢经过反复锻打，钢中碳的均匀性不断改善，夹杂物含量减少，质量日益提高。满城刘胜墓出土的钢剑可作为代表④。不仅如此，还掌握了淬火技术来局部提高兵器刃部硬度，以保持兵器必需的韧性；并且用脱碳退火的办法来提高钢的延性，以便进行加工⑤。所有这一切，都为西汉时期钢铁兵器的生产提供了新技术，准备了雄厚的物质基础。

西汉兵器的材质呈现出与先秦时期颇为不同的新面貌，从都城长安中武库的储藏可予证实。长安城中的武库坐落在长乐宫与未央宫之间，为萧何所创建，一直延用到王莽末年才毁于兵火⑥。在发掘武库遗址时，获得了刀、剑、戟、矛、镞、斧等多种铁兵器，还有许多锈结成块的残铁铠甲，而出土的青铜兵器数量很少，主要是镞。以第七号遗址的出土品为例，铁镞的数量达千余件，同出的铜镞仅百余件，尚不及前者的十分之

---

① 李众：《中国封建社会前期钢铁冶炼技术发展的探讨》，载《中国冶金史论文集》，第57页。
② 李众：《中国封建社会前期钢铁冶炼技术发展的探讨》，载《中国冶金史论文集》，第57页。
③ 冶金史研究室：《我国古代钢铁冶金技术的重大成就》，载《中国冶金史论文集》，第147～148页。
④ 冶金史研究室：《我国古代钢铁冶金技术的重大成就》，载《中国冶金史论文集》，第147页。
⑤ 李众：《中国封建社会前期钢铁冶炼技术发展的探讨》，载《中国冶金史论文集》，第61页。
⑥ 中国社会科学院考古研究所汉城工作队：《汉长安城武库遗址发掘的初步收获》，《考古》1978年第4期。

一。武库遗址所出土的兵器说明，西汉时已生产了品种齐全的钢铁兵器。特别值得注意的是，消耗量很大的箭镞已大量用铁制造。还应指出，武库的例子并非孤证，河北满城刘胜墓中出土的箭镞①，其材质中钢铁与青铜的比例虽不及武库出土的悬殊，但前者占明显的优势。该墓共出箭镞441件，钢铁镞多达371件，只有70件青铜镞，二者数量之比为5.3∶1。能够以钢铁制造大量消耗的箭镞，反映出当时钢铁冶炼技术的发展和产量的提高，更明显地反映了钢铁兵器取代青铜兵器的必然趋势。

钢铁冶炼技术在汉代继续发展，始于西汉的炒钢技术，到东汉时已相当普及。它既可用生铁炒出来的熟铁为原料，经过渗碳锻打成钢；又可以有控制地把生铁炒到需要的含碳量，然后反复加热、锻打成钢制品，从而省去渗碳工序，使钢的组织更加均匀，质量得到明显提高②。已发掘的汉代冶铁遗址中，在巩县铁生沟和南阳瓦房庄均发现了汉代的炒钢炉的遗迹，前一处遗址生产的时期约在东汉初期以前，后一处遗址使用时期较长，约自西汉中期至东汉晚期③。

以炒钢为原料，东汉时期生产出"百炼钢"兵器，极为精锐。近年来的出土遗物中，发现两件属于百炼钢的实物。一件是山东临沂苍山出土的永初六年（112年）环首钢刀④，背有错金铭文"卅湅大刀"；另一件是江苏徐州铜山出土的建初二年（77年）钢剑⑤，剑柄正面错金铭文"五十湅"，并记明为"蜀郡工官王造"。经检验，都是以含碳较高的炒钢为原料。前者是经过反复多次加热锻打而成，刃口部分并经过局部淬火处理；后者是把不同含碳量的原料叠在一起，经过多次加热、锻打、折叠成形而制成的。这说明，"炼"代表了一定的工艺和产品的质量，炼数可能是指叠打后的层数⑥。采用百炼钢造刀剑，使其质量和杀伤效能达到前所未有

① 中国社会科学院考古研究所等：《满城汉墓发掘报告》，文物出版社，1980年。
② 冶金史研究室：《我国古代钢铁冶金技术的重大成就》，载《中国冶金史论文集》，第149页。
③ 河南省博物馆等：《河南汉代冶铁技术初探》，《考古学报》1978年第1期。
④ 刘心健等：《山东苍山发现东汉永初纪年铁刀》，《文物》1974年第12期。
⑤ 徐州博物馆：《徐州发现东汉建初二年五十湅钢剑》，《文物》1979年第7期。
⑥ 柯俊等：《中国古代的百炼钢》，载《中国冶金史论文集》，第143～146页。

的新高峰，也是汉代钢铁兵器制作达到成熟阶段的标志。

与此同时，西汉时期还时有发现的青铜材质的格斗兵器，到东汉时只有极偶然的发现，从考古发掘中获得的格斗兵器，几乎全是钢铁所制成，而且一般比西汉时期的器形长大、分量更重。钢铁的刀剑长度一般超过100厘米，如前述永初六年三十炼钢刀，长达111.5厘米；又如河南陕县刘家渠东汉后期的遗址中，同时出土铁刀、剑各一，刀长114厘米，剑长115厘米[①]。最具时代特征的一组东汉铁兵器，出土于洛阳七里河的一座东汉晚期墓内，包括一件总长70厘米、重1.5千克的铁钩镶，一件长59厘米、重0.875千克的铁戟，以及一件长122厘米、重0.75千克的铁剑，总重超过3千克[②]。优质的钢铁格斗兵器终于完全占据了原来青铜兵器的位置，日益在战场上发挥着威力。

人们为了抗御锋利的钢铁格斗兵器的伤害，自然去寻求更牢固的防护装具的庇护，从而引起防护装具发生同样巨大的变革。因此战国晚期开始出现的铁质甲胄，到西汉时期有了迅速的发展，铁铠甲和铁兜鍪终于成为部队装备的主要个人防护装具[③]。主要军事装备的材质和制造工艺的重大变革，也使汉代军事装备呈现出与秦以前不同的新面貌。

三

为了具体说明汉代军事装备，首先是西汉时期军事装备的新面貌，下面拟选取四处西汉文帝至武帝这一阶段的诸侯王墓出土兵器为代表，与秦始皇陵侧陶俑坑出土的兵器进行比较。先将四处西汉诸侯王墓出土兵器的品种及材质简述于下。

1. 山东淄博窝托村齐王墓随葬坑出土兵器

淄博窝托村齐王墓的墓主，发掘报告推测可能为哀王刘襄，死于文帝

---

① 黄河水库考古工作队：《河南陕县刘家渠汉墓》，《考古学报》1965年第1期。
② 洛阳博物馆：《洛阳涧西七里河东汉墓发掘简报》，《考古》1975年第2期。
③ 杨泓：《中国古兵器论丛（增订本）》，文物出版社，1985年，第12~29、244~248页。

元年（前 179 年）①。但另一种推测认为是悼惠王刘肥，死于惠帝六年（前189 年）②。已发掘该墓的 5 个随葬坑，出土的军事装备主要集中于三号坑和五号坑中。出土青铜材质的有剑 2、矛 14、戈 2、戟 4、弩机 72、镞1810 件。铁器有戟 141、矛 6、铩 20 件，以及铁铠甲 3 件、铁兜鍪 1 件，还有两件细长的铁棍。另有木弓 71 件、箭杆千余、泥弹丸约 3000 枚及漆木盾 12 件。

2. 安徽阜阳双古堆汝阴侯墓出土兵器

双古堆一号墓，据发掘简报推测为汝阴侯夏侯灶的坟墓，死于文帝十五年（前 165 年）③。墓中随葬的军事装备有铜质的剑 2（其一可能为铍）、戈 2、矛 1、弩机（鎏金）3、镞 35 件。铁器有剑 2 件和铁铠甲（存甲片3038 片，总重 20.2 千克）。还有黑漆木弓 3、箭箙 1 件。

3. 河北满城陵山中山王墓

满城一号墓，发掘报告考证为中山靖王刘胜的坟墓，死于武帝元鼎四年（前 113 年）④。出土的青铜兵器有剑 2、铍 1、匕首 1、戈 2、弩机 37（内实用器 16）、镞 70 件。铁剑 5、铩 4、匕首 1、环首长刀 1、戟 2、矛 1、铤 2、镞 371 件，以及铠甲 1 件（甲片计为 2859 片）。还有一件细长的铁棍。另有银盾饰 1、银镞 62 件。

4. 山东巨野红土山西汉墓出土兵器

巨野红土山汉墓，据发掘报告推测为昌邑哀王刘髆的坟墓，死于武帝后元二年（前 87 年）⑤。墓内随葬兵器有铜戈 2、弩机 12、镞 241 件。铁剑 3、铩 2、戟 4、矛 4、匕首 2、镞 150 件，以及箭铤 200 件。

由上述四墓出土的兵器的品种和数量，可以看出以下几点。

（一）在格斗兵器中，从数量看，钢铁材质的已占明显的优势。以其

---

① 山东省淄博市博物馆：《西汉齐王随葬器物坑》，《考古学报》1985 年第 2 期。
② 黄展岳：《西汉齐王墓器物坑出土器铭考释》，《中国考古学研究——夏鼐先生考古五十年纪念论文集》，文物出版社，1986 年，第 225～227 页。
③ 安徽省文物工作队等：《阜阳双古堆西汉汝阴侯墓发掘简报》，《文物》1978 年第 8 期。
④ 中国社会科学院考古研究所等：《满城汉墓发掘报告》，文物出版社，1980 年。
⑤ 山东省菏泽地区汉墓发掘小组：《巨野红土山西汉墓》，《考古学报》1983 年第 4 期。

中时间最早的齐王墓随葬坑为例，出土的青铜剑、矛、戈、戟等格斗兵器共 22 件，而出土的铁戟一项即达 141 件之多，加上矛、铩等钢铁格斗兵器共有 169 件，二者的比例约为 1 ∶ 7.7。由于齐王墓的兵器集中放置在随葬坑中，三号坑内出土的铁戟成百件捆扎在一起，看来是供齐王的卒从所实用的，因此，出土兵器总量远较另三座墓放置于墓室中的兵器为多，情况也较特殊，铜铁兵器的比例似乎偏高些。不过，从后三座墓室内放置的兵器来观察，可以看出，其中比例最高的还是接近于齐王墓的数值；并且还可看出，时代越晚则钢铁兵器所占比例越大。其中汝阴侯墓出土青铜格斗兵器 5 件，铁质的仅 2 件，较特殊，为 2.5 ∶ 1。刘胜墓出土青铜格斗兵器 5 件，钢铁格斗兵器 16 件，为 1 ∶ 3.2。红土山汉墓出土青铜兵器 2，铁质的 13 件，比例为 1 ∶ 6.5。但还应注意到，这四座墓中各出土一对形貌华美的铜戈，形制近同，且都附有金质、银质或鎏金的镶，镶端饰有伏卧回首的鸳鸯，并在戈下端饰与戈镶同样质地的鐏。这一现象恐非偶然巧合，很可能这种成对饰有鸳鸯镶的华美铜戈是当时王侯的仪仗器，并不是供实战的格斗兵器，如果将其从青铜格斗兵器中除去，则青铜材质的格斗兵器比例更低，而巨野红土山汉墓所出土的格斗兵器，应全系钢铁制成。

（二）从品种来看，西汉初保留下来的青铜格斗兵器有戈、戟、剑、矛、铍五种。如上所述，各墓中成对的华美铜戈可能用于仪仗，并不是供实战所用，则只余四种。在四种兵器中，戟只见于淄博齐王墓随葬坑，别处的西汉墓中出现很少，仅有山东银雀山墓出土有形制近似的青铜戟体①，说明铜戟在当时使用颇少。余下的剑，铍、矛出土墓例较多，大约是当时还具有实战用途的青铜格斗兵器。钢铁制作的格斗兵器，出现最多的是戟，其次是剑。看来，装有较长的柲的格斗兵器中，以戟为主，此外有矛和铩；手握短柄的格斗兵器中，主要是剑，但已出现了环首长铁刀。

（三）在防护装具方面，除了传统的盾牌外，出现了由小型甲片编缀的细密的铁铠甲，除巨野红土山汉墓外，其余三墓都有出土。淄博齐王墓

---

① 山东省博物馆：《临沂银雀山四座西汉墓葬》，《考古》1975 年第 6 期，图版拾 ∶ 6。

和满城中山王墓出土的铁铠均已复原，前一处出土 3 件铠甲和 1 件兜鍪，后一处出土 1 件铠甲①。阜阳汝阴侯墓铁铠未复原，从甲片看至少有 1 件铠甲和 1 件兜鍪。从这几件铁铠来看，从文帝到武帝近半个世纪间，铠甲的制作技术有所提高。死于文帝十五年（前 165 年）的汝阴侯墓中铁甲，根据甲片大小和穿孔的不同，可分为 26 类。武帝元鼎四年（前 113 年）死去的刘胜墓中随葬铁铠，虽然甲片总数多达 2859 片，但形制只有两类，分别为 1589 片和 1270 片，形制规整，说明甲片的规范化、标准化程度已大为提高，既宜于大规模生产，也易于编缀和修补。当然也应注意到，这几件铠甲都是身份很高的王侯所使用的。淄博齐王墓随葬坑出土的一件铁铠甲片上还贴饰有金箔，华美异常，一般战士的装备自然难与之相比，无法披用这样精致的鱼鳞甲。但参照咸阳杨家湾出土的西汉彩绘俑群②，虽然一般步兵、骑兵身上模拟绘出的铁铠形制较简单，甲片也较大，但披铠士兵达总数的五分之二，比例已相当可观③。再从内蒙古呼和浩特二十家子汉城遗址出土的完整铁铠甲、残铁铠和几百片铁甲片看④，当时边防城堡中的战士确已普遍装备有铁铠甲。

（四）在远射兵器中，强弩占有重要位置，弩机因需铸造精密，仍保持青铜材质，但与战国时的铜弩机相比，制作更加精良。首先，外面普遍加装铜廓，增强弩力。其次，改进了各部件的性能，特别是望山加高，并在其上增刻尺度，使能更好地瞄准发射⑤。远射兵器另一值得注意的变化是铁镞的大量使用，这在前一节中已提到过了。但同时，铸工精致的青铜箭镞继续发挥作用，直到汉末仍是如此。

分析了西汉文帝到武帝元鼎年间的兵器的上述特点以后，让我们再将

---

① 参见《满城汉墓发掘报告》附录二，中国社会科学院考古研究所技术室《铁铠甲的复原》，第 357～369 页。
② 陕西省文物管理委员会等：《陕西省咸阳市杨家湾出土大批西汉彩绘陶俑》，《文物》1966 年第 3 期；《咸阳杨家湾汉墓发掘简报》，《文物》1977 年第 10 期。
③ 杨泓：《中国古兵器论丛（增订本）》，文物出版社，1985 年，第 19～28 页。
④ 内蒙古自治区文物工作队：《呼和浩特二十家子古城出土的西汉铁甲》，《考古》1975 年第 4 期。
⑤ 夏鼐：《考古学和科技史》，科学出版社，1979 年，第 20 页。

其与从咸阳骊山秦始皇陵俑坑出土的大量兵器作一对比，就可以看出其间颇为明显的差异，同时也可以看出其间的承继关系。

秦始皇陵俑坑的发掘尚未结束，还会有新的发现，但从现发表的资料观察，已能表现当时兵器的概貌[①]。秦俑坑出土的兵器的材质，绝大多数是青铜，主要格斗兵器中，安装长柄的主要有戟、矛、铍、戈、殳，偶见铜钺。手握短柄的主要是剑，还出现少量弯体刀（？）。远射兵器以弓弩为主，出土大量箭镞，几乎都是青铜镞，数量多达9200多件，其中少量附有铁铤。弩机青铜铸制，无郭（廓），直接安于木弩臂内。出土的铁镞极少。同时出土有套装铜剑的鞘，放弓的韬和装箭的箙，以及保护戟及铍的木胎漆鞘。战士的防护装具有甲和盾，甲没有见到实物标本，但大量陶俑身上模拟塑出甲的形貌，因此只能据其形貌推测其质料。少数指挥人员所披的甲，塑成细密的小甲片，似乎钉缀在下衬的整片皮革之上；大量车兵、步兵和骑兵所披的甲，则模拟塑出大而厚的甲片，其特征与随县曾侯乙墓出土皮甲的甲片相仿，看来其所模拟的是皮甲[②]。此外，在俑坑中还出土有木质双轮单辕驷马战车的原大模型，及驾车的陶马。又有骑兵的陶塑战马，套有饰有铜饰的辔，并在马上塑出鞯和鞍垫等马具[③]。俑坑出土的大量青铜兵器，工艺极精，许多至今不锈，锋利异常，正是青铜兵器发展到顶峰时的代表产品。

以秦始皇陵俑坑出土的兵器与西汉文帝至武帝阶段的兵器相比，可以明显地看出以下变化。

（一）兵器的材质发生极大变革，特别是格斗兵器，由以青铜质地为主，迅速转化为以钢铁为主。远射兵器中，大量消耗的箭镞已能用钢铁制作，而且所占比重迅速增大，在有些场合下，数量已超过青铜镞。只有弩

① 王学理：《秦俑坑青铜器的科技成就管窥》，《考古与文物》1980年第3期；《秦俑兵器刍论》，《考古与文物》1983年第4期；《长铍春秋》，《考古与文物》1985年第2期；刘占成：《秦俑坑出土的铜铍》，《文物》1982年第3期。
② 杨泓：《中国古兵器论丛（增订本）》，文物出版社，1985年，第242～243页。
③ 始皇陵秦俑坑考古发掘队：《秦始皇陵东侧第二号兵马俑坑钻探试掘简报》，《文物》1978年第5期。

机一项仍保持用青铜铸造，但性能有极大改进。

（二）西汉时仍沿用的少量青铜兵器，品种和类型还是沿袭着秦代传统，如剑、铍、矛、弩、镞等，有的器形也延用秦代式样，如淄博齐王墓随葬坑出土的铜矛，形短而阔，断面菱形，銎孔较深，体长15厘米左右，不及20厘米。均与秦矛特征接近，但有的銎底上凹，又与秦矛銎底平直有异。再如西汉的铜镞，较多的仍是秦俑坑大量使用的剖面呈正三角形的式样，满城刘胜墓中出土的铜镞中，93%为这种式样的，而且有些秦镞表层经检定，有铬的化合物①，而满城汉镞中也有表层含有铬的②，这更是令人感兴趣的现象。不过汉镞还是有所改进，在材质上为了增加硬度含锡比例增高，据检验其成分为：铜74.74%，锡22.1%，铅2.7%。而秦镞经检验为：铜85.14%，锡11.39%，铅1.95%。器形方面，在镞的棱面上刻有一个三角形小槽，据推测是为敷毒药而设③。另外，汉铜镞普遍安有铁铤。也有一些西汉铜兵器虽然与秦的品种和类型相同，但具体形制有颇大差异。例如铍，秦铍无中脊；而满城汉墓出土铜铍有中脊，形状更近似短剑。且秦铍柄颇长，连镦总长都在3.7米以上，但刘胜墓后室所出铜铍，依其与镦的距离度量，总长不超过2米④，远较秦铍短得多。再如淄博齐王墓随葬坑出土铜戟及铜戈，其形状与秦俑坑出土的不同，但与南方楚地的战国时的铜戈、戟的形状颇为一致。以上情况可以说明以下几点：（1）西汉初年青铜兵器沿袭着秦的传统，在品种和类型方面都是如此；（2）西汉初年青铜兵器的具体式样，不完全是沿用秦的式样，也采用楚等不同地域兵器的式样；（3）西汉初年青铜兵器在秦的基础上又有新的改进，以增强杀伤力。

（三）西汉初年钢铁兵器的演变和发展，也与秦代兵器的影响有关。

---

① 韩汝玢等：《秦始皇陶俑坑出土的铜镞表面氧化层的研究》，载《中国冶金史论文集》，第164～170页。
② 中国社会科学院考古研究所等：《满城汉墓发掘报告》，文物出版社，1980年，第374页。
③ 详见《满城汉墓发掘报告》，第87页。
④ 这件铍原报告称"剑"（1：5024），尺寸按刘胜墓后室器物分布图度量，见《满城汉墓发掘报告》图一七，图内24号器物为铜铍，219号镦应为铍末端所装。

（1）西汉钢铁兵器初期的品种及类型，还沿袭着秦兵器的传统，只是材质改用钢铁。例如，格斗兵器中的长柄的主要为戟、铩、矛，手握短柄的是剑，它们分别沿袭着秦代部队中装备的主要兵器——戟、铍、矛、剑。（2）汉初钢铁兵器在形制方面，必然随着材质和工艺的变革，有相应的改变。由于秦缺乏钢铁兵器，故此主要沿袭战国晚期关东诸国已出现的式样，更多地是受到燕和楚的铁兵器的影响。例如，西汉流行的"卜"字形钢戟，明显地袭用着燕下都44号墓出土过的燕钢戟的式样，并仿效了其固柲的方法①。西汉钢剑的式样，也与燕下都44号墓出土钢剑相似。（3）关东诸国似未使用过的一些钢铁兵器，则可能是在秦代铜兵器的基本形制及性能基础上，改造成适于用钢铁制造的新式样，并增添了新的附件。例如，铍由铜质改成铁质后，体形增长，出现中脊，增有上下呈三尖山状的铜腊，改进了镡，使其增大，而且两侧形成上翘的锐尖，出现了西汉时期流行的"铩"②。（4）由于实战的需要，创制了新型的钢铁兵器。西汉时期开始出现一种新型的手握短柄兵器——环首长铁刀，厚脊薄刃，适于步、骑兵劈砍作战。在满城刘胜墓中已有发现，以后逐渐代替长剑，成为军中主要短柄格斗兵器③。

由此可见，随着钢铁兵器的发展和各种类型兵器的日趋成熟，西汉兵器很快地显露出自己的特点，从而摆脱了秦代兵器的影响。至此汉代兵器和防护装具的基本类型均已齐备，剩下的就是随着实战中发现的问题，不断改进它们的形制和性能，并且随着钢铁冶炼技术的提高而改进它们的质量。例如，戟体旁伸的小枝，由与戟刺垂直，逐渐尖端上翘，最后形成叉刺状，提高了杀伤效能，这种戟一直沿用到东汉乃至魏晋时期④。在东汉时出现的新的兵器类型，如格斗兵器的铁钺戟⑤，以及既能攻又可作防护

---

① 河北省文物管理处：《河北易县燕下都44号墓发掘报告》，《考古》1975年第4期。
② 关于汉代铁铩的考证，参看孙机《玉具剑与式佩剑法》，《考古》1985年第1期，第50~51页。
③ 杨泓：《剑和刀》，载《中国古兵器论丛（增订本）》，文物出版社，1985年。
④ 杨泓：《中国古代的戟》，载《中国古兵器论丛（增订本）》，第174~186页。
⑤ 李京华：《汉代的铁钩镶与铁钺戟》，《文物》1965年第2期。

装具的钩镶①，都未能成为军队中最普遍的基本装备（如戟、矛、刀、弩那样），更无力使战场的面貌改观，因此可以确认，西汉初到武帝时期兵器的发展，奠定了两汉乃至魏晋时期军队兵器装备生产的基础。

四

从秦始皇陵陶俑坑中出土俑群观察，秦代军队主要由战车兵、步兵和骑兵等兵种组成，仍保持着传统的以战车为军队核心的编队。步兵除配合战车的以外，出现了以强弩为主要装备的单独的队列。与咸阳杨家湾的西汉俑群相比，可以看出，到汉文帝时期，军队的面貌已有所改变，虽然在杨家湾俑坑，埋有兵车的坑位仍然居中，但数量明显减少，在战斗中的作用也有所降低。出土数量最多的是步兵，他们完全脱离了从属于战车的传统地位，自成队列，已为军队中的重要兵种。骑兵俑的数量少于步兵，但集中排列，自成方阵，已成为独立编组的有战斗力的重要兵种。

军队以步兵及骑兵为主的变化，要求所装备的兵器能适应上述主要兵种配合作战的实际情况。步兵和骑兵对兵器和装具的要求与战车兵不同，特别是步兵，他们的兵器及装具都要靠战士自己携带，不像战车兵那样可以放置于车上。过去为战车兵设计和生产兵器，只要考虑到一组兵器中需达到品类齐全，战斗中可根据不同情况选其中适用的使用，其余诸器只需插放车上即可，因此不必考虑整组兵器的数量和总重量。而且出于两车错毂格斗的特殊条件，格斗兵器的柄尽可能往最高尺度制作。对于步兵则上述原则全不适用。首先要考虑兵器装具的数量和总重量，因为一个人在行军中荷负的重量是有限的，何况还要携带必要的口粮和被服。而且人只有双手，单兵携带过多的兵器，不但不能发挥其全部功效，反而可能成为接敌格斗时的累赘。《荀子·议兵》曾讲述了魏氏武卒的个人装备："衣三属之甲，操十二石之弩，负服矢五十个，置戈其上，冠轴带剑，赢三日之

---

① 实物参见洛阳博物馆《洛阳涧西七里河东汉墓发掘简报》，《考古》1975年第2期。

粮。"包括了格斗、远射及防护装具，还有口粮，负担颇重。但当步兵成为主要兵种以后，这种使每个士卒都装备一整套格斗、远射兵器及防护装具的沉重负担的老办法已不可取，于是，针对不同的战斗任务，分别组建与之相适应的步兵作战单位，装备的兵器各有侧重。或是在一个作战单位内，不同的士卒装备不同的兵器，互相配合，长短相杂，发挥作用。这样一来，不但要求把兵器设计得适于步兵携带和战斗，而且要求兵器品种的多样化和标准化。同样，也需要针对骑兵的发展，生产适用的兵器和装具。

汉代步兵的兵器和防护装具，可以从有关考古材料和文献中找到一些线索。咸阳杨家湾出土的陶俑，提供了西汉步兵防护装具的形象资料，主要是铠甲和盾牌。步兵只上身着甲，铠甲有两种，一种是仅护住前胸和后背，在肩上以带系结；另一种除胸、背外，还有护肩的披膊，以及垂于腰下作活动编缀的垂缘。所有铠甲均用甲片编缀而成，甲片大的长似简札，小的形如鱼鳞。盾牌的式样，大多数延续着战国以来的传统形制，总体呈长方形，中间有脊棱，上缘呈双度弧曲的花形。步兵的格斗兵器主要是戟、矛（或铍）和剑。

剑盾配合使用的例子，在记述楚汉战争的文献中常可见到，鸿门宴中樊哙得到张良通知，匆忙去为刘邦保驾时，就是"带剑拥盾入军门"的，后刘邦从宴会中脱身逃回汉营，樊哙等四将也是"持剑盾步走"护卫①。因此，楚汉战争时剑盾配合，是当时步兵的标准兵器。这还是沿袭着战国时期步兵的装备。在云梦秦墓出土铜镜上，就有执盾持剑武士的生动形象②。

长沙马王堆三号西汉墓出土简牍③，又为我们提供了汉文帝时步兵的兵器装备的另一线索，其中第55号木牍上记有该墓的墓主人（据推测可

---

① 《史记·项羽本纪》，第313、314页。

② 湖北孝感地区第二期亦工亦农文物考古训练班：《湖北云梦睡虎地十一座秦墓发掘简报》，《文物》1976年第9期。

③ 马王堆三号西汉墓出土简牍，转引自傅举有《关于长沙马王堆三号汉墓的墓主问题》，《考古》1983年第2期。

能是第二代轪侯利豨，葬于文帝十二年）的卒从人数，为"百九十六人从，三百人卒"，再检遣策竹简，可知这些卒从所装备的兵器。其中的"从"，大约是"墓主人在禁中的亲近兵卫"。这一百九十六人的兵器如下：八人执长矛（第32号简：执长椟矛八人，皆衣绀冠）；六十人执短铩（第33号简：执短铩六十人，皆冠画）；八人执革盾（第34号简：执革盾八人，皆衣□冠履）；六十人执盾（第36号简：执盾六十人，皆冠画）；六十人执短戟（第38号简：执短戟六十人，皆冠画）。"卒"应该是正规的步卒。这三百名步卒的兵器如下：一百人执长戟和盾（第35号简：卒□操长戟应盾者百人）；一百人执长铩和盾（第37号简：卒不□操长铩应盾者百人）；一百人装备强弩（第39号简：卒不□操弩负矢百人）。由此可以看出，作为主将亲近兵卫的"从"，主要装备是可以屏护主人的盾以及短柄的兵器。"从"又分两类，一类是执长矛和革盾的各八人；另一类是"皆冠画"的一百八十人，其中三分之一装备短戟，三分之一装备短铩，另三分之一装备盾牌。兵卒则装备效能更强的格斗兵器和远射兵器，其中装备格斗兵器与装备远射兵器人数之比例为2∶1。格斗兵器是长戟和长铩，均与盾牌配合使用，远射兵器是弩。

　　这里顺便提一下：常有将古代兵器分为长兵和短兵的分类方法，按那样分类，戟、铩都属"长兵"。从马王堆三号墓汉简可以看出，这样分类多么不切实际，因为戟、铩既可以安装长柄，也可以安装手握的短柄，其功能与刀剑相等同。其实，汉代"短兵"的概念是与远射兵器相对应的。例如，晁错上书言兵事时说："弩不可以及远，与短兵同"①，即此含意。至于轪侯的亲卫为何以短戟、短铩与盾配合而不采用剑、盾配合的兵器组合，原因不详，也许与地区性特点有关。但从兵卒的装备看，已表明汉代步卒中长戟和长铩在格斗兵器中占主要位置，因此，西汉墓中出土铁兵器中，也以这两种兵器最普遍，其中戟更突出些，这也是淄博齐王墓随葬坑中有成百件铁戟捆扎、成束放置的原因。至于长戟的长度，满城汉墓出土

---

① 《汉书·晁错传》，第2280页。

的两件，一件全长 1.93 米，另一件长 2.26 米。淄博齐王墓出土的长约
2.9 米。江苏盱眙东阳汉墓出土的长 2.49 米①。看来，说西汉长戟一般在
2~2.5 米左右，最长不超过 3 米还是较合于实际的，但短戟的长因无实
物，尚难推定。

关于骑兵装备的兵器和防护装具，西汉早期主要是长戟和铁铠。西汉
时勇将持戟突阵的例子，记录在史书中的，当推景帝时平息吴楚诸国叛乱
时汉军中的灌夫，其父灌孟战死吴军中，灌夫"不肯随丧归，奋曰：'愿
取吴王若将军头，以报父之仇。'于是灌夫被甲持戟，募军中壮士所善愿
从者数十人。及出壁门，莫敢前，独二人及从奴十数骑驰入吴军，至吴将
麾下，所杀伤数十人。"② 自此名闻天下。青海大通西汉晚期的马良墓中出
土汉简中，第 132 号简的简文为"人擎马戟"③，说明当时骑兵所用戟称为
"马戟"。此外，骑兵也使用马矛——稍④和剑盾，长刀出现后改用刀盾。
至于铠甲，则使用便于骑马动作的甲身较短的铠甲，长仅及腰，护住前胸
及后背，以带系结于肩头，不用披膊，这可从咸阳杨家湾骑俑看得很清
楚。至于远射兵器，主要以弓矢为主，同时也使用弩。《汉书·韩延寿
传》，"令骑士兵车四面营陈，被甲鞮鍪居马上，抱弩负籣"⑤，说明了骑兵
用弩的情况。但因在马上只能用臂力张弩，故仅能使用臂张弩，而无法像
步兵那样，装备威力更大的蹶张等强弩。

由于西汉军队中包括了不同的兵种，同一兵种内有装备不同的作战单
位，因此对将帅提出了指挥方面的新课题，即必须在战斗中根据敌军的组
训和装备特点，以及地形和景观的差异，考虑有针对性地部署不同兵种的
部队，并且更大限度地发挥不同类型兵器的效能。晁错上书文帝言兵事⑥，

---

① 南京博物院：《江苏盱眙东阳汉墓》，《考古》1979 年第 5 期。
② 《史记·魏其武安侯列传》，第 2845~2846 页。
③ 国家文物局古文献研究室大通上孙家寨汉简整理小组：《大通上孙家寨汉简译文》，《文物》
   1981 年第 2 期。
④ 《释名·释兵》："矛长丈八尺曰稍，马上所持，言其稍稍便杀也。"
⑤ 《汉书·韩延寿传》，第 3214 页。
⑥ 《汉书·晁错传》，第 2279~2281 页。

他根据兵法，结合汉初诸不同兵种和各类兵器的实际情况，分析了在不同地貌的战场上各种兵器的优劣，适合哪一兵种投入战斗，以及汉军应该对匈奴军队采取何种策略以发挥优质兵器的威力，从而总结出带有指导性的作战原则。主要可归纳为下述几点。（1）用兵时"临战合刃之急者三：一曰得地形，二曰卒服习，三曰器用利"。关于器用利方面，指出"兵不完利，与空手同；甲不坚密，与袒裼同；弩不可以及远，与短兵同"。强调了兵器装具质量的重要性。（2）不同地貌的战场与兵种威力发挥的关系。晁错指出："兵法曰：丈五之沟，渐车之水，山林积石，经川丘阜，草木所在，此步兵之地也，车骑二不当一。土山丘陵，曼衍相属，平原广野，此车骑之地，步兵十不当一。"（3）不同地貌与发挥兵器效能的关系。晁错指出："平陵相远，川谷居间，仰高临下，此弓弩之地也，短兵百不当一。两陈相近，平地浅草，可前可后，此长戟之地也，剑楯三不当一。萑苇竹萧，草木蒙茏，支叶茂接，此矛鋋之地也，长戟二不当一。曲道相伏，险阸相薄，此剑楯之地也，弓弩三不当一。"（4）针对汉军与匈奴的战争，应发挥汉军以下长处，特别是兵器性能方面的优势。"若夫平原易地，轻车突骑，则匈奴之众易挠乱也；劲弩长戟，射疏及远，则匈奴之弓弗能格也；坚甲利刃，长短相杂，游弩往来，什伍俱前，则匈奴之兵弗能当也；材官驺发，矢道同的，则匈奴之革笥木荐弗能支也；下马地斗，剑戟相接，去就相薄，则匈奴之足弗能给也。"

晁错所据以进行分析的兵种和兵器情况，正与前引从文帝到武帝元鼎年间四个王侯墓出土兵器，以及咸阳杨家湾与徐州狮子山发现的西汉兵马俑群①所表现的兵种情况相合。当时汉军兵种中，轻车与骑士、材官（步兵）并重②，骑兵尚不够强大到可与匈奴骑兵抗衡，因此晁错才提出只有"下马地斗"才对汉军有利，因为"上下山阪，出入溪涧，中国之马弗与

① 徐州博物馆：《徐州狮子山兵马俑坑第一次发掘简报》，《文物》1986年第12期。
② 《后汉书·光武帝纪下》注引《汉官仪》："高祖命天下郡国选能引关蹶张，材力武猛者，以为轻车、骑士、材官、楼船，常以立秋后讲肄课试，各有员数，平地用车骑，山阻用材官，水泉用楼船"。第51～52页。

也；险道倾仄，且驰且射，中国之骑弗与也"。

匈奴骑兵这一优势并未持久，战争的天平很快就倾向汉军一边，汉军从车骑并用向以骑兵为主力转化的过程，到武帝时终于完成，从元朔元年（前128年）到元狩四年（前119年）十年间，汉军与匈奴军发生了好几次重大战役，双方动员参战的骑兵总数常常接近20万骑之多。汉王朝已有能力一次集结10万之众的骑兵部队，如在元狩四年即如此，随军的"私负从马"达14万匹。这时汉军的骑兵已有能力进行战略性的远程奔袭，创造了大规模使用骑兵集团、机动作战的战例①。

与此同时，战车退出战争舞台的中心场地。如元狩四年卫青击匈奴时，"令武刚车自环为营，而纵五千骑往当匈奴"②，武刚车即战车，这时只用于保障营地的安全，或用于后勤运输。骑兵终于升为军队的主力，纵横驰骋于广阔的战争舞台之上。至此以后，兵器的生产完全供骑兵和步兵之需，从品种来讲还是以长戟为主，其次是矛（或稍、铩）和刀盾、弓弩。从已获知的东汉乃至魏晋的考古资料，上述兵器一直是军队中骑兵和步卒的标准装备③。

还应指出，汉代兵器的发展也影响着军队攻防战法的多种式样，出现了不同的临战战斗队形，以更好地发挥兵器长短相杂、互相配合的效能。从下面的战例，也可以看到汉代将领在战斗中如何利用临战的战斗队形以发挥兵器的威力。元朔二年（前127年）李广率四千骑兵与四万匈奴骑兵遭遇，在绝对优势的敌军面前，李广采用"圜阵外向"的临战队形，充分发挥远射兵器特别是强弩的威力，成功地抵抗了两天，终于坚持到救兵到达而解围④。后来三国曹魏时，田豫也用过同样的临战队形，"豫因地形，回车结圜阵，弓弩持满于内，疑兵塞其隙。"从而充分发挥了射远兵器的功效。

关于步兵对抗骑兵的战例，李陵于天汉二年（前99年）引步卒五千

---

① 杨泓：《骑兵和甲骑具装》，载《中国古兵器论丛（增订本）》，文物出版社，1985年。
② 《史记·卫将军骠骑列传》，第2935页。
③ 杨泓：《中国古代的戟》，载《中国古兵器论丛（增订本）》，第174～186页。
④ 《汉书·李广苏建传》，第2445页。

出居延，至浚稽山与匈奴骑兵三万遭遇。他以大车为营，然后"引士出营外为陈，前行持戟盾，后行持弓弩"，以格斗兵器在前卫护远射兵器，以发挥其效能，结果"虏见汉军少，直前就营。陵搏战攻之，千弩俱发，应弦而倒。虏走还上山，汉军追击，杀数千人"①。虽因兵力悬殊，最终失败，但这样的临战队形，能很好地发挥兵器长短结合的效能。另一个步兵战胜骑兵的战例，发生于汉末，"（公孙）瓒步兵三万余人为方陈，骑为两翼，左右各五千余匹，白马义从为中坚，亦分作两校，左射右，右射左，旌旗铠甲，光照天地。（袁）绍令麹义以八百兵为先登，强弩千张夹承之，绍自以步兵数万结陈于后。义久在凉州，晓习羌斗，皆兵骁锐。瓒见其兵少，便放骑欲陵陷之。义兵皆伏楯下不动，未至数十步，乃同时俱起，扬尘大叫，直前冲突，强弩雷发，所中必倒，临阵斩瓒所署冀州刺史严纲甲首千余级"②，取得胜利。

至于在进攻中的临战队形，则常常是步兵居中，骑兵配置在两翼，以包抄敌阵，可举东汉建宁元年（168 年）段颎与先零等族作战的战例。两军战于逢义山，"颎乃令军中张镟利刃，长矛三重，挟以强弩，列轻骑为左右翼。……颎驰骑于傍，突而击之，虏众大溃"③。上述战例充分说明，要想发挥兵器的威力，并不仅在于材质的优良和工艺的先进，还在于将帅临阵的指挥艺术、士卒的训练水平和勇敢精神④。

（原载《中国历史博物馆馆刊》1989 年第 12 期。后收入《中国古兵与美术考古论集》，文物出版社，2007 年）

---

① 《汉书·李广苏建传》，第 2452 ~ 2453 页。
② 《三国志·魏书·袁绍传》注引《英雄纪》，第 193 页。
③ 《后汉书·段颎传》，第 2149 页。
④ 关于汉代边防烽燧守军的兵器装具及守御器械，本文从略，将另作论述。

骑兵和甲骑具装二论

　　1977 年秋，我曾撰写《骑兵和甲骑具装》一文①，依据当时田野考古发掘所获资料，对照有关文献，初步探讨了中国古代骑兵组建、发展的历史，还着重叙述了战士和战马都装备铠甲的重装骑兵——甲骑具装的兴旺与衰退。至今已过 21 年，随着田野考古发掘的进展，有关中国古代骑兵和甲骑具装的新资料不断出土，使过去不易弄清的疑问，能够寻到较清晰的解答，故写此文再次探讨。回想当年之所以对中国古代骑兵和甲骑具装进行探讨，本是在沈玉成兄催促下完成的，今日重论这一课题，而沈兄已于三年前仙逝，人世无常，志此为念。

一

　　中国古代骑兵源于何时？一直是学人感兴趣的问题。在中国古代史籍中，明确记载诸侯国的国君组建骑兵的实例，首推战国时赵武灵王"变服骑射"，那是公元前 307 年的事②。在此以前，中国古代军队中是否存在过成建制的骑兵部队？换言之，骑兵作为战斗中起作用的独立兵种出现于何时？仍值得探讨。

　　探讨骑兵出现的时间，自然与中国古代骑马的习俗始于何时密切关

---

① 《骑兵和甲骑具装》一文，原刊于《文物》1977 年第 10 期。后收入《中国古兵器论丛》一书时，因原文部分内容与收入该书的另一篇论文《中国古代的甲胄》稍有重复，所以略作修改，见该书第 94～104 页，文物出版社，1980 年（增订本 1985 年）。
② 《史记·赵世家》，第 1805～1811 页。

联。曾有学者据《说文》用"因字求史"法，推论"骑马之俗，当始商末周初也"①。近年来又有学者据甲骨卜辞中"先马"及以马追捕逃奴等，认为骑射之法在商时已出现，并用于军事②。商代出现骑射，已可由河南安阳殷墟发现的埋有武装骑士与马匹的墓坑予以证实，但是人们又常容易将其与军事甚至骑兵相联系，这与骑射已不是一个问题，因此，有必要对殷墟的骑士墓坑进行认真分析。

安阳殷墟的骑士墓坑，发掘于 1936 年，是乙七基址以南的大量以人为祭礼牺牲的坑中的一个，属于中组诸坑十二行之第一行最西的一坑。长方形竖穴，里面埋葬了一个身高约 1.55～1.58 米的人，俯身姿态，头北足南。在他的西侧埋有一匹马，坑的南端和北端还各埋有一犬③。人和马的骨架都保存较完好（图一）。值得注意的是死者身旁有一组兵器：格斗兵器有铜戈，远射的弓矢只存两类铜镞共 5 枚，还有一件小铜刀和一块砺石。同时在死者腰部横置有一铜弓形器，它原来可能缚于腰带正当腹前的部位。在马的头部有一组马具，有饰于马笼额带上的贝饰、鼻带上的

---

① 程树德：《骑马之始》，《说文稽古篇》，商务印书馆，1957 年修订本，第 26 页。录文如下：

《说文》："骑，跨马也。"按《左传正义》："古者服牛乘马，马以驾车，不单骑也。"《曲礼》："前有车骑，则载飞鸿。"《正义》："古人不骑马，经典无言骑者，当是周末时礼。"《周礼·大司马》："帅师执提。"《疏》："周时皆乘车，无轻骑法。"《论语·雍也》："策其马。"皇侃云："六籍惟用马乘车，无骑马之文。惟《曲礼》云：'前有车骑，是骑马耳'。此皆言古人不骑马。顾氏《日知录》：'诗，古公亶父，来朝走马。古者马以驾车，不可言走，曰走者，单骑之称。'余谓不特此也，《六韬》已言骑战。《左传》宣十二年：'赵旃以其良马济其兄与叔父。'"此皆单骑之证。是骑马之俗，当始商末周初也。

② 甲骨卜辞中的"先马"，于省吾先生认为，这反映"殷代的单骑和骑射已经盛行了"。见《殷代的交通工具和驿传制度》，《东北人民大学社会科学学报》1955 年第 2 期。又卜辞中"贞象致三十马允其幸羌。贞象三十马弗其幸羌"（《乙》3381）。杨升南释为利用骑乘快速的特点以追捕逃亡奴隶。他认为，"此辞中的马，观其用途不可能是驾车。捕捉逃亡奴隶，勿需战车，且车的速度比较慢，而骑乘则比车要快五倍，利用骑乘快速的特点以追捕逃亡奴隶，更合理理"。这些推测，见杨升南《略论商代的军队》，第 366～380 页。又，卜辞中的"多马"，陈梦家先生认为是武官名，受令征伐与射猎。"很可能是马师，后世司马之官或从此出"。见陈梦家《殷虚卜辞综述》，科学出版社，1956 年，第 508～509 页。杨升南则认为，"多马"也可能是官名，"但以马名官当与管理或率领马队有关"。见杨升南《略论商代的军队》，胡厚宣主编《甲骨文探史录》，生活·读书·新知三联书店，1982 年，第 380 页。

③ 石璋如：《小屯》第一本《遗址的发现与发掘：丙编·殷墟墓葬之二：中组墓葬》，台北，1972 年。

图一 殷墟骑士墓平面图

图右侧为骑士尸骨，铜弓形器横在腰际，左侧为马的尸骨，额带的贝饰尚
留在马头骨额正中，U形玉衔在马嘴下侧

玉饰（燕子、牛头、兽面）和石珠。还有一件 U 形玉器，横宽 11.55 厘米，最高处 6.1 厘米，两侧向上弧曲处内侧，各向里伸出三只尖齿，并各有两个小穿孔。据其形体特征及模拟试验，认为它是玉马衔（马嚼）①，使用时横置于马口内，两侧弧曲朝上，用绳穿过两孔而系结于两侧马缰上。因此，这是一套最原始的骑乘用马具。可以看出这是一位武装骑士与乘马合葬的墓坑。又由于这组（中组）墓葬分布较规律，南北成行，大部分坑内埋有数量不等的砍头人架，砍下的头颅多放在坑内，明显是殷王室祭祀时用的人

---

① 参见石璋如《小屯》第一本。作者曾将玉衔的塑胶仿制样品放在马口中实验，长短宽窄恰好，恰在没有牙齿的一段，马咬不到，向后拉时两端的齿刺住马的口角，马感觉痛苦，立即向上举头，的确是用于控马的马具。见该书第 25 页正文以及该页尾注之［1］。

牲，有可能那座全尸的武装骑士墓坑（编号 M164），就是这批人牲的"首领"①。

截至目前，在殷墟发掘中再没有发现过与之类似的埋有骑士与乘马的墓坑，故中组 M164 仅为孤例。至于与该墓出土的马具相同的标本，也未再发现过。只是在 1991 年后冈 M33 中，出土过一件与 M164 玉衔形制类似的青铜制品，它与铜戈等物一起放置在墓坑的东北角②。铜衔呈 U 形圆柱状，两侧向上弯曲，内侧各有三只朝里的尖齿，和玉衔相同。但它不是以穿孔与缰结系，而是在两侧有凸起的圆纽，其中一侧除纽外，还设一半圆形环耳（图二）。但是在那座墓内没有其他与马具有关的遗物。

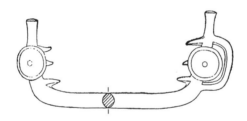

图二　殷墟后冈 M33 出土铜马衔

由于殷墟骑士墓至今尚为孤例，以及那座墓在祭祀牺牲组中所处的位置，它所能说明的仅是商代人们已能骑射，或出现有武装骑士，但它并不能说明武装骑士已正式列编于商王朝的正规军中，更不表明当时军队中已有作为独立兵种的成建制的骑兵部队。观察当时有无骑兵，除社会历史方面的因素外，表现在技术装备方面，至少有两项不可或缺，一是马具的完备，二是适用于骑兵作战的兵器和防护装具。

首先看马具，在商代驾车的辕马马具，已经颇为实用，大致由两部分组成。其中一部分是用于将辕马与车有效地结合在一起并起到拖拽作用，它们主要是将辕马驾于车衡上的轭，以及将轭系接于车轴的靷。另一部分

① 中国社会科学院考古研究所编著：《殷墟的发现与研究》，科学出版社，1994 年，第 62～63 页。
② 中国社会科学院考古研究所安阳工作队：《1991 年安阳后冈殷墓的发掘》，《考古》1993 年第 10 期。

是用于驾御辕马行进方向、速度等的辔头（勒），大致由络头的额带、鼻带、颊带、咽带等与衔于马嘴的衔、镳及缰绳所组成。在古代马车开始发明和使用的阶段，最主要解决的是如何将辕马与车有效地结合为一体，并拖拽车子顺利前行，所以注意力应集中于此，运用智慧创造出独特的中国古代马车的"轭靷式系驾法"①。

在商代晚期，这种系驾法已趋成熟，这可由安阳殷墟历年发掘的马车实物证明②。但由殷墟的考古资料又反映出，当时马辔头的结构尚较简单，特别是控御马匹的衔、镳，较为原始。一般缺乏以青铜铸制的马衔，多只用革带等勒于马嘴，然后结系在两侧嘴角外的铜镳上。铜镳则形状不同，缺乏规范。武官村大墓北墓道殉马所戴铜镳，形状为四铜泡连铸式，四泡背面各有一横梁③。殷墟西区出土的铜镳，则常是方形，上下两侧各有贯通的圆管，中间有系结革带的穿孔，在上管上缘又有方形或弧形边穿④，或用以系缰。青铜马衔发现极少，由两个"8"字形扁环套接而成，殷墟西区 M216 出土一对，与方形具弧形边穿的铜镳组合使用⑤。在西区九百余座墓中，发现的铜衔仅此一例，足见数量极少。

上述能适应驾车的殷代马具，明显不适于骑乘之用。因为骑乘用的马具虽也大致由两部分组成，但其中一部分是为了将乘马与跨骑它的骑士结合成一体而用，主要是鞍具和镫，前者使骑士舒适地骑于马背上，后者则保证骑士与马很好地结合在一起，以进行各种战术动作，从目前所掌握的考古发掘资料，商代还没有发明这部分马具。另一部分是用于驾御马匹的马具，主要是辔头和缰绳。由于骑乘与驾车不同，对这部分马具，特别是衔和镳的性能，要求更高。

---

① 中国古代马车的"轭靷式系驾法，"可参看孙机《中国古马车的三种系驾法》和《中国古独辀马车的结构》，均见《中国古舆服论丛》，文物出版社，1993 年。
② 杨宝成：《殷墟发现的车马坑》，载中国社会科学院考古研究所编著《殷墟的发现与研究》，科学出版社，1994 年，第 138～147 页。
③ 郭宝钧：《一九五〇年春殷墟发掘报告》，《考古学报》第 5 册，1951 年。
④ 中国社会科学院考古研究所安阳工作队：《1969～1977 年殷墟西区墓葬发掘报告》，《考古学报》1979 年第 1 期，第 96 页，图版拾陆：2。
⑤ 《1969～1977 年殷墟西区墓葬发掘报告》，《考古学报》1979 年第 1 期，第 96 页，图版拾陆：2。

如前所述，商代驾车辕马用的衔镳，一般使用不规范的铜镳和以革带为衔，只在殷墟晚期出现极少量的铜镳与铜衔组合使用的实例，这些较原始的衔镳难以满足骑马控马的要求。在唯一发现的骑士墓（M164）内，马具是以 U 形玉衔替代革带的衔，但缺乏铜镳。后来又在后冈 M33 发现一件与之近似的铜制 U 形马衔。看来，U 形衔的出现，可能是为适应乘骑需要、改善车用马衔的一种尝试。但从仅出土两例且一玉一铜来看，这一尝试并不一定成功，没有在社会上产生多大影响，不足以改善乘马马具的性能。总之，有关商代的考古发现表明，那时骑乘用的马具还处于颇为原始的状态，还不具备组建骑兵的条件。

其次看兵器和防护装具。在殷墟发掘的骑士墓（M164）中，随葬有一组兵器，包括远射兵器弓矢，仅存青铜箭镞。五枚一组，是殷代常见的凸脊扁体双翼镞；另有一枚平头无锋镞。武装骑士装备有弓矢，也正是殷代已出现骑射的物证，以后各代的骑兵主要装备的远射兵器一直是弓矢，应滥觞于此时。该墓中还出土有一件弓形器，过去常认为它与弓有关，但看来它是装于战士腰带腹前用以系缰用的"弪"，御车或骑乘均可使用[1]。但仅有远射兵器，骑兵缺乏冲锋格斗能力，也就不具备独立兵种的战斗力，这就需要装备适于骑兵特点的格斗兵器。

从殷墟骑士墓的随葬品看，当时是以戈充当格斗兵器。但是从已知的考古资料来观察，商代的戈长度均较短，虽木质易朽，但痕仍有保存。在殷墟西北岗第 1004 号墓发现的銎式戈，柲长 1 米[2]。1962 年发掘的大司空村 M21 出土的中胡二穿戈，柲长也是 1 米[3]。在河北藁城台西 M7 中，死者右侧放一件柲长 87 厘米的銎内戈，左侧放一件柲长 64 厘米的戈矛联装

---

① 林沄：《关于青铜弓形器的若干问题》，载《吉林大学社会科学论丛·历史专集》，1980 年；孙机：《"弓形器"的用途和定名》，《中国古舆服论丛》，文物出版社，1993 年。

② 梁思永《殷墟发掘展览目录》，《梁思永考古论文集》，科学出版社，1959 年，第 62～68 页，第 156 页。

③ 大司空村 M21 出土铜戈，参看《考古》1964 年第 8 期图版壹：7。关于戈柲长度，参看杨锡璋《关于商代青铜戈矛的一些问题》，《考古与文物》1986 年第 3 期，第 65 页。

载①。由以上资料大致可以推知，商代青铜戈装柲后，全戈长仅 0.8～1 米左右。这也可以从商代金文得到佐证，金文中常可看到手执戈、盾的人形，均右手握戈，左手持盾；也有的只右手持戈，或把戈扛在肩上。从文字形象看，戈都画得比人身高要短得多，仅及人体高的 1/2～2/3。这些资料都表明，仅长 0.8～1 米的戈，是只适于步战的格斗兵器，并不适于骑战和车战②。

在商代，重要性仅次于戈的青铜格斗兵器是矛，但在殷墟出土的数量较少，仅为戈的数量的三分之一左右，至于矛装柄（矜）后的长度，现仅在 1953 年大司空村 312 号墓保留有矛柄朽痕，长 140 厘米左右③，虽较戈柄略长，但仍低于人体高，故其性能仍属利于近距格斗的兵器。至于钺等，则非商代军队中普遍装备的实用格斗兵器④。骑士墓中还出有青铜小刀，它在贴身搏斗时虽可用以卫体，但无法用于骑战。总之，目前所知有关商代的兵器资料，尚缺乏适用于装备骑兵的格斗兵器，至于适于骑兵的防护装具，目前没有发现任何可以依据的资料。

综上所述，商代虽已有骑射之举，也相应有些武装骑士⑤，但是从社会背景和技术装备等方面来看，都还不具备组建骑兵的条件。同时，在古代文献及甲骨卜辞中，也找不到商代在战争中使用骑兵的任何记录，因此，那时虽然可以用武装骑士去追捕奴隶等，但是作为独立兵种的成建制的骑兵部队并未出现。

---

① 河北省博物馆等台西发掘小组：《河北藁城县台西村商代遗址 1973 年的重要发现》，《文物》1974 年第 8 期。

② 不仅商代戈柲长度在 0.8～1 米左右，以后直到战国时，戈柲长度无大变化。例如，湖北随县战国曾侯乙墓，出土铜戈的戈柲保存完好的有 52 件，一般全长 127～133 厘米，最长的不超过 140 厘米。湖北荆门包山二号楚墓出土戈柲保存完好的铜戈 8 件，全长最长的为 149.6 厘米，最短的为 95.2 厘米。可以看出，直到东周时，戈长虽略长于商戈，但仍比一般人高度（以 169 厘米计）低得多，仍然是近距格斗，主要是步战格斗时才能发挥威力的兵器。

③ 马得志等：《一九五三年安阳大司空村发掘报告》，《考古学报》第 9 册，1955 年。

④ 杨锡璋等：《商代的青铜钺》，载《中国考古学研究——夏鼐先生考古五十年纪念论文集》，文物出版社，1986 年，第 128～138 页。

⑤ 曾有人看到殷墟的骑士墓（M164）中随葬有兵器，就简单地认为那就是有骑兵的证据。其实，军队中有一些武装的骑马执勤人员，与这支军队中有成建制的骑兵部队是完全不同的概念。直到近现代，有的步兵部队中就编有骑马的武装通讯员甚至侦察班，但他们只是隶属步兵的武装骑马执勤人员，与骑兵部队无涉。

二

到了周代，情况有了新的变化。首先是战车的辕马马具有新的改进，主要表现在驾御马匹的马具方面，特别是辔头中衔和镳的改进。西周时青铜马镳的形制大致仍承袭商代传统，或方或圆，尚不规范，青铜马衔的使用也还不普遍。以 20 世纪 50 年代在陕西沣西发掘的张家坡四座车马坑为例，共有七车 18 匹马，可惜盗扰严重。以保存完好的二号坑为例，其中一号车所驾四马均有青铜镳衔，镳圆形，衔的形状与殷墟晚期的相同，是两根铜条，两端有扁平椭圆形的环，一平一竖互套在一起，全长 19 厘米。另外的二号车所驾二马的马具以贝装饰，没有铜镳衔。在第四号坑中，第三号车所驾二马也有铜镳衔，衔的形状相同，镳为方形①。在北京琉璃河西周墓地发现的铜镳衔中，已有一端作圆涡形、曲身、形状似角的铜镳②。在北京昌平白浮的西周墓中，铜衔也是扁平椭圆形的环互套在一起，铜镳则是半月形，中设圆孔。另外还有 4 件上有三个方孔的角镳③。上列诸例大致反映出西周时马镳、衔的一般情况。这样的情况到东周时发生了变化。下面举一些春秋时期的考古发现为例。

在河南三门峡市上村岭虢国墓地第 1052 号墓出土的铜车马器中，可以看到衔的形状已有变化，不再是互相扣接的"8"字形扁环，而是改成细杆状，两端各铸一扁圆环，内侧一端的环较小，与另一半的杆内侧小环一平一竖相套合；外侧的环较大，以系缰绳。铜镳则是与琉璃河西周墓的镳近似，一端作圆涡形，曲身似角状④。处于春秋末期的寿县蔡侯墓中，出

① 中国科学院考古研究所：《沣西发掘报告——1955～1957 年陕西长安县沣西乡考古发掘资料》，文物出版社，1962 年，第 141～143 页。
② 中国社会科学院考古研究所等琉璃河考古队：《1981～1983 年琉璃河西周燕国墓地发掘简报》，《考古》1984 年第 5 期，图版肆：5。
③ 北京市文物管理处：《北京地区的又一重要考古收获——昌平白浮西周木椁墓的新启示》，《考古》1976 年第 4 期。
④ 中国科学院考古研究所：《上村岭虢国墓地》，科学出版社，1959 年，图版叁陆：1。

土的铜马衔也是细杆两端设环，内侧环小而圆，用于套接另一半的小环；外侧环大而扁，接系缰绳。咬于马嘴中间的环小，结构更趋合理，易于控马。马镳也有改变，有的是角镳。以铜制成的镳也近于角状，或经艺术加工，呈伏龙形貌，下垂的龙尾稍微翘，近似角镳下端的角尖①。也属春秋晚期的山西太原晋国赵卿墓中，出土铜马衔多达68件，形制全同蔡侯墓铜衔。所附镳皆为角镳，将角表面磨成六面体，加工细致，还刻饰雷纹图案②（图三）。蔡侯墓与赵卿墓的铜衔和角镳，不仅形制雷同，尺寸也大致相同，显示出这时马具的一致性和规范性，也是驭马具更趋成熟的表现。

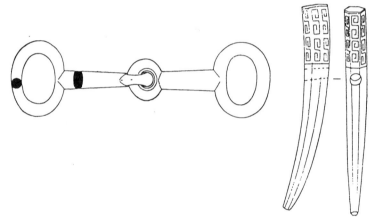

图三　山西太原春秋赵卿墓出土铜马衔（左）和角镳（右）

战国时期的铜衔、角镳继续沿袭春秋时的形制，只是制工更加精细，湖北随县曾侯乙墓出土的38对铜衔、角镳可以为例，角镳均修成六面体，刻纹髹漆，颇显华美，镳上均设两穿③。除了角镳以外，战国时也使用铜镳，其形状大致也是长体而下端呈尖角状④，近似角镳轮廓。战车辕马的

---

① 安徽省文物管理委员会、安徽省博物馆：《寿县蔡侯墓出土遗物》，科学出版社，1956年，第12页，图版贰肆：1、2。

② 山西省考古研究所、太原市文物管理委员会：《太原晋国赵卿墓》，文物出版社，1996年，第118页、121页，图六二：1、2，图版八二：1、2。

③ 湖北省博物馆：《曾侯乙墓》，文物出版社，1989年，第326~328页。

④ 可参看淮阳马鞍冢楚墓出土铜镳，见河南省文物研究所等《河南淮阳马鞍冢楚墓发掘简报》，《文物》1984年第10期。

马具的如上改进，使人们得以更自如地控御马匹，也为乘骑马具的发展提供了有利条件。

其次是西周以降，战车走向繁荣，适于车战的长柄格斗兵器得到空前发展，并且形成组合。特别是长戟，成为主要的格斗兵器，有取代铜戈成为军队的标准装备之趋势，也为骑兵冲击格斗提供了较为适用的兵器。战国末期，出现钢铁制成的新型"卜"字形戟[①]，它更适用于骑兵格斗。

改进的马具和适用的兵器，虽为骑兵的组建准备了技术条件，但能够摒弃商和西周以来以战车兵为核心的军队构成，组建骑兵部队，还必须顺应社会历史发展的需要。因此，骑兵作为一个兵种出现于东周时期，而且在北方的赵国，绝非偶然，那是为了对付东胡、林胡和楼烦等"三胡"侵扰，不得已采取的策略。"三胡"都是以游牧为业的部族，善于驰马射箭，而且没有囿于殷周时礼制的战争规范。正如《史记·匈奴列传》所言："士力能贯弓，尽为甲骑。……急则人习战攻以侵伐，其天性也。……利则进，不利则退，不羞遁走。"[②] 赵国以原来的主力部队，即四匹马驾驶的双轮木制战车，按规范列阵，"三胡"却是趁其不备一哄而来，见其主力又一哄而走，笨重的战车无法追及轻捷的骑士，处处被动挨打，人畜遭劫掠，农业经济屡遭破坏。为了争取主动，赵武灵王不得不克服极大阻力，抛弃传统战法和军队结构，向对手学习，变服骑射，组建骑兵，开创了中国古代骑兵的历史。

反映中国早期骑兵形象的考古资料罕见，过去常被引用的是传洛阳金村出土铜镜背上的骑士像[③]，但那像是蹲踞在马背而非乘骑，参考之余总感勉强。最近在陕西咸阳市东北塔儿坡清理的秦墓（28057 号）中，于洞室南壁小龛内出土两件绘彩灰陶骑兵俑（图四）。据发掘者推断，那座墓

---

① 关于古戟的发展演变，参看《中国古代的戟》，《中国古兵器论丛（增订本）》，文物出版社，1985 年，第 155～189 页。
② 《史记·匈奴列传》，第 2879 页。
③ ［日］梅原末治：《洛阳金村古墓聚英（增订）》，1945 年。

下葬的年代"为战国时期的前段，相当于秦惠文王至秦武王时期"①。也就是公元前337～307年之间，其时正与赵武灵王变服骑射相近。且秦人历史上善养马，又与赵国一样，必须对付戎狄的侵扰。因此，这组骑俑虽然塑工古拙，细部刻画欠细致，但所表现的马具，应能反映那时期乘马的马具的一般情况。可以看出马的辔头由额带、鼻带、颊带所构成，大致与当时驾车辕马的辔头相同，因缺乏细部刻画故未绘出马镳，但推测也应有铜衔与骨镳以控御马匹。值得注意的是，骑士直接骑跨在光背马上，并无坐垫，这较洛阳金村铜镜的骑士所乘马的马具还不完备，金村的马还绘出胸前鞅带及马背的鞯或坐垫，因此，咸阳骑俑乘马的马具更原始些。

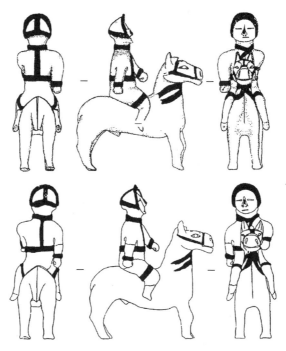

图四　陕西咸阳东北塔儿坡战国秦墓（28057号）出土的绘彩陶骑俑

骑兵出现以后，满足了战国七雄争霸的战争的需要，发展极为迅速。到战国末年，骑兵的数量可占到各国军队总数的百分之一左右。例如，秦

---

① 咸阳市文物考古研究所：《咸阳石油钢管钢绳厂秦墓清理简报》，《考古与文物》1996年第5期。

有兵员百余万，骑兵达万人之多①，已经成为配合战车兵战斗的重要力量，"轻车锐骑"相配合，增强了主力部队的机动性。而从孙膑论"用骑有十利"来看，当时骑兵主要还是负担突然冲击、迂回包抄、断敌粮道、追歼溃敌等辅助任务②，骑兵成为军中主力兵种，还是晚到汉代的事。所以，在陕西咸阳秦始皇陵侧二号俑坑中放置的骑兵俑，仍反映着战国末年骑兵的景况。只是随着战争的考验，骑兵的装备距战国初期有很大发展，装备了适于骑兵作战的铠甲；马具也渐趋完善，马背装备了鞍垫，控马的辔头结构较完备，特别是采用了新式样的S形马镳③。

这时骑兵已有了较适用的铠甲，但是缺乏保护战马的装具，虽然在先秦时已有很完备的保护战车辕马的马甲，由厚重的髹漆皮甲片编成，在随县曾侯乙墓中曾有实物出土④。但是那种遮盖辕马全身的厚重皮甲，完全不合于骑兵战马的作战要求，而且因为缺乏真正的马鞍和马镫，更无法使身披铠甲的战士能控御同样披有铠甲的战马。只有等到约5个世纪以后，高马鞍和马镫都已被使用，这时，人和战马都披有铠甲的重装骑兵的身影，才出现于中国古代战场上，开始了一个以重装骑兵——甲骑具装为军队主力兵种的新的历史阶段。

三

公元4世纪初，西晋王朝覆亡，中国北方一片混乱，各族统治者纷纷建立政权，割据一方，相互征伐。万千匹体披铠甲的战马，负载着全身甲

---

① 《史记·苏秦列传》，第2243页。
② 孙膑论用骑十利，见杜佑《通典》卷一四九《兵二》，原文为"孙膑曰：用骑有十利，一曰迎敌始至；二曰乘敌虚背；三曰追散乱击；四曰迎敌击后，使敌奔走；五曰遮其粮食，绝其军道；六曰败其津关，发其桥梁；七曰掩其不备卒，击其未整旅；八曰攻其懈怠，出其不意；九曰烧其积聚，虚其市里；十曰掠其田野，系累其子弟。此十者骑战利也。夫骑者能离能合，能散能聚，百里为期，千里而赴，出入无间，故名离合之兵也"。中华书局1984年影印十通本，第779页。
③ 始皇陵秦俑坑考古发掘队：《秦始皇陵东侧第二号兵马俑坑钻探试掘简报》，《文物》1978年第5期。
④ 湖北省博物馆：《曾侯乙墓》，文物出版社，1989年，第342～349页。

胄的骑兵，张弓挺矟，纵横驰骋在东北、西北和中原广阔的原野上，制造出与以前不同的新的战场的景观，于是重装骑兵——甲骑具装骄傲地成为这一历史时期战争舞台上的主角。

重装骑兵成长壮大的历史，又与鲜卑族有着紧密的联系，十六国时期战争史文献中，常可寻到关于鲜卑族重装骑兵的记述，说明当时各地的鲜卑军中披有铠甲的战马常以万、千来计数①。近年来，在辽宁省朝阳地区不断出土的"三燕"时期的铁质马具装铠，正为此补充了具有说服力的实物史料。1988 年，在辽宁朝阳十二台乡的 88M1 中，曾出土有重装骑兵——甲骑具装所装备的全套铁铠甲，包括人披的铁铠和马披的具装铠，已复原的有骑兵戴的铁兜鍪和颈甲，以及马具装铠中的铁面帘②。1995 ~ 1996 年，又在北票市南八家乡喇嘛洞墓地的两座墓中，发现甲骑具装所使用的全套铁铠甲，有保存较完整的铁兜鍪、铁马面帘，以及尚未复原整理的大量铁甲片③。结合原本是前燕慕容皝司马的冬寿的墓室壁画所绘甲骑具装图像④，该墓埋葬于东晋永和十三年（即升平元年，357 年），我们已能较清楚地了解十六国时期鲜卑重装骑兵的全貌。

重装骑兵——甲骑具装在东晋十六国时期空前发展并非偶然，它与当时骑乘用马具的趋于完备有关，从已发现的考古资料来看，从秦始皇陵俑坑到两汉陶俑、铜俑及壁画、画像石所描绘的骑兵，都是骑兵身披铠甲而战马没

---

① 《晋书·石勒载记》载，石勒俘获鲜卑末杯的战斗中，夺得鲜卑军队的铠马五千匹，第 2725 页。又《石勒载记》还记有石勒大败鲜卑将姬澹（《晋书·刘琨传》作箕澹，是归附刘琨的鲜卑猗卢部将）时，俘获铠马多达万匹。亦见第 2725 页。又《晋书·姚兴载记》，记姚兴击败鲜卑乞伏乾归军，"收铠马六万匹"，更见铠马之多，见第 2981 页。以上均表明，战马披铠甲的重装骑兵是鲜卑族军队的主要兵力。同时，刘裕率东晋军北伐灭南燕慕容超后，又将鲜卑重装骑兵引入南方军中。义熙六年（410 年）刘裕破卢循之役，就曾出动鲜卑重装骑兵作战，曾"使宁朔将军索邈领鲜卑具装虎班突骑千余匹，皆披练五色，自淮北至于新亭。贼并聚观，咸畏惮之"。见《宋书·武帝纪上》，第 20 页。
② 辽宁省文物考古研究所、朝阳市博物馆：《朝阳十二台乡砖厂 88M1 发掘简报》，《文物》1997 年第 11 期。
③ 张克举、田立坤：《辽宁发掘北票喇嘛洞鲜卑贵族墓地》，《中国文物报》1996 年第 12 月 22 日第 1 版。
④ 洪晴玉：《关于冬寿墓的发现和研究》，《考古》1959 年第 1 期。

有铠甲的轻甲骑兵①。直到三国时期，文献中出现关于"马铠"的记录②，但它是颇希罕的装具。据曹操自己叙述，官渡之战时，"（袁）本初马铠三百具，吾不能有十具"③。据《袁绍传》，官渡之战前，袁绍"简精卒十万，骑万匹"参战④。万名骑兵仅有三百具马铠，可见当时重装骑兵比例之少。三国之后，只经过了短暂的西晋王朝，到东晋十六国时，重装骑兵迅速发展，除了战争的需要和民族因素外，最主要的原因是西晋时乘骑马具的完备，除了普遍使用前后带高鞍桥的马鞍，起决定性作用的是马镫的发明。

马镫的发明，是中国古文明对世界文明的一项重要贡献。最早的马镫的雏形，是 1958 年湖南长沙南郊金盆岭西晋永宁二年（302 年）墓发掘中获得的⑤。该墓出土一组青釉俑，其中骑俑所跨马的马鞍左侧前鞍桥下，垂有一个三角形的镫，右侧没有。镫革颇短，骑士的脚垂在镫以下，看来那是为了使骑士迅速上马蹬踏的，骑上以后就不再用了。晋俑陶马塑出的单镫虽然外貌简陋，但其意义颇为深远，它预示着骑马术将产生巨大变革，所以资料发表以后，立即引起中外学者的注意⑥。

---

① 杨泓：《骑兵和甲骑具装》，载《中国古兵器论丛》，文物出版社，1980 年，第 94~99 页。
② 《太平御览》第三五六引曹植表，列有"马铠一领"，第 1636 页。
③ 《太平御览》卷三五六引《魏武军策令》，第 1636 页。
④ 《三国志·魏书·袁绍传》，第 195 页。
⑤ 参见湖南省博物馆《长沙两晋南朝隋墓发掘报告》，《考古学报》1959 年第 3 期，图版拾壹：1、拾贰：3。
⑥ 1961 年，笔者曾在夏鼐先生指导下，与武伯纶先生讨论马镫在中国出现的时间问题，指出长沙西晋永宁二年（302 年）墓陶骑俑乘马塑出的马镫是最早的实例，见《关于铁甲、马铠和马镫问题》，《考古》1961 年第 12 期。日本学者樋口隆康 1971 年对长沙骑俑马镫进行研究，写出《镫の发生》，载《青陵》第 19 号。英国学者李约瑟博士很重视长沙西晋骑俑马镫，充分评价其对世界文化史的贡献。他指出，人类骑马史上的大多数时间里，双脚都无所寄托，只是到了大约公元 3 世纪，中国人才改变了这种局面，长沙西晋俑马镫是最早的对镫的描绘。后来美国罗伯特·坦普尔将李约瑟博士的《中国科学技术史》简化而向大众介绍，写成《中国：发明与发现的国度——中国科学技术史精华》，二十一世纪出版社已有中译本于 1995 年出版。书中形象地描述："如果没有从中国引进马镫，使骑手能安然地坐在马上，中世纪的骑士就不可能身披闪闪盔甲，救出那些处于绝境中的少女，欧洲就不会有骑士时代"（第 12 页）。又说："只要我们想一想中世纪欧洲，我们眼前便出现身穿盔甲、手持沉重长矛和骑在马背上的骑士。然而，如果没有马镫，他们是不会那么神气的。因为没有马镫，负担如此沉重的骑手势必很容易跌下马来。中国人发明了马镫，使西方有可能出现中世纪的骑士，并赐予我们一个骑士制度的时代。"（第 178 页。）

此后马镫不断改进，到东晋时，配备着双镫的高鞍桥马鞍已被普遍应用，东晋十六国时期的马镫实物也不断被发掘出土，先是 1965 年在辽宁北票西官营子发掘北燕冯素弗墓时，出土一对木芯包镶鎏金铜片的马镫，还有铁马衔和大量铁甲片，估计有人铠和马具装铠被随葬，可惜已散乱，无法复原①。1974 年，又在河南安阳孝民屯第 154 号晋墓出土了包镶鎏铜片的高鞍桥马鞍、马镫和全套马具，只是马镫仅有一只②，这套马具已做复原研究③。1982 年，又在辽宁朝阳袁台子发掘了一座东晋十六国时期的壁画墓，出土有木芯包皮革髹漆高鞍桥马鞍，一对木芯包皮革髹漆马镫，以及铁衔镳、铜铃饰等马具④。依据上述考古发现，已可初步推知东晋十六国时中国古代马具发展的序列⑤。

图五　辽宁朝阳十二台乡
十六国时期 88M1
出土铁马镫

20 世纪 70~90 年代，在辽宁朝阳地区不断有关于十六国时期鲜卑马具的新的考古发现，已发表的最重要的考古材料，以前述朝阳十二台乡 88M1 出土的重装骑兵装备的全套铠甲，以及伴同出土的包镶鎏金铜片的高鞍桥马鞍、铁马镫等全套马具为代表（图五）。依据那些资料，可对十六国时期鲜卑马具和甲骑具装进行初步分析，也可看出它对古代朝鲜半岛及日本的影响⑥。

十分明显，马镫的发明和普遍使用，使骑兵和战马很好地结合在一起，身着沉重的铠甲的骑兵得以随心地控御同样身披沉重铠甲的战马，把人和马的力量合在一起全力攻击敌人，完成各种战术动作，充分发挥兵器的效能。从而开创了以重

① 黎瑶渤：《辽宁北票县西官营子北燕冯素弗墓》，《文物》1973 年第 3 期，图一三。
② 中国社会科学院考古研究所安阳工作队：《安阳孝民屯晋墓发掘报告》，《考古》1983 年第 6 期。
③ 中国社会科学院考古研究所技术室：《安阳晋墓马具复原》，《考古》1983 年第 6 期。
④ 辽宁省博物馆文物队等：《朝阳袁台子东晋墓》，《文物》1984 年第 6 期。
⑤ 杨泓：《中国古代马具的发展和对外影响》，《文物》1984 年第 9 期。
⑥ 董高：《公元 3 至 6 世纪慕容鲜卑、高句丽、朝鲜、日本马具之比较研究》，《文物》1995 年第 10 期；田立坤、张克举：《前燕的甲骑具装》，《文物》1997 年第 11 期。

装骑兵——甲骑具装为军队核心力量的新阶段。从辽宁朝阳到河南安阳所发现的关于马具和甲骑具装的考古材料，为我们勾画出慕容鲜卑军队重装骑兵的大致面貌。另一支更重要的鲜卑拓跋氏辗转迁移到平城一带以后，逐渐巩固发展，终于建立了统一北方的强大的北魏王朝，其军队的核心力量也是重装骑兵——甲骑具装。以后北魏分裂成东魏和西魏，而后东魏被北齐、西魏被北周所取代，最后北周灭北齐，北方复归统一。从北魏建国至北周灭北齐，大约两个世纪之中，以鲜卑为统治民族的北朝军队的核心力量，一直是重装骑兵——甲骑具装。虽然在历年考古发掘中没有获得实物资料，但是大量模拟甲骑具装的陶俑以及绘画资料，使我们能够较清楚地了解北朝甲骑具装的形貌以及其发展演变的情况①。与北朝相对抗的南朝军队，学习北朝，也引进和组建有重装骑兵，其形貌可以从丹阳地区南朝陵墓的拼镶砖画看得很清楚②。

北周灭北齐后仅一年，武帝宇文邕病死，又过三年，政权为杨坚所取代，建立隋朝，再过九年，隋军南下灭陈，结束了自西晋覆亡后形成的南北长期分裂对峙的政治格局，全国重归一统。隋朝军队中的骑兵，仍然承袭北朝传统，为重装骑兵——甲骑具装，这由隋炀帝征伐高丽时骑兵的建制和装备可见其详。大业七年（611年），隋炀帝由蓟城发兵。"每军，大将、亚将各一人。骑兵四十队。队百人置一纛。十队为团，团有偏将一人。第一团，皆青丝连明光甲、铁具装、青缨拂，建狻猊旗。第二团，绛丝连朱犀甲、兽文具装、赤缨拂，建貔貅旗。第三团，白丝连明光甲、铁具装、素缨拂，建辟邪旗。第四团，乌丝连玄犀甲、兽文具装、建（应作'缁'）缨拂，建六驳旗。"③ 这说明，当时军中钢铁质和皮质的铠甲、具

① 北朝的甲骑具装的情况，可参看杨泓《中国古兵器论丛》，第41～45页、102页。又可参看杨泓《敦煌莫高窟壁画中军事装备的研究之——北朝壁画中的具装铠》，载《1983年全国敦煌学术讨论会文集石窟·艺术编上》，甘肃人民出版社，1985年，第325～339页。
② 江苏丹阳的胡桥鹤仙坳、吴家村和建山金家村等三座南朝大墓的拼镶砖画中，都有甲骑具装的图像，以建山金家村（或称金王陈村）大墓中图像保存最好，可参看姚迁、古兵编著《六朝艺术》图版二〇五、二〇六，文物出版社，1981年。
③ 《隋书·礼仪志三》，第160页。文中"建缨拂"，据第171页校勘记"对照其他各团所用器物的颜色，第四团用乌丝连玄犀甲，疑此处'建缨拂'当作'缁缨拂'。"

装铠比例相当，各占一半。每一单独建制的团队，骑兵的铠甲、战马的具装铠质料相同，而且颜色一致，华美规整，这大约是中国历史上以重装骑兵——甲骑具装为军队核心力量时，骑兵军容最光辉的写照。炀帝本想以大军横行辽水，为个人建功，他还曾写诗吟咏"白马金具装，横行辽水傍"，以达到"会令千载后，流誉满旗常"①。但结果是军败名裂，而重装骑兵——甲骑具装在中国军事史上的黄金时代也随之结束。因为到了唐代，骑兵披铠甲而战马不披具装铠的轻甲骑兵，逐渐成为骑兵的主力，甲骑具装虽有遗留，已无复北朝时为军队核心力量时的风采。这一变革当与李渊、李世民父子组建骑兵时效法突厥骑兵有关②，当另文叙述。

总之，马镫的发明和普遍使用，确实开创了重装骑兵——甲骑具装在从十六国到隋占据战争舞台主角达两个世纪的历史。同样值得注意的是，中国发明的马镫西传到欧洲以后，同样掀起了一场翻天覆地的变革，开创了西欧封建历史的新时代，当然那是许多世纪以后的事。一位学者曾风趣地说："中国人发明了马镫，使西方有可能出现中世纪的骑士，并赐予我们一个骑士制度的时代。"③ 当然，欧洲中世纪封建骑士制度的出现有其深刻的社会历史根源，但小小的马镫从中国的传入，的确是使人马都披挂铁甲的骑士得以策马战斗的关键因素。

（原载《华学》第 3 辑，紫禁城出版社，1998 年。后收入《中国古兵与美术考古论集》，文物出版社，2007 年）

---

① 隋炀帝《白马篇》，可参看逯钦立辑校《先秦汉魏晋南北朝诗》，第 2662 页。该诗《文苑英华》引作炀帝。《诗记》云：《文苑英华》作炀帝，乐府作孔稚圭。按诗中多叙征辽之事，当以英华为正。"金具装"，《文苑英华》《乐府诗集》均作"具装"，但逯书作"贝装"，误。
② 关于李渊、李世民在太原时组建骑兵情况，请参看汪篯《唐初之骑兵——唐室之扫荡北方群雄与精骑之运用》，《汪篯隋唐史论稿》，中国社会科学出版社，1981 年，第 226～260 页。
③ ［美］引罗伯特·坦普尔：《中国：发明与发现的国度——中国科学技术史精华》，二十一世纪出版社，1995 年，第 178 页。

战车与车战二论

《战车与车战——中国古代军事装备札记之一》发表于 1977 年①。当我写的《中国古代的甲胄》一文连载于《考古学报》1976 年第 1 期和第 2 期后，当时在《文物》月刊编辑部的沈玉成兄，就督促我写关于中国古代军事装备的札记，供《文物丛谈》栏目之用。同时，杜在忠执笔的《胶县西庵遗址调查试掘简报》②已送交《文物》，为促使该简报得以早日刊出，我同意配合西庵西周车马坑资料，先写有关战车的札记。

在《战车与车战——中国古代军事装备札记之一》发表后，又在沈兄督促下，连续写了四篇中国古代军事装备札记，除札记之四外，其余三篇也先后发表于《文物》月刊。后来这些札记都与《中国古代的甲胄》等论文一起，集结成《中国古兵器论丛》③。

自《战车与车战——中国古代军事装备札记之一》一文（下文简称《一论》）刊出至今，随着中国文物考古事业的蓬勃发展，有关古代战车和车战兵器装备的考古新发现层出不穷，从而加深人们对中国古代战车和车战的研究，补充过去认识的不足之处，也可以改正过去的一些失误，故此作《战车与车战二论》。值此短文刊出之际，忆起原督促我写《一论》的沈玉成兄已仙逝数年，痛失良友，总觉怅然，书此为念。

---

① 杨泓：《战车与车战——中国古代军事装备札记之一》，《文物》1977 年第 5 期。
② 山东省昌潍地区文物管理组：《胶县西庵遗址调查试掘简报》，《文物》1977 年第 4 期。
③ 杨泓：《中国古兵器论丛》，文物出版社，1980 年。《战车与车战》经修改后收入该书。该书增订本出版于 1985 年，《战车与车战》未再修改。

一

　　据至今已获得的田野考古发掘资料，以马拖驾的木车实物的遗迹，都发现于商代晚期，绝大多数出土于当时全国政治中心的安阳殷墟①。在山东滕州市前掌大②和陕西西安老牛坡③等地，近年也有发现。商代晚期以前曾否使用马车？尚待今后在考古调查发掘中继续探寻。曾在河南偃师商城东北角城墙内侧的道路上，发现过车辙印痕，那是目前发现的我国古代用车的早期遗迹，应引起重视。发现的车辙印与城墙并行，轨距约为 120 厘米，辙沟呈凹槽状，口部一般宽 20 厘米左右。在车辙之间和两侧附近路土面，布满不规则小坑。发掘者认为，可能是驾车的牲畜踩踏所致，但不知留下踩痕的牲畜为何物④。目前仅有辙痕，尚难表明车子的拖驾方式，轨距也比商代晚期马车窄小。所以，这一发现虽证明当时已使用装轮的车子，但尚难定为马车⑤，更不宜说明当时已使用马车作战。因此，关于中国古代马车的发明始于何时，是今后值得继续探索的课题。

　　与上述课题相关的另一课题，是中国古代马车的来源问题，已有学者指出，中国古代马车与西亚古代以牲畜拖驾的车对牲畜的系驾法有所不同，这表明，中国古代马车的轭式系驾方式在古代世界独树一帜，"我国

①　关于安阳殷墟出土车马坑的一般情况，可参看：1. 杨宝成《殷代车子的发现与复原》，《考古》1984 年第 6 期；2. 杨宝成《殷墟发现的车马坑》，载《殷墟的发现与研究》，科学出版社，1994 年，第 138～147 页；3. 郑若葵《试论商代的车马葬》，《考古》1987 年第 5 期。
②　山东滕州市前掌大商墓群的车马坑资料，迄今未发表正式简报或报告，发掘消息参看：1. 胡秉华《滕州前掌大商代遗址》，《中国考古学年鉴（1996）》，文物出版社，1998 年，第 159～160 页；2. 中国社会科学院考古研究所夏商考古研究室《考古研究所夏商考古二十年》之四《山东省滕州市前掌大墓地的发掘》，《考古》1997 年第 8 期。
③　西北大学历史系考古专业：《西安老牛坡商代墓地的发掘》，《文物》1988 年第 6 期。
④　中国社会科学院考古研究所河南第二工作队：《河南偃师商城东北隅发掘简报》，《考古》1998 年第 6 期。
⑤　中国社会科学院考古研究所夏商考古研究室：《考古研究所夏商考古二十年》之四《山东省滕州市前掌大墓地的发掘》，《考古》1997 年第 8 期，第 22 页。

早期的驾车技术无疑是我国自己的一项发明创造"①。但也有学者指出，中国古代马车与西亚马车形貌的近似，认为西亚的车子通过早期游牧部族在欧亚大陆广泛传播，并经由西亚至北高加索、西伯利亚、外贝加尔地区、蒙古草原，最后进入华北平原，从而传入中国中原地区，这可能是商代晚期马车"突然出现"之原因②。我们期待今后的田野考古新发现会使人惊喜，令中国古代马车起源于何时得到切实的答案，那时也才能最终解决中国古代懂得用马车作战源于何时。

谈到中国古代车战起源问题，目前的一些军事著作中，通常都引用古代文献，叙述夏启伐有扈氏和商汤败夏桀于鸣条之役使用了战车兵③。但前者是引用《尚书·夏书·甘誓》，司马迁在《史记·夏本纪》中也引用《甘誓》，中有"左不攻于左，右不攻于右，女不共命。御非其马之政，女不共命"等句。"集解"引郑玄曰："左，车左。右，车右。"又引孔安国曰："御以正马为政也。"④ 论者据此认为，夏启时已用兵车作战。但对《尚书·夏书》诸篇，目前学术界多数人认为不是夏代当时的历史记录，而是战国或更迟的作品。《甘誓》已见于战国前期墨子的著作中，至少在战国时期以前已存在，但它是否确系夏后启的誓师辞，人们还有争论⑤。而且，解释左、右即车左、车右，也是后世汉儒以春秋车战为据的解释。汤于鸣条之役用"良车七十乘"，见于《吕氏春秋》《淮南子》等书⑥，较早的《墨子》中，仅记"汤以车九两，鸟陈雁行，汤乘大赞，犯逐夏

① 孙机：《中国古马车的三种系驾法》，《中国古舆服论丛》，文物出版社，1993 年，第 59 页。
② 王巍：《商代马车渊源蠡测》，载《中国商文化国际学术讨论会论文集》，中国大百科全书出版社，1998 年，第 380～388 页。
③ 参看《中国军事百科全书·军事历史》卷条目，第 345～346 页《甘之战》，第 864 页《鸣条之战》，军事科学出版社，1997 年。
④ 《史记·夏本纪》，第 84～85 页。
⑤ 关于《尚书·夏书》诸篇，请看张心澂《伪书通考》上册《经部·书类》，商务印书馆，1957 年修订本。最通俗简明的叙述，见马雍《尚书史话》，中华书局，1982 年，第 76 页。
⑥ 《吕氏春秋·仲秋季·简选篇》："殷汤良车七十乘，必死六千人，以戊子战于郕，遂禽推移、大牺。"《淮南子·本经训》："汤乃以革车三百乘，伐桀于南巢，放之夏台。"又《主术训》："汤革车三百乘，困之鸣条，擒之焦门。"

众"①。但司马迁作《史记·殷本纪》时并不取此说，为何？值得进一步思考。综上所述，夏与商初军队中是否有成建制的战车部队，实无确证，在夏启伐有扈氏和商汤败夏桀于鸣条之役是否使用了战车兵②，也待今后继续探研。目前我们仅能依据迄今为止的考古发现，从商代晚期开始探研中国古代战车与车战问题。

二

可以据已发表的田野考古发掘资料进行分析的商代木制马车，主要是河南安阳殷墟所出土。安阳殷墟商代晚期马车的发掘工作大致分两个阶段，以 20 世纪 50 年代分界，在此之前虽已发现马车遗迹，但因受到当时田野工作水平的限制，没有能将木车遗迹剔剥清楚，因此在 20 世纪 30 年代于王陵区和小屯宫殿区发现的车马坑，都没有能将全车剔剥出来，较成功的也只保留有部分辕、轴、衡的痕迹，以及人骨和马骨，而缺乏有关轮、舆遗存的资料。其中小屯 C 区 M20③ 的车辕长 265、轴长 290、衡长 170 厘米，又 M40 的车辕长 255、轴长 290、衡长 210、轨距 225 厘米，其余 M45、M202、M204 等车不详。但是在坑中随车下葬的各类器物都保存了下来，前在《一论》中就曾据河南安阳小屯 M20 车马坑中的遗物，分析了当时车上三个乘员——左、右、御和他们分别装备的兵器和用具。此外，M40 也随葬有铜镞、骨镞、铜刀、铜弓形器、砺石、骨锥等兵器和用

---

① 《墨子·明鬼》，孙诒让《墨子闲诂》，中华书局，1986 年，第 221 页。
② 对于鸣条之战曾否使用战车作战，有学者采取相当谨慎的态度。如罗琨、张永山《夏商周军事史》中是如此叙述的："商人以利用畜力闻名于史，所以在军队迂回行动中，可能也利用了牛、马和车辆，提高了军队远距离运动能力。"军事科学出版社，1998 年，第 117 页。
③ 石璋如：《殷墟最近之重要发现，附论小屯地层》，《中国考古学报》第 2 册，1947 年，第 15 ~21 页。作者认为，M20 埋有四马一车三人，但后来整理多次，又确定内埋不是一车而是两车，见石璋如《小屯》第一本《遗址的发现与发掘：丙编·北组墓葬（上）》第 16 页，台北，1970 年。但在 1947 年发表的平面图中，难于认定究系一车还是两车，暂且存疑。

具，M45 有铜镞、骨镞和砺石，M202 有砺石①。在 50 年代以后的阶段，
自 1953 年在大司空村 M175②的发掘开始，逐渐剔剥出整车遗迹，从而取
得有关商代马车的较完整资料。目前，从孝民屯③、大司空村④、白家
坟⑤、郭家庄⑥、梅园庄⑦等地点不断成功地发掘晚商车马坑遗存，现将已
发表的资料列为表一。除安阳殷墟的晚商马车资料以外，1986 年于陕西西
安老牛坡墓地发掘出土的马车数据，也列入表一中。由于山东滕州市前掌
大墓地获得的马车资料尚未正式公布，故表中暂缺。

撰写《一论》时，能列在殷周时代车子各部分尺寸表中的晚商马车只
有 4 乘，现在文末表一中已可列举出 9 乘马车的测量数据，因此对晚商马
车有了更清楚的了解。《一论》中已指明晚商马车的基本特征，即车子都
是独辕（辀），两轮，方形车箱（舆），长毂。车辕后端压置在车箱下车轴
上，辕尾稍稍露在箱后。辕前端横置车衡，在衡上缚轭，用来驾辕马。轮
径较大。车箱的门都开在后面。通过不断获得的新资料，至少可以作以下
补充说明。

车轮，晚商马车双轮较大，但埋入土中多易变形，从表一中车轮保存
较好的 16 乘车求其平均值，约 136.8 厘米。因此，认为当时轮径 136 厘米
左右较合于实际情况。轮辐数由保存较好的 14 乘车看，只有两例超过 20

---

① 杨宝成：《殷墟发现的车马坑》，载《殷墟的发现与研究》，科学出版社，1994 年，第 147 页
统计表。
② 马得志、周永珍、张云鹏：《一九五三年安阳大司空村发掘报告》，《考古学报》第 9 册，1955
年，第 25～90 页。
③ 1. 中国科学院考古研究所安阳发掘队：《安阳殷墟孝民屯的两座车马坑》，《考古》1977 年第
1 期；2. 中国科学院考古研究所安阳工作队：《安阳新发现的殷代车马坑》，《考古》1972 年
第 4 期；3. 中国社会科学院考古研究所安阳工作队：《殷墟西区发现一座车马坑》，《考古》
1984 年第 6 期。
④ 杨宝成：《殷墟发现的车马坑》，载《殷墟的发现与研究》科学出版社，1994 年。
⑤ 中国社会科学院考古研究所安阳工作队：《1969～1977 年殷墟西区墓葬发掘报告》，《考古学
报》1979 年第 1 期，第 57～61 页。
⑥ 中国社会科学院考古研究所：《安阳殷墟郭家庄商代墓葬——1982 年～1992 年考古发掘报
告》，中国大百科全书出版社，1998 年，第 127～150 页。
⑦ 中国社会科学院考古研究所安阳工作队：《河南安阳市梅园庄东南的殷代车马坑》，《考古》
1998 年第 10 期。

辐，孝民屯南地 2 号车达 26 辐，似不可信①。故当时车辐在 16 ~ 20 之间，其中 8 例为 18 辐，占绝大多数。故应认为，当时车轮通常为 18 辐（图一）。还应注意的是，现已发现的晚商马车的轮毂都是木质的，迄今未发现铜饰。

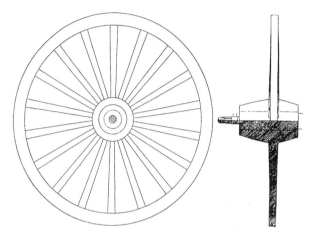

图一　晚商马车车轮复原举例（引自《殷周车制略说》图一）

车轴，按 12 例轴长较清楚的木车，取其平均值长 304 厘米，故可知当时车轴长在 300 厘米左右。轴径以 8 ~ 10 厘米最多，在轴两端渐细，以套车䡍。䡍铜质，长度都在 14 厘米以上（图二），这表明，车轴头端伸出轮毂外的长度都较长。

图二　安阳梅园庄车马坑 M40 出土晚商铜车䡍

轨距，依保存较好的 12 乘车统计，宽 215 ~ 240 厘米，多数在 220 ~ 230 厘米之间，平均轨距为 226 厘米。前述偃师商城发现的车辙轨距仅 120

---

① 对晚商马车轮辐数的论述，请参看张长寿、张孝光《殷周车制略说》，载《中国考古学研究——夏鼐先生考古五十年纪念文集》，文物出版社，1986 年，第 140 页。

厘米，只及晚商木车轨距54%左右，实在太窄，难与晚商木车相比。

车箱，总体上舆广尺寸大于进深，平均舆广138厘米左右、进深96厘米左右。舆广与进深之比约为3：2。车箱平面大致呈横长方形，四角圆弧，或者前窄后阔而微呈梯形（图三）①，或者前面两角圆弧较甚而近椭圆②。舆高多数保存不好，估计高度至少超过40厘米，应为50厘米左右。

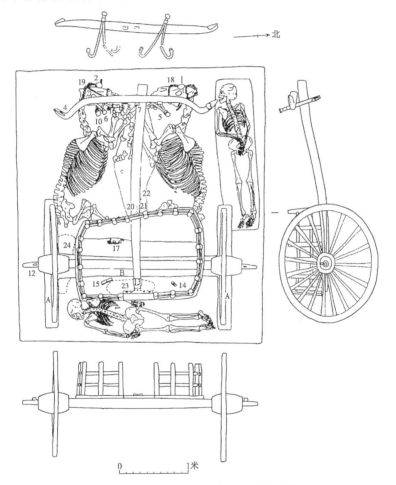

图三　安阳郭家庄车马坑M52晚商马车

① 中国社会科学院考古研究所：《安阳殷墟郭家庄商代墓葬——1982年～1992年考古发掘报告》，中国大百科全书出版社，1998年。
② 张长寿、张孝光：《殷周车制略说》，载《中国考古学研究——夏鼐先生考古五十年纪念文集》，文物出版社，1986年，第157页图一一A。

辕和衡，据保存较好的 14 例看，辕长多在 260 ~ 292 厘米之间。车衡保存完好的实例最少，看来衡长至少应超过 110 厘米。除直衡外，已在郭家庄发现有曲衡的实例。

车前驾马数量，表一（见文后）所列诸车除一例不明和一例只存一马外，其余 17 例均为双马。此前 20 世纪 30 年代发掘的 M20 原发表的平面图显示的似为四马一车三人，但后来整理者又提出内埋两车的说法①。目前除 M20 一例外，晚商马车所驾马数均为双马，所以认为晚商马车通常是前驾双马应合乎事实。也就是说，当时通常只有驾于车衡的轭上的两匹服马，而还没有驾于服马两侧的两匹骖马。

至于马具，已使用铜饰或贝饰的络头，出现了铜质的镳和衔（图四）。铜质的镳使用较普遍，表一所列诸车，西安老牛坡一例无马镳，安阳殷墟18 乘车中，除 3 例情况不详，其余 15 乘内 11 乘均出土有铜马镳，形制基本相同。以大司空村 175 号车马坑为例，双马均带铜镳，每副两件，出土于马口角两侧，形近方形，长 7.3、宽 7.2 厘米，中有圆穿以系革衔，一端有长穿，背后有两个半管形通孔，用以与辔和络头相连。其余铜镳形制、尺寸大致相同，只是有的背后管形通孔剖面作三角形。马衔则与镳不同，晚商多用革带为衔，极罕见铜衔，前述有铜镳的马车中，只有孝民屯南地 1613 号车还出有铜衔，形状为两个相互套结的 "8" 字形，通长 14厘米。那座车马坑曾做^{14}C 年代测定，树轮校正年代为 3225 ± 145 年。又，1969 ~ 1977 年殷墟西区墓葬发掘获得的铜车马器中，马镳多达 27 件，马衔仅 2 件②，也表明当时铜马衔之使用极不普遍。此外，在郭家庄 147 号车的两马腹部，都出有一圈中型铜泡，排列有序，原为缀于革带上的饰物。这表明，当时马腹已使用饰有铜饰的革质鞧带③。

---

① 石璋如：《殷墟最近之重要发现，附论小屯地层》，《中国考古学报》第 2 册，1947 年。
② 中国社会科学院考古研究所安阳工作队：《1969 ~ 1977 年殷墟西区墓葬发掘报告》，《考古学报》1979 年第 1 期，第 96 页。
③ 中国社会科学院考古研究所：《安阳殷墟郭家庄商代墓葬——1982 年 ~ 1992 年考古发掘报告》，中国大百科全书出版社，1998 年，第 157 页。

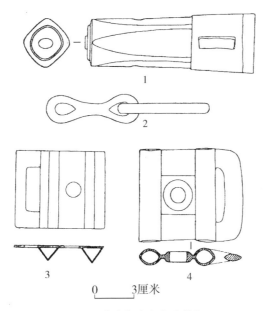

图四　晚商铜车軎与马镳衔

1. 軎　2. 衔　3、4. 镳（1～3. 孝民屯南地车马坑 M1613 出土，4. 郭家庄车马坑 M146 出土）

三

　　考察表一所例举的 19 乘晚商马车，可以看出那些车的形制及辕马马具的配备均大致相同。在那 19 乘车的车箱内或其附近出土有各种兵器的有 6 乘，其中白家坟北地 43 号车箱内放置有内装 10 支箭的皮矢箙（图五），箭上都装有铜镞，还有两件铜戈，既装备有远射兵器，又装备有格斗兵器。此外，在矢箙附近还有 1 件铜弓形器①。其余 5 乘车出土的兵器中，格斗兵器有石戈和铜戈（图六）。远射兵器是弓矢，但均只存箭镞，有铜

---

① 商代的弓形器，过去多认为它与兵器有关，是用于弓上的部件，认为是弓柲，见唐兰《"弓形器"（铜弓柲）用途考》，《考古》1973 年第 3 期。近年的研究认为，弓形器是一种缚于腰带上的御马器具，见林沄《关于青铜弓形器的若干问题》，《吉林大学社会科学论丛·历史专集》，1980 年；乌恩《论古代战车及其相关问题》，载《内蒙古文物考古文集》，中国大百科全书出版社，1994 年，第 327～335 页。孙机考证弓形器的名称为"弲"，系御者系嘗所用，见孙机《"弓形器"的用途和定名》，《中国古舆服论丛》，第 62～68 页。

镞也有骨镞。卫体兵器有兽头刀。此外有斧、锛等铜工具和铜弓形器。此前于 20 世纪 30 年代发掘的小屯 M20 曾出土有 3 套兵器，在《一论》中已介绍过。其余 M40、M45 也出土有铜镞、骨镞、铜刀以及砺石等物。此外，山东省滕州前掌大墓地南区发掘的 3 座车马坑内均埋入一车二马，并殉有一人，在车内放有铜兵器及髹漆盾牌①。在车内或附近放置兵器，表明那些车可用为作战的战车。

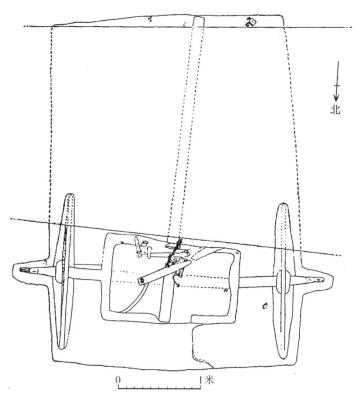

图五　安阳白家坟北地车马坑 M43 晚商战车

其余的马车没有放置兵器，有的车子装饰华美，如郭家庄 50 号车，车箱前栏的贴板和车箱底板都髹以红漆，靠前栏的栏板上还饰有上缀牙饰的

① 胡秉华：《滕州前掌大商代遗址》，《中国考古学年鉴（1996）》，文物出版社，1998 年，第 159～160 页。

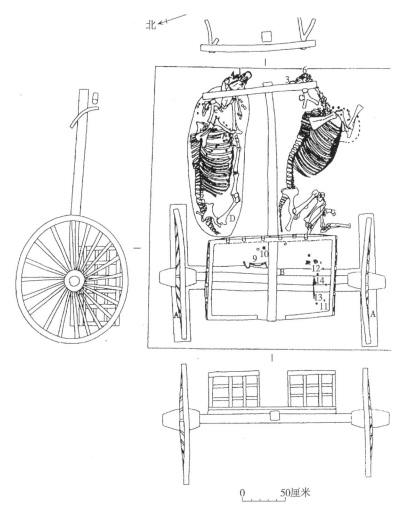

图六　安阳郭家庄车马坑 M147 晚商马车
12. 铜镞　13、14. 铜戈

红布，底板除髹漆外，还绘有黑红相间的纹饰，上面铺席，是一辆比较讲究的乘车。仔细观察这些供作战和用于乘坐的马车，看不出它们因使用功能不同而在形制结构方面有不同之处，可以认为，晚商的马车均一车多用，既可乘坐，又可用于田猎或作战。

　　马车内及附近出土的兵器，主要是弓矢和戈。弓矢是商代军中的主要远射兵器，能够保存至今的是箭上装的铜镞或骨镞。铜镞的形制相同，据大司空村 175 号、白家坟北地 43 号、郭家庄 147 号、梅园庄东南 41 号诸车所出，均为扁体双翼有铤镞（图七：1）。从大司空村 175 号、白家坟北地 43 号车内铜镞出土情况可知，以 10 镞为一组，将铤插入箭杆，然后用细绳绑缚。白家坟北地 43 号车出土的 10 支箭，是镞锋向下插置于圆筒形皮矢箙中。戈是诸车中出土的唯一一种格斗兵器，白家坟北地 43 号车所出为直内戈，郭家庄 146、147 号车所出 3 件铜戈均为銎内戈（图七：2、3），通长 23.5 ~ 25 厘米。没有在车马坑中发现过矛、钺等格斗兵器。戈虽是迄今发现数量最多的青铜格斗兵器，也可以说是商代军队必备的标准兵器，但目前在考古发掘中获得的戈秘长度都在 80 ~ 100 厘米左右[①]。这也可以从商代金文中执戈人形得到佐证，戈多仅及人体高的二分之一至三分之二，适于右手执戈、左手持盾步战格斗。目前在车马坑中没有发现矛，在田野考古中获得的矛远较戈为少，总数只及戈的三分之一强，且已获知矛柄长仅 140 厘米左右[②]，虽较戈略长，仍是适于步战格斗的兵器。在马车上发现的防护装具是盾，但考古发掘中发现过的皮甲和青铜胄也应能

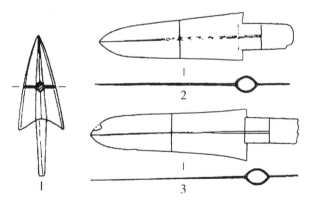

图七　安阳郭家庄车马坑 M147 出土铜镞和铜戈
1. 镞　2、3. 戈

---

① 殷墟西北冈第 1004 号墓发现的銎内戈，秘长为 100 厘米。1962 年发掘的大司空村 M21 中发现的中胡二穿戈，木秘也长 100 厘米，河北藁城台西 M7 出土銎内戈，秘长 87 厘米。参看杨泓《商代的兵器与战车》，载《中国商文化国际学术讨论会文集》，中国大百科全书出版社，1998 年。
② 安阳大司空村 312 号墓矛柄朽痕，约长 140 厘米。参看杨泓《商代的兵器与战车》，载《中国商文化国际学术讨论会文集》，中国大百科全书出版社，1998 年，第 360 页。

装备车上的战士。至于驾车的辕马，尚未发现有任何防护装具。

综上所述，可以看出马车到商代晚期才逐渐发达，所驾马数除一例外，都是双马，且当时乘车、田猎用车和战车没有明显区别，处于一车多用的初起阶段，缺乏专为作战而制作的战车。再看与马车同出的兵器装备，虽然已出现进攻性兵器中的格斗兵器戈、远射兵器弓矢、卫体兵器兽首短刀这种较为固定的组合关系，还配备有防护装具盾牌，但上述兵器组合用于车战尚欠完备，明显缺乏可供两车错毂格斗或在车上杀伤地面徒步敌军的长柄兵器，只有依靠弓矢远射作为杀伤敌人的有效手段。

分析目前所知资料，可得出以下几点认识。

第一，商代前期应已有以牲畜拖驾的车，可能已有马车①，但使用并不普遍。军队以步兵为主力，指挥战斗的将帅或身份高的贵族，可能利用牲畜拖驾的车为运载工具，乃至成为指挥中心，但不具备以成建制的战车兵为军中主力的条件。

第二，商代晚期马车制造工艺有很大发展，双马木车较多地用于军事，但缺乏适于作战的专用车辆，又未形成适于车战的组合兵器，所以战车兵并不发达，尚不足以从根本上改变商军以步兵为主的传统面貌，战车兵还难于成为克敌致胜的主力兵种。

战车兵不够发达，主帅自负，训练有素的兵员不足，诸多因素汇聚在一起，成为晚商军队致命的弱点。当周人及其盟军大军压境，会战于牧野时，面对以戎车三百乘为主力的周武王军队，商纣军难与对抗，终于难逃兵败覆亡的厄运。

---

① 偃师商城发现的车辙遗迹，虽难知是否以牲畜拖驾，但古史传说中，多有商人先祖始创以畜力驾车的记述。《世本》有"胲作服牛""相土作乘马"的记述，胲即王亥，为商先祖，相土亦商先祖，故商人当懂得驯牛、马以拖驾车子。可参看孙淼《夏商史稿》，文物出版社，1987年，第479～480页。另外，殷墟出土晚商马车的制作工艺已颇成熟，木车制作规范，表明在此之前应有较长的发展历程，并非突然出现，故商代早期应已有马车。殷墟所出车马，均出于大型祭祀遗址和墓葬所附车马坑。目前，偃师商城尚未进行有关上述遗迹及大型墓葬区的探掘。因此，早商马车尚待今后的考古新发现予以证实。

四

　　在《一论》中所能例举的西周马车实例，只有陕西长安张家坡①、北京房山琉璃河②、山东胶县西庵③三地出土的 6 乘马车。此后陕西、河南、北京等省市陆续发掘的多处西周的车马坑，近年已出版发掘报告，主要是1973～1977 年北京市琉璃河西周燕国墓地的发掘中出土的车马坑④、1974～1981 年发掘陕西宝鸡强国墓地出土的车马坑⑤、1983～1986 年陕西长安张家坡西周墓发掘出土的车马坑和随葬轮舆遗存⑥、1990～1999 年河南三门峡市西周虢国墓地发掘出土的车马坑⑦，这些报告刊出的西周马车超过 40 乘，还有许多随葬于墓中的轮舆遗存⑧。以西周马车与晚商马车相比较，可以看出以下不同之处。

　　第一是车前驾马的数量。除双马外，出现了在两匹服马左右两侧各增一匹骖马。张家坡第二号车马坑（168 号墓）的第一号车（图八）、长安普渡村车马坑（27 号墓）中的马车⑨、琉璃河 IM52CH1 车马坑中的马车（图九）、山东西庵车马坑中的马车，均前驾四马，它们都是西周早期的遗物，因此从不同省市的四处西周车马坑都存在四马木车来看，车前驾四马的马车当时普遍存在，并非特例。

① 中国科学院考古研究所：《沣西发掘报告——1955～1957 年陕西长安县沣西乡考古发掘资料》，文物出版社，1962 年。
② 中国科学院考古研究所、北京市文物管理处、房山县文教局琉璃河考古工作队：《北京附近发现的西周奴隶殉葬墓》，《考古》1974 年第 5 期。
③ 山东省昌潍地区文物管理组：《胶县西庵遗址调查试掘简报》，《文物》1977 年第 4 期。
④ 北京市文物研究所：《琉璃河西周燕国墓地（1973—1977）》，文物出版社，1995 年。
⑤ 卢连成、胡智生：《宝鸡强国墓地》，文物出版社，1988 年。
⑥ 中国社会科学院考古研究所：《张家坡西周墓地》，中国大百科全书出版社，1999 年。
⑦ 河南省文物考古研究所、三门峡市文物工作队：《三门峡虢国墓》第一卷，文物出版社，1999 年。
⑧ 张长寿、张孝光：《井叔墓地所见西周轮舆》，《考古学报》1994 年第 2 期。
⑨ 中国社会科学院考古研究所沣西发掘队：《1984 年长安普渡村西周墓葬发掘简报》，《考古》1988 年第 9 期。

0   10厘米

图八　长安张家坡第二号车马坑（168 号墓）第一号车

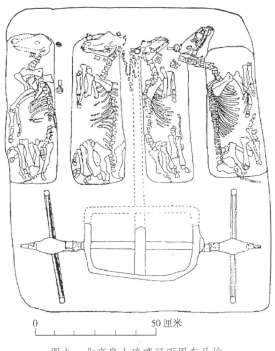

0   50厘米

图九　北京房山琉璃河西周车马坑

第二，在木车的细部结构上有许多改进。晚商车轮的轮毂都是木质的，到西周时则在车毂上附加铜饰。据学者分析，先是在车毂两端各加一个铜輨，铜輨上有钉孔，可以钉在木毂之上；以后除建辐的部分外，两侧各用輨、軎、軓三截铜饰分段套合；以后又将轮辐两侧的铜輨、軎、軓分别合铸成一整节。最后是整个车毂包括建辐的部分都由铜輨、軎、軓套合（图一〇），在上留出纳辐的凿孔[①]。车毂上加上铜饰，除美观外，主要是起加固作用，自比晚商车只用木毂牢固得多。

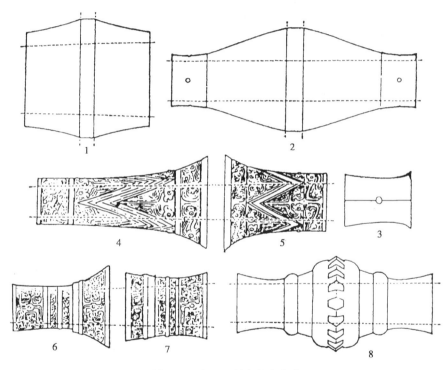

图一〇　商、西周车毂和毂饰
（引自《殷周车制略说》图二）
1. 安阳殷墟西区 M7　2. 长安张家坡 M168　3. 安阳殷墟西区 M701：75　4. 浚县辛村 M3：43
5. 浚县辛村 M3：42　6. 浚阳辛村 M5：24、25、26　7. 浚县辛村 M5：21、22、23　8. 浚县辛村 M1：2（以上均据报告数据参考图版绘图）

_____

① 张长寿、张孝光：《殷周车制略说》，载《中国考古学研究——夏鼐先生考古五十年纪念文集》，文物出版社，第 141～142 页。

西周车轮的轮径仍大致与晚商车轮近似。以长安张家坡井叔墓地出土西周轮舆为例①，发现车轮遗迹总数达 70 轮，其中能测知轮径、辐数的有22 轮，内有 2 轮直径为 135 厘米，其余 20 轮均为 140 厘米，仅此晚商车轮径平均值 136 厘米略大。但其轮辐有 16 轮为 22 辐，6 轮为 24 辐，明显多于晚商车轮通常的 18 辐。三门峡虢国墓地 M2001CHMK1 与 M2012CHMK2两座车马坑中共清剥出 32 乘车，能辨明轮辐的多在 22 辐以上。毂加铜饰而轮辐增多，车轮自更牢固耐用，也更增加了承载能力。

轴头所装铜軎，晚商多为长型，西周时虽也用长型，但开始出现短型軎，西周早期长、短两型并存。长安张家坡第二号车马坑（168 号墓）所葬二车，一乘用长軎木辖，另一乘用短軎铜辖②。以后用铜辖的短型軎日益流行，这型軎长度 10 厘米左右。轴头缩短，自使木车行驶时更为灵便。同时，由轴饰固定在轴上的伏兔，可以抵住轮毂，防止其内移，还可以缩小辕、轴相交处和辕与前后轸相交处挖槽的深度，从而增强辕、轴杆件的强度③。

第三，在马具方面，铜马镳也由晚商时期近方形的形制改成更简易实用的圆涡形。铜马衔日益普遍，仍为两个扁平"8"字形椭圆环互相套合而成，长度近 20 厘米。与衔、镳结合在一起的马络头也更加完善（图一一），有时还有配有贝饰或铜饰的笼嘴。

除了马车的改进以外，西周时期也已开始出现一些新兴的格斗兵器。在山东胶县西庵马车的车箱中，除远射兵器弓矢所用铜镞和近战格斗的铜戈外，新出现了铜戟。在三门峡虢季墓中，除各式铜戈外，伴出有 5 件铜矛，全长均超过 24 厘米，有宽叶与窄叶两种④。北京昌平白浮 M3 虽然没

① 张长寿、张孝光：《井叔墓地所见西周轮舆》，《考古学报》1994 年第 2 期，第 157 页。
② 张长寿、张孝光：《殷周车制略说》，载《中国考古学研究——夏鼐先生考古五十年纪念文集》，文物出版社，第 143 页。
③ 张长寿、张孝光：《殷周车制略说》，载《中国考古学研究——夏鼐先生考古五十年纪念文集》，文物出版社，第 161 页。
④ 河南省文物考古研究所、三门峡市文物工作队：《三门峡虢国墓》第一卷，文物出版社，1999年，第 79～86 页。

有车马坑附葬，但是墓内将大量的铜车器与兵器放置在一起，格斗兵器有戟、矛、戈和钺，卫体兵器有短剑，防护装具有铜胄和盾（仅存铜盾饰）[1]。

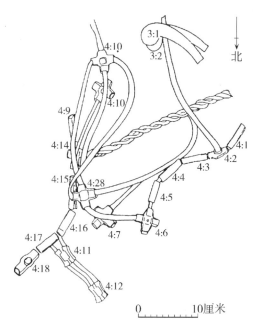

图一一　长安张家坡车马坑 M104 出土马络头结构图
3：1、3：2. 铜镳　4：1、3~5、9、11、12、15~17. 长条形铜泡　4：2、6~8、10、13、14、18. 十字形铜泡

此外，在长安普渡村第 18 号墓发现 42 件铜甲片，均为长方形，四角有穿孔，均厚 0.15 厘米，分为长短两式。其中长甲片 14 片，长 10.4、宽 4.05 厘米；短甲片 28 片，长 7.2、宽 4.2 厘米[2]。经复原研究，它们可能是连缀于皮革衬地上的遮护前胸和腹部的护甲（图一二），相当于汉魏时期两当铠的当胸部分[3]。普渡村西周墓出土的铜甲，使我们获得了有关中

---

① 北京市文物管理处：《北京地区的又一重要考古收获——昌平白浮西周木椁墓的新启示》，《考古》1976 年第 4 期。

② 中国社会科学院考古研究所沣西发掘队：《1984 年长安普渡村西周墓葬发掘简报》，《考古》1988 年第 9 期，第 775 页。

③ 白荣金：《西周铜甲组合复原》，《考古》1988 年第 9 期。

国古代确曾使用青铜制甲的重要信息①。

图一二　长安普渡村西周墓出土铜甲复原示意图

　　将有关西周马车与车战兵器装备同晚商马车与兵器装备对比，可以看出，战车与车战兵器有了很大的发展。

　　首先，增加了驾车辕马的数量后，一方面动力增加，可以加快车速，另一方面增强了战车的冲击能力。车轮毂装置铜饰，轮上增加轮辐数量；铜軎由长型改短型，并普遍使用铜辖，这都增强了木车的牢固程度，使车辆更灵活耐用。因此，西周的驷马战车的性能，远远超出晚商双马战车。

　　其次，车战用兵器组合逐渐形成，由长柄的戟、矛和短柄的戈相配合，初步形成适于错毂格斗的车战兵器组合。铜胄和铜甲的使用，增强了防护装具的功能。

　　驷马战车的出现和车战兵器组合的初步形成，使得战车兵在西周时期占据军队主力兵种的位置，逐渐步入中国古代车战的高峰期。

----

① 原简报中曾推测，山东胶县西庵马车箱内放置的兽面纹铜器是胸甲，见山东省昌潍地区文物管理组《胶县西庵遗址调查试掘简报》，《文物》1977 年第 4 期，第 68 页。也有人认为是盾饰，参看柴晓明《论商周时期的青铜面饰》，《考古》1992 年第 12 期，第 1117 页。

五

西周时开始在战场上显示出威力的驷马战车，到东周时成为各诸侯国军队的标准装备，战车的乘数成为一国军力大小的标志。自 20 世纪 50 年代考古工作者在河南辉县琉璃阁首次成功地剥剔了战国马车①以来，春秋至战国时期的车马坑不断被清理发掘。近年陆续出版正式报告的资料，主要有山西太原金胜村春秋赵卿墓车马坑②、山西侯马上马墓地春秋车马坑③、河南淅川下寺春秋楚墓车马坑④、河北平山三汲乡中山王墓车马坑⑤、湖北江陵九店战国车马坑⑥等。还有许多春秋、战国时期的马车坑，目前只发表了简报，其中最值得注意的有河南淮阳瓦房庄马鞍冢战国时楚国车马坑⑦和洛阳中州路战国车马坑⑧。前者出土了装有青铜护甲的战车；后者表明，强弩已成为车上装备的远射兵器。此外，还有一些有关战车的重要考古发现，提供了当时将士装备的成套皮甲胄及驾车辕马装备的皮马甲，还有车战的组合兵器及防护装具，以及有关战车的竹简简文，主要有湖北随州曾侯乙墓⑨、荆门包山楚墓⑩和江陵天星观楚墓⑪。有关的考古资料勾画出中国古代车战最兴盛时期战车和车战用兵器装备的大致面貌，值得注意以下问题。

---

① 中国科学院考古研究所：《辉县发掘报告》，科学出版社，1956 年。
② 山西省考古研究所、太原市文物管理委员会：《太原晋国赵卿墓》，文物出版社，1996 年。
③ 山西省考古研究所：《上马墓地》，文物出版社，1994 年。
④ 河南省文物研究所、河南省丹江库区考古发掘队、淅川县博物馆：《淅川下寺春秋楚墓》，文物出版社，1991 年。
⑤ 河北省文物研究所：《𰷡墓——战国中山国国王之墓》，文物出版社，1995 年。
⑥ 湖北省文物考古研究所：《江陵九店东周墓》，科学出版社，1995 年。
⑦ 河南省文物研究所、周口地区文化局文物科：《河南淮阳马鞍冢楚墓发掘简报》，《文物》1984 年第 10 期。
⑧ 洛阳博物馆：《洛阳中州路战国车马坑》，《考古》1974 年第 3 期。
⑨ 湖北省博物馆：《曾侯乙墓》，文物出版社，1989 年。
⑩ 湖北省荆沙铁路考古队：《包山楚墓》，文物出版社，1991 年。
⑪ 湖北省荆州地区博物馆：《江陵天星观 1 号楚墓》，《考古学报》1982 年第 1 期。

　　第一，东周时期的马车依使用功能不同已有所区别。中山王墓的车马坑中出土的马车，已可据其形制和装饰的不同，区分出华美的乘车、军事和田猎所用车①。因篇幅关系，本文不拟具体分析东周马车，只重点观察由河南淮阳马鞍冢出土的战车。在马鞍冢二号车马坑中的四号车，是一辆特征明显的战车（图一三）。该车轮径 136 厘米，32 辐，轴长 294、径 11

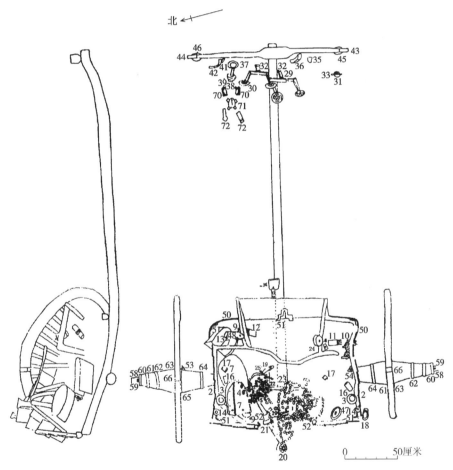

图一三　河南淮阳马鞍冢二号车马坑四号车

(车箱外表钉装青铜护甲板)

① 河北省文物研究所：《䥕墓——战国中山国国王之墓》，文物出版社，1995 年，第 514 ~ 516 页。

厘米，轨距 208 厘米，辕长 304 厘米，一衡二轭，车箱宽 142～148、进深 94～110、高 34.5 厘米，箱后开宽 48 厘米的车门。作为战车，它有两点突出之处。首先是在车箱外侧钉装青铜护甲，甲板每块长 13.6、宽 11.6 或 12.4、厚 0.2 厘米，共钉 80 块。其中 48 块分别钉装在左右两侧车箱后半部，每侧有 4 列，每列 6 块。另 32 块分别钉装在箱后车门两侧，每侧 4 列，每列 4 块。其次是增强了车毂外侧伸出部位的牢固性，从外向内套装有 4 道铜箍，箍上均有小孔，以便将其牢牢钉附于毂上，经过铜箍加固，可以增强战斗中错毂格斗时抗撞碰的牢固程度。

马鞍冢四号车主要是增强在战斗中战车的防护，保护乘员免受伤害以持续作战。洛阳中州路出土的战国时驷马战车（图一四），则着眼于增强战车的火力，将强弩装备于车上，弩力强劲，射程也较弓矢远得多，用于战车，自然极大地增强了远射能力。在车箱前挡板外侧，安装有一对带有错金银纹饰的铜承弓器（图一五：1），木车出土时，承弓器保留于原位，但当时发掘者误将其复原于弩臂前端①，当秦始皇陵一号铜车出土后，车箱挡板外侧装有承弩的双承弓器②，从而可以正确地复原中州路战国马车上承弓器的位置，明确其作用。该车装备的弩和箭仍保留在车箱中，弩除铜弩机和臂盖（图一五：2）外，木弩臂也存残痕，总长 54 厘米。弩箭 50 支，仅存铜镞及部分残杆。

此外，在陕西户县宋村春秋秦墓③和湖北随州战国曾侯乙墓都出土过前带矛刺的铜车軎，曾侯乙墓出土的一件连矛刺长 37 厘米④。但在已出土马车上，还没有见到过装有带矛刺车軎的实例。这种车軎装在轴头，可以在战车冲击时损伤敌方车毂，也可以杀伤徒步的士兵⑤。

---

① 洛阳博物馆：《洛阳中州路战国车马坑》，《考古》1974 年第 3 期，第 177 页图七。
② "承弓器"应名"弩辄"，见孙机《略论始皇陵 1 号铜车》，《中国古舆服论丛》，文物出版社，1993 年，第 19 页。
③ 陕西省文管会秦墓发掘组：《陕西户县宋村春秋秦墓发掘简报》，《文物》1975 年第 10 期。
④ 湖北省博物馆：《曾侯乙墓》，文物出版社，1989 年，第 322～325 页。
⑤ 孙机：《有刃车軎与多戈戟》，载《文物丛谈》，文物出版社，1991 年，第 42～50 页。

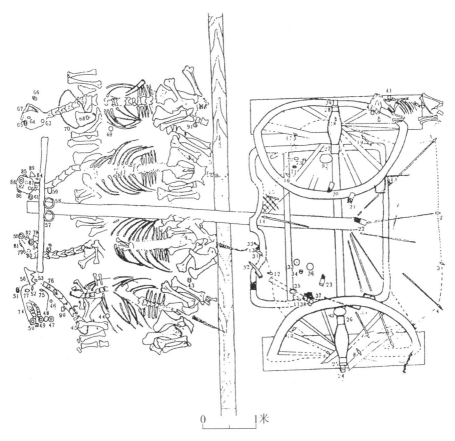

图一四　洛阳中州路战国车马坑
31、32. 铜承弓器　37. 铜镞　38. 铜弩机

　　第二，为了保持战车的战斗力，这时采取了有效地保护辕马的措施，制作了皮质的马甲和马胄。先是曾侯乙墓中发现了髹漆皮马甲，保存比较完整的是防护马头部的马胄。马胄是用整块皮革横压而成，鼻脊近平，顶部正中压出圆涡纹，两侧开出耳孔和目孔，鼻部也有透孔，两腮压成凸出的云纹状腮护。皮胄内外均髹黑漆，上绘有朱红、金黄等色纹饰，细致精美。马甲虽有保存，但散乱残损较甚。后来在荆门包山楚墓又出土有皮马甲，保存较完好，可进行复原。包山马甲的马胄，是由顶梁片、鼻侧片、面侧片共 6 片甲片组成。马甲胸颈部分由 25 片甲片组成，分 5 列，每列 5 片。身甲由 48 片甲片组成，左右对称，各分 4 列，每列 6 片，特殊部位的

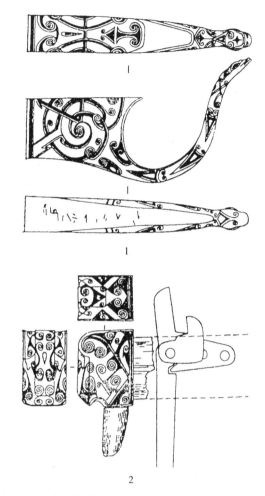

图一五　洛阳中州路战国车马坑出土铜承弓器和弩机
1. 承弓器　2. 弩机

甲片形制不同。复原后马胄长 66、最宽处 74 厘米，胸颈部分长 70、最宽处约 60 厘米，身甲长 130、每侧宽约 60 厘米①。辕马披上这种皮马甲，可以有效地保护头、颈和躯干，免遭敌方矢石损伤，从而保证战车正常进行战斗。但目前还没有发现以金属制作的供战车辕马使用的铠甲。

　　第三，车战使用的成组兵器已颇完备，曾侯乙墓出土的兵器可为典型

---

① 白荣金：《包山楚墓马甲复原辨正》，《文物》1989 年第 3 期。

代表，出土的装长柲的格斗兵器有矛、戟、殳，装短柲的格斗兵器有戈。矛共有 49 件，除 1 件短粗矛全长 225 厘米外，余皆全长 418～436 厘米。戟有 30 件，分三戈有刺、三戈无刺和双戈无刺 3 型，全长 325～340 厘米。殳 7 件，全长 327～340 厘米。晋殳 14 件，全长 312 厘米。戈 66 件，全长127～133 厘米。这些格斗兵器的长度比例，大致与《考工记》相对应。可以看出，全长超过 300 厘米的矛、戟、殳，均适于在战车上两车错毂时格斗。只有短柲的戈仍保持商殷以来的传统长度，难于错毂格斗，仅能在车毁后近战格斗或下车步战时才能发挥杀敌效能。上述成组合的格斗兵器配合远射的弓矢，使车战兵器臻于完备。防护装具是盾和皮甲胄，曾侯乙墓出土的成套皮甲胄已有多领被剥剔复原。但是目前缺乏这一时期青铜甲胄的资料。

十分明显，专用于作战的战车和完备的车战兵器装备，正反映着当时车战兴盛的史实，但是当车战达到它的历史高峰时，也孕育着导致其衰亡的因素。钢铁兵器和防护装具的出现、步兵的复兴和骑兵的兴起，逐渐改变战国晚期军队的面貌，最终导致车战的衰微，驷马木制战车和与之配合的成组青铜兵器，虽然延续到秦和汉初，但终将退出战争舞台，让位于骑兵和步兵为主力的新型军队。

（原载《故宫博物院院刊》2000 年第 3 期。后收入《中国古兵与美术考古论集》，文物出版社，2007 年）

表一　商代晚期马车统计表

顺序号	出土地点	坑号	轮径	辐数	轨距	轴长	轴径	箱(舆)广	进深	高	辕轷长	辕轷径	衡长	驾马数	殉人数	车内遗物及其他	出处
1	大司空村	175	146	18	215	300	4.1~7	94	75	?	280	11	120?	2	1	石戈、铜斨、铜镞22、骨镞10、铜弓形器2	第481页注②
2	孝民屯南地	1	122	?	240	310	5~8	134	83	40?	268	5~6×7~8	?	2	1		第481页注③之1
3	孝民屯南地	2	122	26	?	190+	5~8	100	?	41	260+	6~7×5~9	?	2	—	右箱板外贴铜弓形器	同上
4	大司空村	392	133~144											2	1	铜戈、弓形器、兽头、短刀、镞、策柄	第478页注①之2
5	孝民屯南地	7	?	22	217	306	13~15	129~133	74	45	256	9~15	110	2	1		第481页注③之2
6	白家坟北地	43	134~147	18	223	309	9.5~10	137	73	22+	292	10	?	2	—	皮矢箙(内铜镞10)、铜戈2、弓形器	第481页注⑤
7	白家坟北地	151	139	18	?	?	?	?	?	?	?	?	?	2	—		同上
8	孝民屯东南地	698	140~156	18	240	298	10	?	?	?	?	?	?	2	1	(位于墓道内)	同上
9	孝民屯南地	1613	126~145	18	224	294	10	150	107	45	290	12~13	113	2	—	(¹⁴C树轮校正第3225±145年)	第481页注③之3
10	大司空村	755	130?	?	?	220?	18							2	1		第478页注①之2

河南安阳殷墟

续表

顺序号	出土地点	坑号	轮径	辐数	轨距	轴		箱（舆）			辕轫		衡长	驾马数	殉人数	车内遗物及其他	出处
						长	径	广	进深	高	长	径					
11	大司空村	757	140？	20	？	274	12	？	100	44	292	12	？	2	—		同上
12	郭家庄	52	134～150	18	230	308	10～12	142～146	93～103	50	261（直）268（曲）	8.2～12	216	2	2	（髹漆、画黑红纹饰、底板铺席）	第481页注⑥
13	郭家庄	58	？	？	？	？	？	？	？	？	？	？	？	残杆1	—		同上
14	郭家庄	146	120～141	16	223	300～312	10～12	168～172	106～109	47～49	266	11.5	220	2	—	铜戈、车箱前填土出铜镞	同上
15	河南安阳殷墟 郭家庄	147	123～142	20	226	308～312	12	149～151	90	48～49	272	11	140	2	—	铜戈2、镞12、弓形器	同上
16	梅园庄东南	40南	137～149	18	240	310	8～10.5	134～146	82～94	39～50	227（直）265（曲）	8	114	2	2	石锤	第481页注⑦
17	梅园庄东南	40北	？	？	？	235+	5～7.5	105～132	20+	30～41	120+8	7.5-8	98+	—	—		同上
18	梅园庄东南	41	139～142	18	217	305	9～10	128～144	70～75	43～44	205（直）280（曲）	11	123+	2	1	铁镞、刀、弓形器、铲、凿、策、石锤	同上
19	陕西西安老牛坡	27	140	16	225	315	？	160	72	14+	240	7	？	2	—	（漆皮）	第478页注③

中国古代甲胄续论

　　自 1976 年发表关于中国古代甲胄的论文①，迄今已有 25 年，换句话说，是过了近四分之一个世纪。回想当年刚从"五七干校"返京而未被允许正常工作的困难时刻，能够得到夏鼐先生的指导，写出论文初稿以后，又蒙先生仔细批改，才得以完成。在当时的环境下，我并没有想到那篇论文有发表的可能，但由于偶然的机会得以在《考古学报》刊出，从而将自己推到一条陌生的学术道路上去，继续探寻中国古代兵器产生、发展、成熟的历史。

　　随着文物考古工作的不断发展，有关中国古代甲胄的考古资料不断有新发现，因此在出版《中国古兵器论丛》的增订本时，补充了一篇《中国古代甲胄的新发现和有关问题》②，至今又过了近 15 年。其间又有许多有关中国古代甲胄的考古新发现，同时对出土金属甲胄资料的金相鉴定也获得许多重要成果，对出土甲胄标本的形貌复原和编缀技术的探究，也在白荣金的努力下取得可喜的成绩③，因此，有必要对中国古代甲胄作补充叙述。

---

① 《中国古代的甲胄》分为上篇和下篇，分别刊登于《考古学报》1976 年第 1 期和第 2 期。后经修改，收入《中国古兵与美术考古论集》，文物出版社，2007 年。

② 杨泓：《中国古兵器论丛（增订本）》文物出版社，1985 年，第 233～248 页。

③ 白荣金先生最早参加的出土古代甲胄复原工作，是河北满城西汉刘胜墓出土铁铠，见由他执笔的《满城汉墓发掘报告》附录二《铁铠甲的复原》，文物出版社，1980 年，第 357～369 页。以后又负责复原湖北随州战国曾侯乙墓出土皮甲胄、山东西汉齐王墓随葬坑出土铁铠和兜鍪、广州西汉南越王墓出土铁铠、吉林榆树老河深墓地铁铠和兜鍪、河北临漳邺南城出土的北朝铁铠和兜鍪等工作，取得极大成就。近年他署名发表的甲胄复原文章主要有《西周铜甲组合复原》，《考古》1988 年第 9 期；《包山楚墓马甲复原辨正》，《文物》1989 年第 3 期；《西安北郊汉墓出土铁甲胄的复原》，《考古》1998 年第 3 期；《汉代考古发现的铠甲及复原研究》，载《"迎接二十一世纪的中国考古学"国际学术讨论会论文集》，科学出版社，1998 年，第 286～297 页。有关甲胄复原及具体编缀技术等情况，请参阅白荣金上列文章，本文从略。

一

关于青铜时代的甲胄的考古新发现，应予重视的有青铜甲胄资料的发现、髹漆皮甲胄的新发现与复原以及马甲的发现和复原等几项。

在 20 世纪 70 年代以前，商代的青铜胄只有河南安阳殷墟发掘中出土过，主要发现于 1004 号大墓，数量不少于 141 件。流传于世的商代青铜胄，也传为安阳出土物。70 年代以来，不断有新的发现，发现商代青铜胄的省份已不限于河南，在山东、江西、山西等省都有出土。

江西新干大洋洲商墓出土的 1 件青铜胄，前额铸成兽面纹样，顶设竖直的缨管，高 18.7 厘米，重 2210 克（图一），其大小重量及形制大致与殷墟出土青铜胄接近，但是纵向脊棱较为突出①。山东滕州商墓出土的青铜胄，随葬于第 11 号墓中，多达 13 件，其形制与殷墟青铜胄有些区别，系

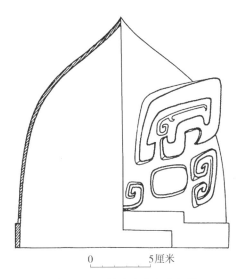

0   5厘米

图一 江西新干商墓出土铜胄
（引自《新干商代大墓》图五九）

---

① 江西省文物考古研究所、江西省博物馆、新干县博物馆：《新干商代大墓》，文物出版社，1997 年。

由青铜胄脊梁和皮革胄体结合而成。自胄顶纵向伸向前后的宽脊梁以青铜铸制，有的脊梁前当额部分铸成兽面纹样；脊梁两侧胄体以皮革制作，并在双耳处嵌以青铜铸的圆形耳护。有些胄的下缘缀护以兽牙制成的长方形甲片①。这些青铜胄看来也不是一般战士的装备，可能是当地方国统治者所使用的防护装具。此外，还从山西柳林县高红出土过 1 件商代的青铜胄，它的外貌与上述商代青铜胄有些不同。这件青铜胄两侧垂下护耳部分，脊部有纵置方组②，具有浓郁的地方特色，可能与北方游牧民族有关。

遗憾的是，还没有获得任何表明商代曾使用过青铜甲的考古发现。但是已在西周时期的墓葬里发现了当时曾经使用过青铜甲的踪迹。过去曾经依据山东西庵西周车马坑发掘简报③，推测车上出土的青铜兽面是一种整片的胸甲④，但仅是推测，缺乏确实的证据，它也可能是盾饰或马冠⑤。但是到 20 世纪 80 年代初，在陕西长安普渡村和张家坡的西周墓中，先后发现两项与青铜甲有关的遗物。在张家坡 M170 号井叔墓东侧棺椁之间，陈放有铜钺、戈等兵器以及盾和铜甲等防护装具，铜甲由半月形铜泡排成横列、贴附在布帛或皮革上组成，每列半月形铜泡 5 枚，共 12 列⑥。衬皮表面涂朱色颜料，衬皮上钉有铜质边框，边框上等距离饰有扣形玉饰（图二）。经连接复原成布满半月形铜泡的长方体，总长度约为 110 厘米、宽 29 厘米，推测或许是围护胸腹的防护装具⑦。在普渡村 M18 椁室内人骨架脚端和腓骨附近出土 42 件铜甲片，均为长方形，四角有穿孔，厚度均为 0.15 厘米。分为长短两种式样。长甲片 14 片，长 10.4、宽 4.05 厘米；短甲片 28 片，长 7.2、宽 4.2 厘米（图三）。甲片表面光洁，背面有附着物

---

① 详见《滕州前掌大遗址有重要发现》，《中国文物报》1995 年 1 月 8 日。
② 杨绍舜《山西柳林县高红发现商代铜器》，《考古》1981 年第 3 期 211～212 页。
③ 山东省昌潍地区文物管理组：《胶县西庵遗址调查试掘简报》，《文物》1977 年第 4 期。
④ 参看《文物》1977 年第 5 期 84 页图三。
⑤ 柴晓明：《论商周时期的青铜面饰》，《考古》1992 年第 12 期。
⑥ 中国社会科学院考古研究所沣西发掘队：《陕西长安张家坡 M170 号井叔墓发掘简报》，《考古》1990 年第 6 期。
⑦ 白荣金：《长安张家坡 M170 号西周墓出土一组半月形铜件的组合复原》，《考古》1990 年第 6 期。简报称甲泡为 12 列，白文为两组计 13 列。

的痕迹，原是按一定规律编缀在附着物之上的①。经复原研究，可能是连缀于皮革衬地上、遮护前胸和腹部的护甲②，相当于汉魏时两当甲的当胸部分。普渡村西周墓出土的由铜甲片编组的铜甲，使我们获得了有关中国古代确曾使用青铜制甲的信息。

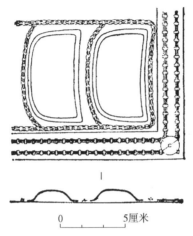

0　　　　5厘米

图二　陕西长安张家坡西周井叔墓出土的半月形铜件组合复原的铜甲边角局部
（引自《考古》1990 年第 6 期第 562 页图八）

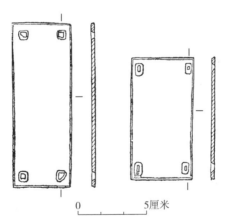

0　　　　5厘米

图三　陕西长安普渡村西周墓出土铜甲片
（引自《考古》1988 年第 9 期第 775 页图八）

---

① 中国社会科学院考古研究所沣西发掘队：《1984 年长安普渡村西周墓葬发掘简报》，《考古》1988 年第 9 期。
② 白荣金：《西周铜甲组合复原》，《考古》1988 年第 9 期。

　　虽然西周时确曾用青铜材质的护甲，但中国青铜时代以车战为主的军队装备的个人防护装具主要是髹漆皮甲胄，仍是不争的事实。因此直到《考工记》成书时，记述甲胄制作技术的"函人为甲"中叙述的都是皮甲。早在20世纪50~60年代，已在湖南等地的东周墓中不断发现皮甲实物，左家公山54·长·左15号墓还发现过保存颇完好的卷放的皮甲，但是一直缺乏复原研究。直到湖北随州战国曾侯乙墓发掘中获得了数量较多且保存情况较好的髹漆皮甲胄标本①，并进行了仔细的揭取复原研究以后②，才使先秦的皮甲胄的面貌呈现在今人面前。

　　这些皮甲胄的皮胎，为未加工成革的生皮。皮胎外髹黑漆或深褐色漆，一般要髹二至三层。有的甲片先髹红漆，上面再髹黑漆。用宽0.6~0.8厘米的丝带编联成甲，丝带用朱砂染成朱红色，正是古代文献中所记的"组甲"③。至少清理出13件皮甲，并多带有皮胄。此外，还清理出马胄和马甲，有的马胄和马甲上不仅髹漆，还绘有精美的装饰图案。

　　由已复原的皮甲胄来观察，当时的制作工艺相当规范，据保存比较完整的3件，可知皮甲都是由甲身、甲裙和甲袖三部分构成，并都配有1件由甲片编缀的皮胄，合成一套完整的皮甲胄。甲身由胸甲、背甲、肩片、肋片及甲领组成，胸、背、肩、肋的甲片系固定编缀，随着所在部位不同而形状各异，编好后，全形类似"背心"状，再在肩片上缘编联向上斜张的大型甲领。甲裙一般由4排甲片编成，每排横联14片，甲片上窄下宽，略呈梯形，作固定编缀，由左向右依次叠压，形成口窄底阔的圆圈形状。各排甲片的大小稍有不同，下排的甲片比它上一排的尺寸略大，其圈口上缘正好套住上排圈口的下缘，然后通过甲片居中的一组穿孔作活动编缀，

---

① 湖北省博物馆：《曾侯乙墓》，文物出版社，1989年。

② 湖北省博物馆、随县博物馆、中国社会科学院考古研究所技术室：《湖北随县擂鼓墩一号墓皮甲胄的清理和复原》，《考古》1979年第6期。

③ 关于组甲，见《左传》襄公三年，楚国子重伐吴，"使邓廖帅组甲三百，被练三千，以侵吴"。关于"组甲"和"被练"的考证，可参看杨伯峻《春秋左传注》第925页，中华书局，1981年。对此我在《中国古兵器论丛（增订本）》第242页曾予引述，后来在1989年出版的《曾侯乙墓》中也有同样的引述，见该书第351~352页。

因此下圈甲裙可以向上推叠至上圈甲裙的外侧，使披甲的战士弯身时，得以俯仰自如。甲袖由较小的半弧形甲片编成，多用上下 13 排甲片联成整只甲袖，每排甲片横向作固定编缀，大致构成下面不封口的圆环状，除最下面相当袖口处的一排外，其余各排所用甲片数量相同，有的皮甲用 4 片，也有的用 7 片。最上面肩部的一排甲片尺寸最大，向下各排依次减小。然后把各排之间做活动编缀，形成上大下小可以伸缩的袖筒。再将左、右两只甲袖与甲身左、右的肩片联缀在一起，构成完整的皮甲。

皮胄亦由各式甲片编缀而成，顶部居中是纵向凸起的脊棱，两侧各联结一个半球状的顶片，构成圆顶。前额缀一倒"凹"字形的甲片护额，自颜面两侧向后悬垂两排胄片，用来遮护双耳和脖颈。清理时，曾据Ⅲ号甲胄对所用甲片进行过分类，把它们划分为 A～W，共 23 型。其中 A～L 型共 12 型 25 式，183 片组合成皮甲；M～W 型共 11 型 14 式，18 片组合成皮胄。复原以后，这件皮甲从领缘至裙底高约 84、肩宽 48、胸围 119、袖长 40、裙底围 156 厘米，它可以有效地防护战士躯体自颈至膝的各部位，长而厚重的甲裙，不利于长程步行战斗，而适用于站立在战车上作战。

发掘曾侯乙墓以后，继续在湖北、湖南、河南等地的东周墓中发现过髹漆皮甲胄，其中以在湖北江陵天星观 1 号墓[1]和荆门包山 2 号墓[2]出土的髹漆皮甲胄保存较为完好，可以进行复原研究。经过复原以后，可以看出，天星观 1 号墓和包山 2 号墓随葬的髹漆皮甲胄，从形貌到制作工艺都大致与曾侯乙墓皮甲胄相同，只是天星观 1 号墓的皮甲没有甲袖，也没附皮胄，而且在皮甲片内附有木胎，这是只有这里出现的特殊做法。包山 2 号墓出土的皮甲则除一些细部外，全与曾侯乙墓皮甲相同，具有甲身、甲裙和甲袖，并有大型甲领，也附有由皮甲片编缀而成的皮胄。复原后，皮甲长约 96、胸围 126、袖长 56.8 厘米，编组甲胄亦用丝带（图四）。

---

① 湖北省荆州地区博物馆：《江陵天星观 1 号楚墓》，《考古学报》1982 年第 1 期。
② 湖北荆沙铁路考古队：《包山楚墓》，文物出版社，1991 年。

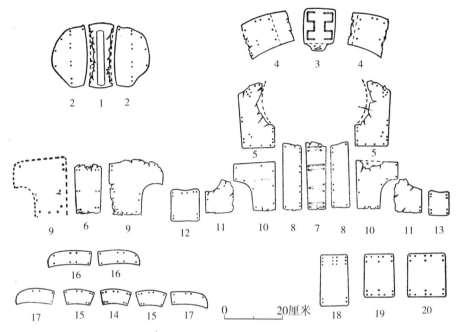

图四　湖北包山 2 号楚墓出土皮甲胄、甲片（M2：382）

1. 胄顶梁片　2. 胄顶侧片　3. 大领中间片　4. 大领侧片　5. 肩甲片　6. 胸中片　7. 背中片　8. 背中侧片　9. 胸侧片　10. 背侧片　11. 胸背外侧片　12. 左肋间片　13. 右肋间片　14. 袖中间片　15. 袖内侧片　16. 袖肩外侧片　17. 袖外侧片　18. 窄长方形裙甲片　19. 长方形裙甲片　20. 方形裙甲片（引自《包山楚墓》图一三九）

其余各处出土的皮甲，均已散乱无法复原，但从残存甲片的形制观察，也都与曾侯乙墓皮甲的甲片相同。由此可以看出，东周时期南方系统皮甲胄有着大致相同的形制和工艺规范，曾侯乙墓皮甲胄可视为代表①。还应看到，在曾侯乙墓Ⅲ号皮甲胄所用 23 型共 39 式甲片中，除了裙片和袖片的横排甲片基本相同外，其余部位的甲片外形和大小多有差别。制作时，需要用多种金属模具来加工。据统计，至少甲身片需 19 副模具、甲裙片需 4 副模具、甲袖片需 5 副模具、胄片需 18 副模具，总计需 46 副之多，工艺相当复杂。这一方面表明，当时已拥有技术熟练的专门工匠，甲胄制造业已经具有一定规模。另一方面，由于各部位的甲片形状、尺寸不同，

————————————

① 在曾侯乙墓出土的记载丧仪所用的车马兵甲的竹简中，提到甲的名称有"吴甲"和"楚甲"等类，至于现在已清理复原的皮甲胄属于哪一类，尚难确定。

因此不能互相代替。这不但使甲胄制作费工费时，而且战斗中如有部分损坏，极难及时修配。甲胄所用甲片的形制如此缺乏标准化和统一化，又表明当时甲胄制作工艺处于发展期，距成熟期还有相当的距离。这种现象的出现，也是与当时的政治形势和军队组织相关联，由于全中国当时分割成各自独立的诸侯国，自然影响了甲胄工艺的发展和技术交流。使用髹漆皮甲胄的是战车上的车士，他们的身份都在士以上。随葬有髹漆皮甲胄的墓中所葬死者多为贵族高官，曾侯乙更是小国的最高统治者。同时，还有以金属饰片装饰皮甲片的实例被发现。例如，湖北当阳曹家岗 5 号墓出土多达 193 件贴饰于皮甲片上的金属饰片①，其中有以金箔或银箔制作，也有以锡、铅、铜、硅、铋金属及非金属成分的合成物所制作，可辨识出 68 种不同形式及花纹，纹饰以蟠龙为主体，还有三角纹、兽形纹等，饰在皮甲片上显得极为华美。这些都表明，制工精美的髹漆皮甲胄，是为高级贵族准备的防护装具，因此制作时不怕费工费时。当时人们并未认识到甲片的标准化和统一化的重要性，大规模生产自然难以被提到日程上来。

关于先秦时期战车辕马披挂的马甲实物，在 20 世纪 70 年代以前还没出土过，因此当时无法论述，只能就《诗·秦风·小戎》和《诗·郑风·清人》中关于"俴驷"和"驷介"的诗句，提出当时是否存在金属马甲是值得继续寻求实证的问题。20 世纪 70 年代以后，首先在曾侯乙墓中清理出髹漆皮马甲，虽然复原整领马甲尚有困难，但防护马头部的皮马胄保存较完好。综观已复原的皮马胄，是用整块皮革模压而成，鼻脊近平，顶部正中压出圆涡纹，两侧开出耳孔和目孔，两腮压成凸出的云纹状腮护。皮胄表里均髹黑漆，上有以朱红、金黄等色绘出的纹饰，有蟠曲的龙、兽，也有纤细的勾连云纹等图案，均极细致精美（图五）。

至于皮马甲，仅能复原部分马颈甲和身甲。颈甲的编缀方法近于人甲的甲袖，由 5 排甲片编成，每排 5 片，作固定编缀，然后上排压下排，作活动编缀，可套护住马的胸颈（图六）。身甲有 1 件保存稍好，分左右两

---

① 湖北省宜昌地区博物馆：《当阳曹家岗 5 号楚墓》，《考古学报》1988 年第 4 期。

部分，每部分由 4 排、每排 6 片组成呈长方形的护甲，因留有一圆穿孔，故在其上覆盖由 3 片甲片组成的圆盖，所以共用甲片 27 片，左右两部分合起来，全副身甲共用 54 片。编成后约横宽 115、高 65 厘米，可以遮护马的躯体（图七）。目前这件甲片缺失较多，左边仅存 14 片，右边存 19 片。

图五　曾侯乙墓出土 XIX 号马胄上的花纹
（引自《曾侯乙墓》图二一二）

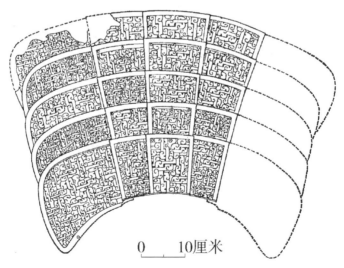

0　　10厘米

图六　曾侯乙墓 IV 号马胸颈甲图
（引自《曾侯乙墓》图二一〇）

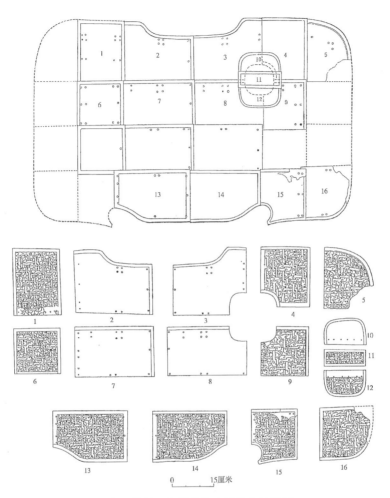

图七　曾侯乙墓Ⅳ号马身甲及其拆开图
（引自《曾侯乙墓》图二一一）

后来在包山 2 号墓发掘中又获得了保存较完整的皮马胄和马甲，马胄亦以皮甲片编缀，由顶梁片、鼻侧片和面侧片共 6 片皮甲片组成（图八）。马甲胸颈部分由 25 片甲片组成，分 5 排，每排 5 片。身甲由 48 片皮甲片组成，亦分左右对称的两部分，各为 4 排，每排 6 片，特殊部位的甲片形状也有区别。复原后马胄长 66、最宽处 74 厘米，胸颈部分长 70、最宽处约 60 厘米，身甲长横宽 130、高约 60 厘米。拖驾战车的辕马披上厚重髹漆皮甲（图九），可以有效地护卫它的头、颈和身躯，避免敌方兵器的伤害，

使战车发挥威力。但是到目前为止，还没有关于金属马甲的考古发现，尚
待今后继续探寻。

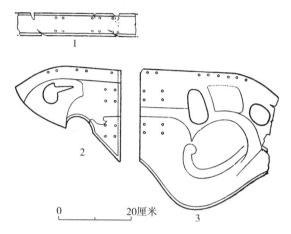

图八　包山 2 号楚墓出土皮马胄（2：381）
1. 顶梁片　2. 鼻侧片　3. 面侧片
（引自《包山楚墓》图一四一）

图九　包山 2 号楚墓出土马胄、马甲复原图
左为《包山楚墓》报告复原图（引自《包山楚墓》图一四五），右为白荣金复原图（引自
《文物》1989 年第 3 期第 74 页图七）

　　过去我曾指出：中国古代甲胄的发展期，亦即青铜时代的甲胄，在采
用新的原材料方面虽有进展，但是作用并不突出。而在制造工艺的变革方
面，也就是皮质甲胄制造工艺日益提高方面，所起的作用是巨大的。从考

古发掘所获得的资料看，青铜甲胄很稀有，而大量发现的是制工精致的髹漆皮甲胄。看来主要是由于在当时以车战为主的战争中，皮甲胄和巨大的盾牌相配合，可以有效地防御青铜兵器进攻的缘故。在考古发掘中，皮甲胄正是经常与成组的供车战用的青铜兵器以及成套的青铜车器伴同出土的①。现在看来，确是合于历史实际的。

二

有关秦代甲胄的资料，近年来也有重要的考古发现。1998 年，在秦始皇陵园内发现一座大型陪葬坑（K9801），总面积达 13000 多平方米。在已试掘的 153 平方米面积内，出土了大量石质铠甲模型。据不完全统计，至少已清理出石铠甲 87 件、兜鍪（胄）43 件和马甲 1 件。这些石质甲胄模型，工艺颇为精细。是将石材模拟真实铠甲的甲片，制成同样尺寸、同样形状的石甲片，也按真实甲片上的同样位置钻孔，然后以扁铜丝联缀成整领铠甲和兜鍪，编缀工艺也全依真实铠甲的工艺规程。现在至少已从坑中提取了 2 件石铠甲和 1 件石兜鍪，还对 1 件石马甲作了推测复原示意图②。在 K9801 被发现以前，我们仅能从秦代陶俑身上塑出的铠甲去推测秦甲的形制和特点。另外，秦俑因葬仪的缘故而没有塑出胄（兜鍪）③，有人就相信战国时说客的说辞，以为秦军作战时真不戴胄。这次获得大量与实物大小、形制相同的石质模型，能使我们对真实的秦代铠甲有进一步了解，特别是出土了数量较多的石兜鍪，更全面反映出秦军防护装具的真实面貌。

由于 K9801 号大型陪葬坑的发掘清理工作还在进行中，已发现的石甲胄多保留在原位置，仅提取了少量标本进行分析复原，因此，发掘者只能在报告中对其作大概统计和分析。报告中将编缀铠甲用的甲片分为五类。

---

① 参看《中国古兵器论丛（增订本）》，第 243 页。
② 始皇陵考古队：《秦始皇陵园 K9801 陪葬坑第一次试掘简报》，《考古与文物》2001 年第 1 期。
③ 关于秦俑头上没有戴胄的问题，参阅拙著《古兵二题》的"免胄"一节，载《华学》第 4 辑，紫禁城出版社，2000 年，第 43~45 页。

第一类为长方形甲片，分为二型；第二类为方形甲片；第三类为等腰梯形
甲片；第四类为鱼鳞形甲片，可分三型；第五类为不规则甲片，其中有靴
形甲片、直角梯形片、凸弧刃形片、尖尾近长方形片等，多用于领口、腰
肋、下底边缘等特殊部位。编缀兜鍪（胄）的石甲片有两大类，第一类甲
片表面带有明显凸起或凹下的弧度，可分为八型；第二类甲片表面基本上
为平面，可分为二型。马甲用甲片初步分为三类，第一类为长方形甲片，
可分二型；第二类为弧刃形甲片；第三类为近方形甲片。报告中又将铠甲
分为两类，第一类为主要以长方形或方形石甲片编缀成的札甲（图一〇），
又分为四型；第二类为鱼鳞甲，编缀时上下两排甲片相互错置似鱼鳞，故
名，目前仅见两件。兜鍪（胄）分为两类。分别由第一类兜鍪石甲片（图
一一）、第二类兜鍪石甲片编缀而成。马甲仅见一例，经复原，可能为驾
战车辕马所用护甲（图一二）。由于清理发掘工作仍在进行中，随着工作
的新进展，有关甲片类型和甲胄类型的分析会有新的研究成果，目前我们
只能据已公布的成果，检讨过去对秦代甲胄所作的分析，有一些新认识。

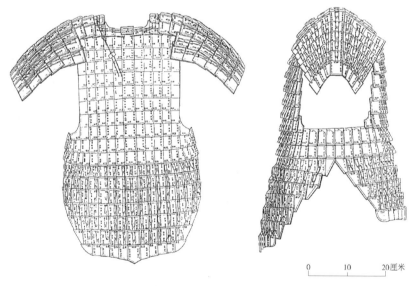

0　　　10　　　20厘米

图一〇　秦始皇陵 K9801T2G2 甲 1 复原图

左为正视，右为侧视

（引自《秦始皇帝陵园考古报告（1999）》图三六）

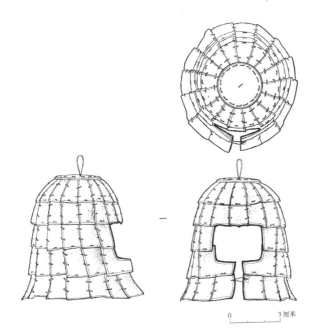

图一一　秦始皇陵 K9801T4G1 胄 1 复原图

下右为正视图，上为俯视图，下左为侧视图

（采自《秦始皇帝陵园考古报告（1999）》图四七）

图一二　秦始皇陵 K9801T5G1 马甲推测复原图

（引自《秦始皇帝陵园考古报告（1999）》图四一）

过去依据始皇陵秦俑坑出土的陶俑身上塑出的铠甲，其中绝大多数的甲片厚大，形制近于楚地战国皮甲，故推知所模拟的实物应为皮甲。只有少数身份较高的可能模拟指挥人员的陶俑所披甲，甲片较小，编缀细密，可能模拟金属甲片，但也没有考虑与铁铠相联系。同时，结合秦俑坑中出土兵器，绝大多数是青铜制品。因此认为，在战国晚期，钢铁兵器和防护装具虽在燕楚地区发现较多，但青铜兵器和与之相配合的皮质甲胄，在各国的军事装备中仍占据着主要的位置，尤其是军事实力最强的秦国更是如此，秦俑坑的发掘资料，正说明了这一情况①。但是当观察 K9801 中的石甲胄以后，情况发生了变化。首先可以看出，同类的石铠甲和陶俑身上塑出的铠甲，所使用的甲片尺寸有所不同，石甲片小而陶俑铠甲的甲片大得多。例如陶俑所披二型铠甲，与石甲胄中占 60% 的三型铠甲（以 K9801T2G2 甲 1 为代表）相同，但所用甲片明显小得多。以身甲的甲片为例，陶俑所披二型铠甲上下共 4 列，而三型石铠甲则用上下共 11 列。又如披膊所用甲片，陶俑二型铠甲用上下 3 列甲片，石铠甲则用上下 6 列。石铠甲明显较陶俑铠甲结构细密，石铠甲虽亦为模型器而非实用品，但应较陶俑更能反映出秦军防护装具实貌。最值得注意的是模拟鱼鳞甲等的石铠甲片，形制轻巧，明显是模拟金属甲片。尤其是报告中的四类一型石甲片，一端平直，另一端弧曲，全形近似舌形，一般纵长 4.3、宽 3.2、厚 0.6 厘米，多数穿孔 12 个，其尺寸和形貌都近似于西汉时期的第二类二型铁铠甲片②，似不能排除这类石甲片是模拟铁铠甲片的可能性。

过去仅据秦俑坑大量出土的青铜兵器去推断秦军装备的实战兵器的材质，明显不够全面。特别是在 1999 年秦始皇陵园内发掘的另一座陪葬坑（K9901）中，清理出的兵器除铜镞（有的带有铁铤）外，还有 1 件通长 23.5 厘米的扁叶长体铁矛③，与秦俑 1 号坑中出土的 1 件铁矛（T3G1∶0277）一起，给我们带来当时应使用铁质兵器的信息。此外，在甘肃等地

---

① 参看《中国古兵器论丛（增订本）》第 245 页。
② 参看《中国古兵器论丛（增订本）》第 22 页、23 页表一。
③ 始皇陵考古队：《秦始皇陵园 K9901 试掘简报》，《考古》2001 年第 1 期。

中国古代甲胄续论

发掘的秦墓中也曾出土过铁兵器，例如甘肃秦安上袁家6号墓随葬的兵器，有铜戈和铜镞，也有铁戟、铁剑、铁刀、铁匕首和铁镞①。因此，今后在各地有关秦代的考古勘察发掘工作中，还应注意当时的实战兵器和防护装具的标本，以进一步探寻秦代兵器的真实面貌。

与探讨秦代军队装备铁兵器和铁铠甲相联系，也应将秦代兵器对汉代兵器的影响问题进行重新探讨。西汉时礼仪制度，"大抵皆袭秦故"②。随着西汉政权的巩固，从秦制沿袭下来的从中央到地方的军事制度已臻于完备。主要军事装备在西汉初也应沿袭秦故，只是经历了秦末起义和楚汉之争的连年战火，兵器装备会在实战中不断发展改进。在通过考古发现对比秦和西汉兵器和防护装具的异同时，常因秦始皇陵园外东侧诸陶俑坑出土的兵器中，除个别铁镞外率皆铜质，陶俑所着甲又以模拟皮甲为主，使人产生秦军的装备从材质到制作技术均落后于关东六国的印象。但是如前所述，近来秦始皇陵园中K9801和K9901两座陪葬坑发掘所获新资料，带给我们关于秦代使用铁兵器和铁铠的信息；同时，甘肃秦安等地秦墓发现的铜、铁兵器共出的现象，也加强了这些信息。特别是模拟铁铠的石鱼鳞铠甲，又如舌形石甲片和西汉铁铠甲片形制相同，都表明，西汉初年铁质防护装具使用普遍，质量有提高，应是在沿袭秦代铁铠的基础上发展而成。因此，西汉初兵器装备沿袭秦故问题，仍是今后应深入探索的课题。

三

有关汉代铁铠甲的考古发现，近年来不断有新收获。在西汉都城长安城遗址发掘中，继在武库遗址发现大量锈蚀的铁铠残件和甲片③外，又在

① 甘肃省文物考古研究所：《甘肃秦安上袁家秦汉墓发掘》，《考古学报》1997年第1期。
② 《史记·礼书》，第1159页。又《汉书·百官公卿表》："秦兼天下，建皇帝之号，立百官之职，汉因循而不革，明简易，随时宜也。"第722页。
③ 中国社会科学院考古研究所汉城工作队：《汉长安城武库遗址发掘的初步收获》，《考古》1978年第4期。

519

发掘未央宫遗址的宫门、角楼、中央官署、少府（或所辖官署）等遗址时，出土有铁兵器和防护装具，共有铁甲片 227 片和铁兜鍪（胄）片 19 片①。那些建筑的时代均属西汉，废弃于王莽末年的战火之中，因此废墟中残留的零散铁甲片应为当年禁卫未央宫的士卒所遗弃之物。在对西汉帝陵的考古发掘中，也不断获得有关铠甲的新资料，在景帝阳陵陵园南区从葬坑中，发现有穿着模拟铠甲的武士俑，甲片以木材制作，呈鱼鳞状②。至于铠甲的实物标本，在发掘汉宣帝杜陵的陵园遗址时获得过，共出土零散铁甲片 53 片，应是当时陵园守卫者使用的防护装具的遗留物③。此外，在全国各地已发掘的一些西汉诸侯王墓中，更多见以铁铠随葬的实例，按入葬年代早晚有下列诸墓。

山东淄博窝托村齐王墓随葬坑④，出土有铁铠甲和铁兜鍪多件，已经复原研究，复原了其中的 2 件鱼鳞甲和 1 件兜鍪（图一三、一四）⑤，其中 1 件铠甲的部分甲片表面贴金、贴银，或以丝带编出菱格图案，编缀成甲后极华丽美观，但所用铁甲片制作不够规范，形状及大小不很整齐，大致可分为舌形、近方形和长方形三式，全甲总计用甲片 2244 片。墓内所葬"齐王"，可能为死于文帝元年（前 179 年）的哀王刘襄，或是死于惠帝六年（前 189 年）的悼惠王刘肥。

江苏徐州狮子山楚王陵，在耳室 W3、甬道和后室等地出土铁铠甲 3000 余片⑥，目前尚在进行复原研究。推测陵中所葬为第二代楚王刘郢客或第三代楚王刘戊，其下葬时间为文帝前元五年（前 175 年）或景帝前元

---

① 中国社会科学院考古研究所：《汉长安城未央宫——1980~1989 年考古发掘报告》，中国大百科全书出版社，1996 年。

② 陕西省考古研究所汉陵考古队：《汉景帝阳陵南区从葬坑发掘第二号简报》，《文物》1994 年第 6 期。

③ 中国社会科学院考古研究所：《汉杜陵陵园遗址》，科学出版社，1993 年。

④ 山东省淄博市博物馆：《西汉齐王墓随葬器物坑》，《考古学报》1985 年第 2 期。

⑤ 山东省淄博市博物馆、临淄区文管所、中国社会科学院考古研究所技术室：《西汉齐王铁甲胄的复原》，《考古》1987 年第 11 期。

⑥ 狮子山楚王陵考古发掘队：《徐州狮子山西汉楚王陵发掘简报》，《文物》1998 年第 8 期；韦正、李虎仁、邹厚本：《江苏徐州市狮子山西汉墓的发掘与收获》，《考古》1998 年第 8 期。

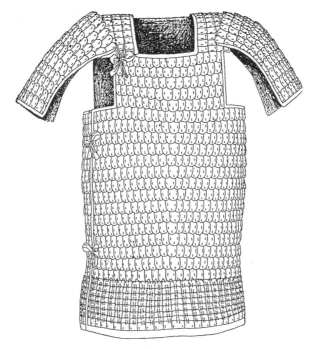

图一三　山东淄博齐王墓随葬坑出土金银饰铠甲结构复原图
（引自《考古》1987 年第 11 期第 1039 页图九）

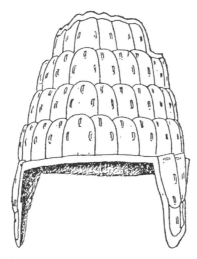

图一四　山东淄博齐王墓随葬坑出土铁兜鍪结构复原图
（引自《考古》1987 年第 11 期第 1043 页图一七）

三年（前 154 年）。

安徽阜阳双古堆西汉汝阴侯墓①，墓室内原随葬有卷放于木笥中的铁铠甲，但发掘时仅收集回大量散乱的甲片，共 3038 片，依据甲片大小和穿孔的不同，至少可分 26 式，总重约 20.2 千克。由于铁甲片中有半圆形的兜鍪顶片，可知原葬有铁兜鍪。推测为汝阴侯夏侯灶的坟墓，死于文帝前元十五年（前 165 年）。

广东广州象岗山西汉南越王墓②，在西耳室随葬有卷放的铁铠甲 1 件，在保存出土原状的情况下进行了复原研究。推知原用甲片 709 片，都是圆角长方形甲片，形状大小相似，只是由甲片上穿孔不同可以分为二式。以朱红丝带编缀成铠甲，在编缀时，还在甲片表面以丝带编出菱格纹样（图一五）。编成的铁铠上无立领，下无垂缘，也不设披膊，推测复原后铠甲通高 58、胸围 102 厘米③。据考证，这座墓葬入的是第二代南越王，大约死于武帝元朔末、元狩初，估定在公元前 122 年左右。

河北满城陵山中山王刘胜墓④，随葬 1 件卷放的铁铠甲，出土时已经锈蚀在一起。经揭取复原，恢复成由两型小甲片编缀成的鱼鳞甲，由甲身、筒袖和垂缘构成⑤，全铠用甲片 2859 片，总重 16.85 千克。墓内所葬为中山靖王刘胜，死于武帝元鼎四年（前 113 年）。

上述诸侯王陵墓中出土的铁铠和兜鍪，除汝阴侯墓外，其余诸墓出土的标本都已进行复原研究。此外，曾对西安北郊西汉早期墓（91CTDXM2）出土的铁铠和兜鍪⑥、汉长安城武库遗址出土的 1 件铁铠⑦，以及内蒙古呼

① 安徽省文物工作队、阜阳地区博物馆、阜阳县文化局：《阜阳双古堆西汉汝阴侯墓发掘简报》，《文物》1978 年第 8 期。
② 广州市文物管理委员会、中国社会科学院考古研究所、广东省博物馆：《西汉南越王墓》，文物出版社，1991 年。
③ 《西汉南越王墓》附录三《西汉南越王墓出土铁铠甲的复原》，第 380～388 页。
④ 中国社会科学院考古研究所、河北省文物管理处：《满城汉墓发掘报告》，文物出版社，1980 年。
⑤ 《满城汉墓发掘报告》附录二《铁铠甲的复原》，第 357～369 页。
⑥ 白荣金：《西安北郊汉墓出土铁甲胄的复原》，《考古》1998 年第 3 期。
⑦ 白荣金：《汉代考古发现的铠甲及复原研究》，载《"迎接二十一世纪的中国考古学"国际学术讨论会论文集》，第 286～297 页，科学出版社，1998 年。

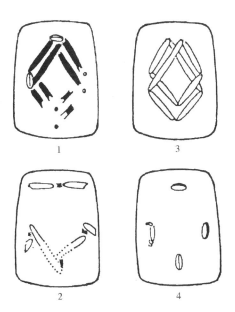

图一五　广州西汉南越王墓出土铁铠甲片上的丝带装饰示意图
1、2. 原状正、背面　3、4. 复原后正、背面的装饰部分
（引自《西汉南越王墓》图二三七）

和浩特市二十家子汉城 1960 年出土的 1 件铁铠[①]进行了复原研究，还对吉林榆树县老河深墓地出土铁铠和兜鍪进行了复原[②]。老河深墓地是西汉末至东汉初的古代少数民族的墓地，推测可能为鲜卑族。对上述铁铠甲的复原，对于了解西汉钢铁防护装具的外貌和编缀技艺有所帮助。

除了有关西汉铁铠甲的考古发现和复原外，令人兴奋的是，近年来对铁铠甲片材质金相鉴定研究也取得了进展。呼和浩特二十家子出土铁甲片[③]、徐州狮子山楚王陵铁甲片[④]、广州南越王墓铁甲片[⑤]、满城中山王墓

① 参看白荣金《汉代考古发现的铠甲及复原研究》。

② 吉林省文物考古研究所：《榆树老河深》，附录一《铁甲胄的复原》，文物出版社，1987 年，第 123～145 页。

③ 内蒙古自治区文物工作队：《呼和浩特二十家子古城出土的西汉铁甲》，《考古》1975 年第 4 期。

④ 北京科技大学冶金与材料史研究所、徐州汉兵马俑博物馆：《徐州狮子山西汉楚王陵出土铁器的金相实验研究》，《文物》1999 年第 7 期。

⑤ 《西汉南越王墓》附录四《西汉南越王墓出土铁器鉴定报告》，第 389～396 页。

铁甲片①以及吉林榆树老河深墓地铁甲片②，都先后作过金相检测，对西汉铠甲的质量和冶锻工艺水平有了准确的认识。

从上面列举的 5 座诸侯王墓随葬的铁铠甲表明，一方面，至少在西汉文帝至武帝时，王侯和军中将帅都装备有精坚的铁铠；另一方面还可以看出，西汉铁铠在承继秦制的基础上，从外貌到制作工艺都不断有所发展提高。西安汉长安城中未央宫和武库等遗址以及城外杜陵陵园遗址所出土的残铁铠及散落的铁甲片更表明，当时禁卫皇宫乃至帝陵的士卒也普遍装备钢铁材质的个人防护装具。在汉王朝中央兵器库中存储着数量可观的铁铠，所以在遭兵乱沦为废墟后，还有如此多的铁铠残件遗留下来。同时内蒙古呼和浩特二十家子古城址出土的铁铠和大量零散铁甲片，又是当时驻防边远地区的士卒同样普遍装备有钢铁材质的个人防护装具的实例。在东南沿海福建崇安汉城遗址发现的铁甲片③，说明着同样的问题。除实物以外，有些新发现的西汉时期的简牍资料也可以说明，当时地方武库中存贮的兵器装备中，个人防护装具也有大量铁铠甲。例如，从江苏东海县尹湾汉墓群的第 6 号墓中，出土有写有"武库永始四年兵车器集簿"的木牍，其中"乘舆兵车器五十八物"中记有皮质和铁质的个人防护装具多种④，铁质的有"铁股衣""铁督""铠"等名目，其中记"铠六万三千三百廿四"。在木牍反面还有"铁甲札五十八万七千二百九十九，革甲十四斤"等记述⑤。以 1 件铠平均约需 2800 片甲片计算，587299 片甲片至少可编缀 210 件铁铠。

有关西汉铁铠的考古发现，除反映出当时在军队中普遍装备钢铁材质的个人防护装具，还清楚地表明冶锻甲片技术的成熟。观察已经金相检测

---

① 《满城汉墓发掘报告》附录三《满城汉墓部分金属器的金相分析报告》，第 369～376 页。
② 《榆树老河深》附录二《金属文物的鉴定报告》，第 146～156 页。
③ 福建省文物管理委员会：《福建崇安城村汉城遗址试掘》，《考古》1960 年第 10 期。
④ 汉代文献简牍中，铠、甲二名分别用于称铁质和皮质的个人防护装具，铁质用铠，皮质用甲，多不混用，也不以"铠甲"二字连称，有关情况可参看《中国古兵器论丛（增订本）》第 13 页。尹湾汉简中的武库兵车器集簿亦如此。
⑤ 连云港市博物馆、东海县博物馆、中国社会科学院简帛研究中心、中国文物研究所：《尹湾汉墓简牍》，中华书局，1997 年。

的呼和浩特二十家子铁甲片、徐州狮子山楚王陵铁甲片、广州南越王墓铁甲片、满城中山王刘胜墓铁甲片以及吉林榆树老河深鲜卑墓铁甲片,通过铁甲片的显微组织分析研究其制作技术,可以看出,各地出土铁甲片虽所选择的原料不同。其中,呼和浩特二十家子和满城中山王刘胜墓的甲片为块炼渗碳钢制品,广州南越王墓和吉林榆树老河深的甲片为炒钢制品,徐州狮子山楚王陵甲片以铸铁脱碳钢为原料,但都是锻造成型。徐州狮子山楚王陵甲片还发现有冷锻成型的,制作的产品有较好的质量。作为个人防护装具的铁铠,所用甲片应具有较好的延展性和一定的强度。经检验,这些西汉铁甲片含碳量不高,在强度方面有所提高,更有利于防护,证明西汉时已能较好地掌握了锻造铠甲的技术①。

还应注意到,在铠甲片冶锻技术日益提高的基础上,西汉铠甲片的规范化、标准化程度也日益完备,编缀成型的技术也随之提高。死于文帝前元十五年(前165年)的汝阴侯墓中随葬的铁铠,出土甲片3038片(包括兜鍪用甲片),根据甲片大小和穿孔的不同,至少可分26式。过了52年之后,武帝元鼎四年(前113年)死去的中山靖王刘胜墓中随葬的铁铠,甲片总数2859片,形制却只有两式(图一六),一式甲片呈舌形,用于固定编缀,以编缀甲身,共用1589片;另一式甲片呈圆角长方形,用于活动编缀,以编缀前后垂缘和左右筒袖,共用1270片。甲片外形规整,穿孔精细。说明从文帝到武帝约半个世纪间,汉铠逐渐脱离秦铠原有模式,有了很大发展,甲片制作的规范化标准化程度已大为提高,既宜于大规模生产,也易于编缀和修补,从而保证西汉军队普遍装备铁铠。

四

由于曹魏时期中原地区葬仪有了很大变化②,不以大量实用兵器和甲

---

① 陈建立、韩汝玢:《汉诸侯王陵墓出土铁器的比较》,《文物保护与考古科学》2000年第1期。

② 杨泓:《谈中国汉唐之间葬俗的演变》,《文物》1999年第10期。

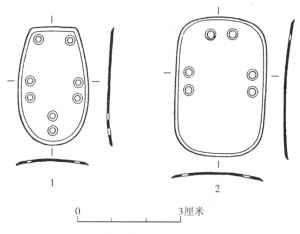

图一六　满城刘胜墓出土两种类型的铁铠甲片
1. 第一种甲片　2. 第二种甲片
（引自《满城汉墓发掘报告》图二三四）

胄随葬，所以很难再从墓葬发掘中获得兵器和甲胄材料，只有在一些边远地区与古代少数民族有关的墓葬中，还有以兵器和甲胄随葬的习俗。因此，在考古发掘中获得的兵器和防护装具实物的数量，无法与先秦至汉代相比，常常要依靠壁画和随葬俑等图像和模型材料来了解当时兵器和防护装具的形貌，但是图像和模型与实物终究有一定差异，自然给深入研究带来很大困难。

　　我在写作《中国古代的甲胄》时，对魏晋南北朝时期的铠甲和马具装铠只能依靠图像和模型材料，结合文献进行叙述。近年来的考古新发现使上述情况有了一些改善，获得了一些这一时期的铠甲和马具装铠的实物标本。首先是辽宁北票、朝阳地区十六国时期，与慕容鲜卑有关的墓群中出土的铁马具装铠；其次是河北临漳邺南城发掘朱明门遗址时，在护城河遗址中出土有大批北朝铁兵器和防护装具。这些发现为研究魏晋南北朝时期的铁铠和兜鍪提供了实物标本，更推进了对这一时期作为军队主力兵种的重装骑兵——甲骑具装的研究工作，也进一步阐明了甲骑具装对朝鲜半岛及日本列岛诸古代文化的影响。

　　东晋十六国时期，中国北方形成由匈奴、鲜卑等古代少数民族建立的诸政权相互争霸的混乱格局，这些政权的军队的主力兵种都是剽悍的骑兵，又以重装骑兵——甲骑具装为核心力量。万千匹体披铠甲的战马，负载着身披重铠、头戴兜鍪的战士，张弓挺矟，纵横驰骋在东北、西北和中原广阔的原野上，成为这一时期战争舞台上的主角。从那时起直到隋朝末年，重装骑兵——甲骑具装在军队中的主力地位一直没有改变。因此，从十六国经南北朝到隋，将近 3 个半世纪的漫长岁月中，甲骑具装的形貌不断出现在石窟或墓室的壁画上和随葬俑群之中，过去我们就是依靠这些图像和模型，结合有关文献，来了解甲骑具装的形貌特征的。

20 世纪 60 年代以来，在辽宁省朝阳地区不断出土了"三燕"时期的铁质马具装铠，使我们获得了认识当时甲骑具装的实物史料。先是在北票西官营子北燕冯素弗墓中发现大量铁甲片，可惜已经散乱，应包括有人铠和马具装铠，但均无法复原①。后来又陆续在朝阳十二台乡②和北票南八家乡喇嘛洞③两处墓地各出土了重装骑兵使用的全套铁铠甲。

朝阳十二台乡发掘的 88M1 中的铁甲胄，已复原了兜鍪及颈甲，以及马具装铠中的面帘。铁马面帘的形制，是由额至鼻端为一条居中的平脊，但自额向下处约作 160°钝角的折棱，以适应马额至鼻的轮廓线，在其两侧各铆接两条铁板，构成面帘，遮护马面，再在两侧以合叶铁销联缀半圆形状的护颊板，目孔的上半部开在遮马面的铁板下侧，而下半部开在护颊板上侧，上下拼合成圆形目孔。在额部以上竖接微向前倾的花饰，是一个大的圆弧上再伸出小的杏叶形饰，总体看来形似三瓣花形。在面帘鼻端还缀垂一舌形小甲片，以垂护马的鼻头。两侧护颊板下缘各安 3 个带扣，可以扣系皮带，自下将面帘固定在马头上，结构颇为合理而实用（图一七）。它代表了鲜卑慕容氏在东北建立政权时使用的马具装的主要类型，也是首

---

① 黎瑶渤：《辽宁北票县西官营子北燕冯素弗墓》，《文物》1973 年第 3 期。
② 辽宁省文物考古研究所、朝阳市博物馆：《朝阳十二台乡砖厂 88M1 发掘简报》，《文物》1997 年第 11 期。
③ 张克举、田立坤：《辽宁发掘北票喇嘛洞鲜卑贵族墓地》，《中国文物报》1996 年 12 月 22 日第 1 版。

次复原的东晋十六国时期铁马具装铠中的面帘，对研究中国古代重装骑
兵——甲骑具装的历史提供了重要的实物史料①，也对研究甲骑具装对古
代朝鲜和古代日本的影响提供了重要的实物史料。

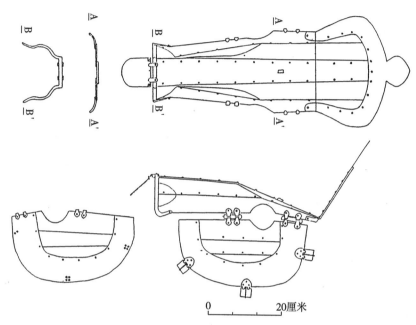

图一七　辽宁朝阳十二台乡 88M1 出土铁马胄

（引自《文物》1997 年第 11 期第 24 页图一〇）

除了铁马具装铠实物以外，近年来，有关模拟马具装铠的陶俑也有不
少新发现，西安董家村十六国墓出土的披具装铠的陶马②，形貌与以前西
安草场坡 1 号墓出土的具装铠陶马完全相同，为了解当时关中地区流行的
马具装铠的样式提供了新资料。关于北朝晚期的甲骑具装俑，过去发现较
多的是东魏—北齐的标本，而缺乏西魏—北周的标本。现在通过对陕西咸

---

① 有关甲骑具装的新考古材料的分析，请参看杨泓《骑兵和甲骑具装二论》，载《华学》第 3
辑，紫禁城出版社，1998 年，第 227～238 页。
② 西安市未央区董家村十六国时期墓出土的具装陶马，参看《考古与文物》1998 年第 5 期封底
彩色图片。

阳胡家沟西魏大统十年（544 年）侯义墓的发掘①，以及陕西、宁夏等省区发掘的多座北周墓，特别是在陕西咸阳底张镇发掘了北周武帝宇文邕孝陵②，获得了较多的甲骑具装陶俑，使我们对西魏—北周的甲骑具装的形貌有了进一步了解③。北周有的陶俑中，马具装铠上彩绘虎斑纹，更为当时名震南北的"鲜卑具装虎班（斑）突骑"提供了形象资料。此外，过去出土的北朝甲骑具装陶俑，具装铠的"寄生"部分均已缺失，只见马臀部存有插寄生的小孔。在宁夏固原发掘的北周建德四年（575 年）田弘墓出土陶俑④，尚存插于小孔内的弧曲状小铁柱，应是寄生柄部，上面原有的扇形寄生已无存，也为了解寄生的形制提供了一些资料（图一八）。

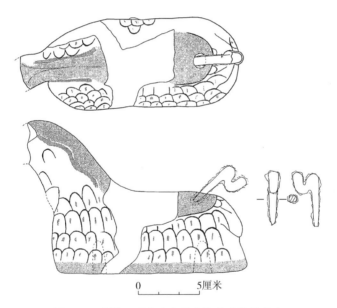

0   5厘米

图一八　北周田弘墓出土具装陶马及铁质寄生
（引自《北周田弘墓》图四七）

---

① 咸阳市文管会、咸阳市博物馆：《咸阳市胡家沟西魏侯义墓清理简报》，《文物》1987 年第 12
　期。

② 陕西省考古研究所、咸阳市考古研究所：《北周武帝孝陵发掘简报》，《考古与文物》1997 年
　第 2 期。

③ 关于北周甲骑具装的详细论述，参看杨泓《北周的甲骑具装》，载《远望集——陕西省考古研
　究所华诞四十周年纪念文集》，陕西人民美术出版社，1998 年，第 675~682 页。

④ 原州联合考古队：《北周田弘墓——原州联合考古队发掘调查报告2》，［日］勉诚出版，2000 年。

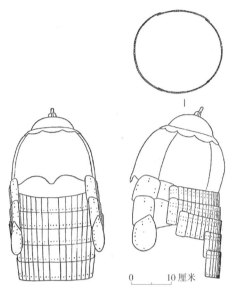

图一九　邺南城出土 I 型铁兜鍪结构复原图

（引自《考古》1996 年第 1 期第 29 页图八）

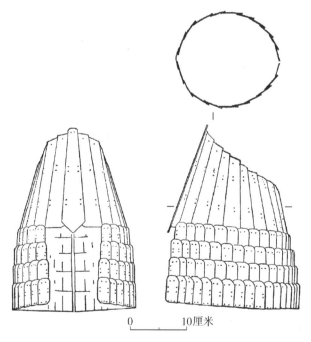

图二〇　邺南城出土 II 型铁兜鍪结构复原图

（引自《考古》1996 年第 1 期第 33 页图一三）

　　河北临漳邺南城遗址发掘中，在朱明门遗址南约1000米的护城河的底部，出土了大批的铁兜鍪、铁铠和兵器等遗物①。整体采集，这批标本编号计有37件，初步判断其中25件属铁铠残件，12件属铁兜鍪，在室内进行清理复原后，初步复原的铠甲标本编为16号，兜鍪标本12号②。这批铁铠虽无完整者，但已能辨认出一些完好的局部，分别属于胸甲、背甲、披膊等部位，有一件残甲上缀有一串"常平五铢"铜钱，因此推测，这批铁铠可能是北齐时军中的防护装具。铁兜鍪标本中绝大部分是由几个分件铆合成整体的形制，在胄顶竖立有装插缨羽的圆管。然后在左右两侧和后部联以甲片缀成的"顿项"，两侧护耳的部分用的甲片较大，后部护颈的部分用的甲片较小，但编缀的长度较长（图一九）。只有一件形制较特殊，全由长条形甲片横向缀联成兜鍪整体，呈前高后低的筒形，顶部通空，后部可开合。在其下侧联缀由小甲片编成的顿项（图二〇）。这批铁铠和兜鍪标本，是田野考古发掘中首次获得的北朝晚期铁甲胄实物，改变了过去仅能依靠陶俑和壁画等图像研究这时期甲胄的局面，今后经认真探研，将会对这一时期军队防护装具有更深入的认识。我们也期待在今后的田野考古发掘中不断有新的发现，以不断加深我们对古代甲胄的认识，从而更完整地勾画出古代甲胄发展的历史轨迹。

　　（原载《故宫博物院院刊》2001年第6期。后收入《中国古兵与美术考古论集》，文物出版社，2007年）

---

① 中国社会科学院考古研究所、河北省文物研究所邺城考古工作队：《河北临漳县邺南城朱明门遗址的发掘》，《考古》1996年第1期。
② 中国社会科学院考古研究所考古科技实验研究中心：《邺南城出土的北朝铁甲胄》，《考古》1996年第1期。

汉代兵器二论

在中国古代兵器发展史上，汉代是一个转折时期，汉代兵器在品种、形制、性能、组合等方面，都呈现出与前不同的面貌。这一转折的出现，是当时社会生产发展和社会关系变更的必然结果。与兵器的发展演进相适应，军队的装备、编成、编制、战术和战略无不发生变化。依据有关文献和考古发现，我于1989年作《汉代兵器综论》（以下简称《综论》)①，至今已逾10年。随着我国田野考古发掘的新进展，不断获得新的有关汉代兵器的实物标本，丰富了关于汉代兵器和防护装具的资料。同时，对汉代兵器材质的检测，以及对汉代兵器特别是防护装具的结构、形制的复原研究，都取得新的研究成果。因此有必要对过去的分析研究进行检讨，从而加深对汉代兵器的认识，故作《汉代兵器二论》。

汉代军队与先秦时期的军队相比，组成军队的各兵种的地位有了新变化，殷周以来长期居于军队主力地位的战车兵，终于让位于骑兵和步兵。特别是在汉王朝抵御北方古代游牧民族侵扰的战争中，骑兵不断壮大成长，从而确定了它在中国古代战争舞台上的主角地位。汉代军队出现的上述变化，必然导致军事装备的设计和制作随之变化，从主要适应战车部队的特点和战术要求，转向适应步兵和骑兵作战的需要和战术要求。又因骑兵在西汉时期的迅速发展，适用于跨马作战的兵器、防护装具和马具的创制和改进，愈发受到重视。因此汉代的兵器呈现出与先秦时期完全不同的

---

① 《汉代兵器综论》原刊登于《中国历史博物馆馆刊》1989年总第12期，后收入《中国古兵与美术考古论集》，文物出版社，2007年。

新面貌。

汉代军队和兵器得以呈现出新面貌的决定性因素，除了社会关系变更使军中士兵、指挥人员乃至统军将帅的成分改变①，更在于当时社会生产力的发展和经济的进步。冶铁工业的发展和炼钢技术的新成就，使钢铁兵器的质量不断提高，并且得以普及，结束了殷周以来青铜作为兵器主要材质的历史。在《综论》中，曾据当时对有关殷商至汉代金属兵器的金相检测有如下论述：殷周以来军队的主要装备是青铜兵器，但是春秋时期方崭露头角的钢铁兵器，到战国晚期开始向青铜兵器的传统地位提出挑战，不过其最终取代青铜器的转折时期还是在汉代。到东汉时，青铜兵器已从军队装备中被完全排挤出去，只在远射兵器中留下最后的份额，被用于铸造弩机和部分箭镞，这场由钢铁兵器出现而引发的古代兵器材质方面的革命基本上获得成功。由于近年来有关钢铁兵器的考古新发现，以上论述应做一些修正。1990 年，在河南三门峡市西周虢国墓地发掘的虢季墓（M2001）中，出土 1 件玉柄铜茎铁短剑和 1 件铜内铁援戈；又在虢仲墓（M2009）中出土 1 件铜骹铁叶矛，经金相检测，这 3 件兵器的刃部均为人工冶铁制品。其中铁援戈是块炼铁，铁短剑刃和铁矛叶都是块炼渗碳钢，是属于公元前 9 ~ 8 世纪的早期人工冶铁制品②。这一重要的考古发现，将我国古代钢铁兵器开始出现的时间，从公元前 5 世纪中叶的春秋晚期，提早了至少 3 个世纪。在西周虢国墓地的虢仲墓（M2009）发掘中，还发现另 3 件铜柄铁刃器物，包括 1 件兵器，为铜内铁援戈，另两件是铜銎铁锛和铜柄铁削。经金相检测，它们的铁刃均用陨铁制成。在虢国墓地出土的铜柄铁刃器中，人工冶铁和陨铁并存。两座墓中出土的两件铜内铁援戈，形制相拟，纹样风格也类同，但 1 件铁刃为人工冶铁，另 1 件铁刃则为陨

---

① 秦代开始实行征发农民戍边服役的新的从中央到地方的军事制度，改变了士兵的成分。经秦末农民大起义和楚汉之争，西汉王朝建立之时，除少数六国没落贵族外军中将帅成分多为中小地主、低级县吏、贫苦农民，乃至商贩、游民、屠夫、刑徒，军中从士兵到将帅的成分与先秦时完全不同。参看《汉代兵器综论》。
② 韩汝玢、姜涛、王保林：《虢国墓出土铁刃铜器的鉴定与研究》，《三门峡虢国墓》（第一卷）附录三，文物出版社，1999 年，第 559 ~ 573 页。

铁制成，说明那时并未依赖人工冶铁作为制作兵器的唯一来源。而且3件人工冶铁刃兵器或装玉柄，或铜柄部镶嵌绿松石，纹样华美，出于国君级墓葬之中。玉柄铜茎铁短剑先以丝织品包裹，再收插在皮革剑鞘内，很可能是身份、权威的象征。可见当时人工冶铁还是贵重、稀少的材料，并没有成为军中将士用于实战的格斗兵器。

近年获得的关于春秋至战国早期的考古资料，仍显示出当时作战的实用兵器以青铜为主要材质。例如，山西太原春秋晋国赵卿墓，推测所葬为晋国正卿赵简子（赵鞅），是一位善战的统帅，墓中随葬兵器超过779件，除1件弓用藤制作以外，格斗兵器如戈、戟、矛、钺、剑，远射兵器如箭镞，概由青铜制作。墓中的兵器、工具等金属制品中，没有发现任何钢铁制品的踪迹①。再如湖北随县战国早期曾侯乙墓，推测葬于公元前433年至前400年之间，墓中随葬大量兵器和甲胄，出土兵器多达4777件，除弓55件和盾49件外，其余戈、戟、矛、殳、箭镞均为青铜制品，出土甲胄及马甲均为皮质髹漆，没有发现任何钢铁制品的踪迹②。

以上事例表明，虽然钢铁兵器开始崭露头角的时间由春秋提早到西周时期，但仍是到战国晚期，才有力量向青铜兵器的传统地位提出挑战，也没有变更汉代是钢铁兵器最终取代青铜兵器的转折时期的推论。值得注意的是，对早期铁器（公元前5世纪前）的金相学研究③表明，晋东南、河南洛阳、三门峡及郑州等黄河中下游，很可能是中国早期冶铁技术的中心地区④，在继承传统的基础上发展，这些地区到西汉时期形成更为繁盛的冶铁技术的中心地区。

从战国以来，经过西汉前期的大发展，我国古代钢铁冶炼工艺技术已经达到比较成熟的水平，为钢铁兵器的生产提供了雄厚的物质基础。在

① 山西省考古研究所、太原市文物管理委员会：《太原晋国赵卿墓》，文物出版社，1996年。
② 湖北省博物馆：《曾侯乙墓》，文物出版社，1989年。
③ 韩汝玢：《中国早期铁器（公元前5世纪以前）的金相学研究》，《文物》1998年第2期。
④ 韩汝玢、姜涛、王保林：《虢国墓出土铁刃铜器的鉴定与研究》，《三门峡虢国墓》（第一卷）附录三，第570页。

《综论》中，已据当时对有关西汉钢铁兵器金相检测研究说明，战国时已用于制造兵器的块炼渗碳钢方法，到西汉时更加成熟。西汉时期还创造了简易、经济的铸铁脱碳成钢的新方法，以及以生铁为原料的炒钢技术①。但是那时还没有关于西汉初期以炒钢技术制作的兵器的考古发现，只是在河南巩县铁生沟和南阳瓦房庄两处汉代冶铁遗址中，都发现了炒钢炉的遗迹。前一处遗址生产的时期约在东汉初期以前，后一处遗址使用时间较长，约自西汉中期至东汉晚期②。那时发现的以炒钢为原料制作的兵器，年代最早的是江苏徐州出土的东汉建初二年（77 年）钢剑③。所以只能推论，始于西汉的炒钢技术，到东汉时已相当普及，生产出以炒钢为原料的"百炼钢"兵器。1994 年，在徐州狮子山西汉楚王陵的发掘中，出土铁器经金相鉴定时，发现 1 件矛（样品号 2454）是由炒钢叠打制成。据推测，楚王陵中所葬为第二代或第三代楚王，下葬时间为公元前 175 年至前 154 年。炒钢技术被誉为继铸铁发明以后钢铁发展史上又一里程碑，狮子山楚王陵发现的炒钢制品，是迄今为止年代最早的标本，表明西汉早期（公元前 2 世纪中叶），即不晚于公元前 154 年，中国已发明了炒钢技术④，炒钢用于制作兵器，无疑加速了西汉初期钢铁兵器发展的进程。

有关秦代兵器，近年来也有重要的考古发现。1998 年，在秦始皇陵园内开始发掘一座大型陪葬坑（K9801），总面积达 1.3 万多平方米，现仅试掘了 153 平方米，出土大量石质铠甲模型。据不完全统计，至少已清理出甲 87 件、兜鍪（胄）43 件和马甲 1 件⑤。以石材模拟真实铠甲的甲片，制成同样尺寸、形状的石甲片，再以扁铜丝联缀成整领石铠甲及兜鍪，工艺颇为精细。现在至少已提取了 2 件石铠甲和 1 件石兜鍪，并修复了其中 1

① 冶金史研究室：《我国古代钢铁冶金技术的重大成就》，载《中国冶金史论文集》，科学出版社，1986 年，第 147～151 页。
② 河南省博物馆、石景山钢铁公司炼铁厂、《中国冶金史》编写组：《河南汉代冶铁技术初探》，《考古学报》1978 年第 1 期。
③ 徐州博物馆：《徐州发现东汉建初二年五十湅钢剑》，《文物》1979 年第 7 期。
④ 北京科技大学冶金与材料史研究所、徐州汉兵马俑博物馆：《徐州狮子山西汉楚王陵出土铁器的金相实验研究》，《文物》1999 年第 7 期。
⑤ 始皇陵考古队：《秦始皇陵园 K9801 陪葬坑第一次试掘简报》，《考古与文物》2001 年第 1 期。

件甲和 1 件兜鍪，还对 1 件石马甲做了推测复原示意图。过去仅能从秦陶俑身上塑出的铠甲去推测秦甲的形制和特点，现在获得与实物完全相同的石质模型，它们能使我们对真实的秦代铠甲有进一步了解，过去因为秦陶俑头上没有塑出兜鍪（胄）①，有人就以为秦军作战时真不戴兜鍪，这次大量石兜鍪模型被发现，全面反映出秦军防护装具的真实面貌。据分析，大部分石铠甲可能仍是模拟皮甲，但也有模拟鱼鳞甲等的石铠甲片，明显是模拟金属铠甲。因为其形貌与尺寸均近似于西汉时的铁铠甲片，所以不能排除是模拟铁铠的可能性。

过去仅据秦俑坑出土的青铜兵器去推断秦军装备的实战兵器的材质，恐不够全面。特别是 1999 年在秦始皇陵园内发掘的另一座陪葬坑（K9901）中，出土兵器中除铜镞（有的带有铁铤）外，还有 1 件通长23.5 厘米的扁叶长体铁矛②，这是自秦俑坑出土铁矛后，在秦始皇陵园区发现的第二件铁质格斗兵器，也给我们带来当时应使用铁质兵器的信息。此外，在甘肃等地的秦墓中，也曾发现过铁质兵器。例如，1976 年在秦安上袁家 M6 中出土兵器，有铜戈和铜镞，也有铁戟、铁剑、铁刀、铁匕首和铁镞③。因此，我们今后应注意有关的考古新发现，进一步探寻秦代兵器的真实面貌，以及其对汉代兵器的影响。

为了具体说明汉代的兵器和防护装具，首先是西汉时期兵器和防护装具的新面貌，在《综论》中选取 4 处诸侯王墓出土兵器为代表进行论述。所选墓葬为：（1）山东淄博窝托村齐王墓，可能是死于文帝元年（前 179年）的哀王刘襄的陵墓，或是死于惠帝六年（前 189 年）的悼惠王刘肥的陵墓，在已发掘的随葬坑中出土大量兵器④。（2）安徽阜阳双古堆西汉汝

① 关于秦俑头上没有戴胄的问题，参看拙著《古兵二题》的"免胄"一节，载《华学》第 4辑，紫禁城出版社，2000 年，第 43~45 页。
② 始皇陵考古队：《秦始皇陵园 K9901 试掘简报》，《考古》2001 年第 1 期。
③ 甘肃省文物考古研究所：《甘肃秦安上袁家秦汉墓葬发掘》，《考古学报》1997 年第 1 期。
④ 山东省淄博市博物馆：《西汉齐王墓随葬器物坑》，《考古学报》1985 年第 2 期。

阴侯墓，推测为汝阴侯夏侯灶的坟墓，死于文帝十五年（前 165 年)①。
（3）河北满城陵山中山王墓，墓内所葬为中山靖王刘胜，死于武帝元鼎四
年（前 113 年)②。（4）山东巨野红土山西汉墓，推测所葬死者为昌邑哀
王，死于武帝后元二年（前 87 年)③。这 4 座墓出土的兵器，已能大致反
映出西汉文帝至武帝这一阶段兵器材质和品种的主要变化。到 20 世纪 90
年代，对西汉时期帝王陵墓的考古发掘中，不断获得有关兵器和防护装具
的新资料。其中值得注意的有汉景帝阳陵和汉宣帝杜陵的考古发现，还有
江苏徐州狮子山楚王陵和广州象岗山南越王墓的考古发现。同时对汉长安
城的考古发掘中，也在未央宫遗址的发掘中获得有关西汉兵器的重要
资料。

汉景帝刘启死于后元三年（前 141 年），葬在阳陵，位于今陕西咸阳
市渭城区张家湾村北。1991 年 3 月，开始正式发掘阳陵陵园南区从葬坑，
已发表两期考古简报④。据两期简报，已在诸从葬坑中发掘出大量模拟士
兵的陶俑，陶俑体高约当真人体高的三分之一，均塑成无臂裸体形貌，然
后配装木臂，再披穿丝织品制作的衣服，有的还披有木甲片制成的铠甲，
并佩执模型兵器。模型兵器也按原大三分之一比例制作，工艺精细，包括
铁戟、矛和剑，铜弩机、箭镞和承弩器、木盾。据两期简报的不完全统
计，已获得完整陶俑及残俑头总数超过 130 件，模型兵器有铁戟 135 件、
铁矛 93 件、铁剑 140 件、铁镞 159 件、铜镞 2556 件、铜弩机 38 件、铜承
弩器 4 件，木盾因多已朽而难以计数。还在 20 号坑发现 3 处木质兵兰遗
迹。其中 2 件兵兰各竖插 10 件铁戟；另一件兵兰除戟外，还挂有盾。阳陵
陵园南区从葬坑发掘所提供的资料，对了解当时军中士兵的标准兵器装备

---

① 安徽省文物工作队、阜阳地区博物馆、阜阳县文化局：《阜阳双古堆西汉汝阴侯墓发掘简报》，
《文物》1978 年第 8 期。
② 中国社会科学院考古研究所、河北省文物管理处：《满城汉墓发掘报告》，文物出版社，
1980 年。
③ 山东省菏泽地区汉墓发掘小组：《巨野红土山西汉墓》，《考古学报》1983 年第 4 期。
④ 陕西省考古研究所汉陵考古队：《汉景帝阳陵南区从葬坑发掘第一号简报》，《文物》1992 年
第 4 期；《汉景帝阳陵南区从葬坑发掘第二号简报》，《文物》1994 年第 6 期。

极为重要。

汉宣帝刘询死于黄龙元年（前 49 年）十二月，初元元年（前 48 年）春正月葬杜陵，在今西安雁塔区三兆村附近。1982 年开始了对杜陵的考古勘查，并对部分遗址进行发掘①。在宣帝陵陵园的寝园遗址出土的兵器有铁剑 1 件、铁矛 1 件、环首刀 4 件、镞 2 件和甲片 53 件，还有铁铤铜镞 9 件。在孝宣王皇后陵陵园寝园遗址出土铜镞 2 件。在杜陵陵园以北的 1 号陪葬坑中，还发现铁剑 5 件、铁矛 3 件、铁斧 1 件和铁戟 17 件。这些兵器有的应是陵园守卫者的实用兵器，陪葬坑中的出土物也可能是模型明器。

近年发掘的西汉时诸侯王墓出土兵器中，最重要的一批出自江苏徐州狮子山楚王陵。早在 1984 年，已经发现了狮子山楚王陵侧的兵马俑坑，在已清理的一号和二号俑坑中，出土陶兵马俑总数超过 2300 件②。并在俑坑处建立了"徐州汉兵马俑博物馆"。1994 年又对楚王陵墓室进行发掘③，虽然该墓早经盗掘，主要墓室已被劫掠一空，但是，在内墓道西侧南部一间耳室（W1）未遭盗扰，室内随葬物品保存完好，其中有大量兵器，只是原装的木柄多已朽毁。铜兵器有剑 4 件、戟 5 件、铍 24 件、戈 1 件和矛 5 件；铁兵器有的锈蚀严重而器形难辨，现知有铁剑 25 件，还有成捆的铁戟和铁矛。此外在耳室 W3、甬道及后室等地，还发现铁铠甲片 3000 余片，铜弩机 2 件以及许多箭镞，有铜镞和骨镞两种。推测陵中所葬为第二代楚王刘郢客或第三代楚王刘戊，下葬时间为文帝前元五年（前 175 年）或景帝前元三年（前 154 年）。

近年发掘的另一座西汉初年的诸侯王墓，是 1983 年在广州象岗山发掘的第二代南越王墓④。第二代南越王大约死于武帝元朔末、元狩初，估定在公元前 122 年左右，入葬年代亦以死年或稍后一二年为宜。南越王墓中

---

① 中国社会科学院考古研究所：《汉杜陵陵园遗址》，科学出版社，1993 年。

② 徐州博物馆：《徐州狮子山兵马俑坑第一次发掘简报》，《文物》1986 年第 12 期。

③ 狮子山楚王陵考古发掘队：《徐州狮子山西汉楚王陵发掘简报》，《文物》1998 年第 8 期；韦正、李虎仁、邹厚本：《江苏徐州市狮子山西汉墓的发掘与收获》，《考古》1998 年第 8 期。

④ 广州市文物管理委员会、中国社会科学院考古研究所、广东省博物馆：《西汉南越王墓》，文物出版社，1991 年。

随葬有大量兵器，在东耳室有铜戈3件；西耳室有铜剑1件、铜镞396件、铁短环首刀2件、铁服刀（拍髀）5件、铁铠甲1件（推测有709片甲片）；主棺室随葬的铜兵器有戈1件、弩机15件（附铅弹丸13件）、镞519件，铁兵器有剑15件、矛7件、戟2件和未名器1件；东侧室有铜矛1件；西侧室有铜镞12件（内9件带铁铤）、铁铍1件。总计有铜兵器950件，铁兵器34件。随葬兵器反映出当时岭南地区兵器材质、类型的实际情况。

除了西汉陵墓发掘中所获得的有关兵器的考古标本外，近年在西汉都城长安遗址的发掘中，也有关于西汉兵器的重要考古发现。1980~1989年，对长安城内主要宫殿未央宫遗址开展考古勘探和重点发掘①，在对宫门、角楼、中央官署、少府（或所辖官署）、椒房殿、未央宫前殿A区和B区等处建筑遗址的发掘中，都发现了遗留下来的兵器或兵器零件，以及防护装具等遗物。这些建筑时代均属西汉时期，废弃于王莽末年的战火之中，因此废墟中残留的兵器应为当年禁卫未央宫的士卒所装备。据发掘报告所附各遗址出土遗物登记表所做不完全统计，共出土铁兵器517件和铜兵器102件。铁兵器有剑4件、矛4件、戟2件、环首刀4件、弩机7件、弩机牙18件、弩机悬刀9件、弩机栓塞18件、镞205件、甲片227件和胄片19件，铜兵器有弩机4件、弩机牙3件、弩机栓塞17件和镞78件。此外，在中央官署建筑遗址还发现大量刻字骨签，约5.7万多片，其中许多刻铭为兵器名称、代号及数量，主要是关于远射兵器的弓弩箭镞等的记述，应是各地工官向中央上缴兵器等产品的纪录。未央宫遗址有关兵器的诸多考古发现，对西汉兵器研究极为重要。

除了有关西汉兵器的重要考古发现，20世纪80年代以来，对西汉兵器材质的金相鉴定研究和对汉代铁铠的复原研究，都取得了可喜的成果。对西汉兵器材质的金相检测，主要是对钢铁兵器的检测，重点是检测徐州

---

① 中国社会科学院考古研究所：《汉长安城未央宫——1980~1989年考古发掘报告》，中国大百科全书出版社，1996年。

狮子山楚王陵、广州象岗山南越王墓等诸侯王陵墓的出土品，并对兵器种类、材质、制作技术进行比较研究①。西汉钢铁兵器技术有了较大发展，块炼铁、块炼渗碳钢、铸铁脱碳钢、炒钢等钢铁制品普遍存在，淬火、冷加工等多种热处理工艺都得到了广泛的应用，这表明，当时工匠对钢铁性能的认识提高到新水平。

对于各地西汉墓葬发掘出土的汉代铁铠甲的复原研究，在发表《综论》时，只完成了对河北满城中山靖王刘胜墓出土铁铠的复原②，此后又陆续对广州象岗山南越王墓出土铁铠③、山东临淄齐王墓出土铁铠和兜鍪④、西安北郊西汉早期墓（91CTDXM2）出土铁铠和兜鍪⑤、汉长安城武库遗址出土的1件铁铠⑥。内蒙古呼和浩特市二十家子汉城出土的西汉铁铠⑦，都进行了复原研究。还对吉林榆树县老河深墓地出土铁铠和兜鍪进行了复原⑧，该处墓地推测属于西汉末至东汉初的鲜卑族。通过这些铁铠甲的复原研究，对西汉时期军队装备的钢铁防护装具有了进一步的认识。

近年来有关秦汉时期兵器的考古新发现，以及对汉代兵器材质的检测和对汉代铠甲的复原研究，得以对《综论》中提出的推论进行修正，从而对汉代兵器有了进一步的认识。

首先应注意的是，西汉时，礼仪制度"大抵皆袭秦故"⑨。随着西汉政

---

① 陈建立、韩汝玢：《汉诸侯王陵墓出土铁器的比较》，《文物保护与考古科学》2000年第1期。
② 中国社会科学院考古研究所技术室：《铁铠甲的复原》，《满城汉墓发掘报告》附录二，第357～369页。
③ 中国社会科学院考古研究所技术室、广州市文物管理委员会：《广州西汉南越王墓出土铁铠甲的复原》，《考古》1987年第9期。
④ 山东省淄博市博物馆、临淄区文管所、中国社会科学院考古研究所技术室：《西汉齐王铁甲胄的复原》，《考古》1987年第11期。
⑤ 白荣金：《西安北郊汉墓出土铁甲胄的复原》，《考古》1998年第3期。
⑥ 详见白荣金《汉代考古发现的铠甲及复原研究》第288页，载《"迎接二十一世纪的中国考古学"国际学术讨论会论文集》，科学出版社，1998年。
⑦ 详见白荣金《汉代考古发现的铠甲及复原研究》第288页。
⑧ 吉林省文物工作队、中国社会科学院考古研究所：《铁甲胄的复原》，《榆树老河深》附录一，文物出版社，1987年，第123～145页。
⑨ 《史记·礼书》，第1159页。又《汉书·百官公卿表》："秦兼天下，建皇帝之号，立百官之职。汉因循而不革，明简易，随时宜也。"第722页。

权的巩固，从秦制沿袭下来的从中央到地方的军事制度已臻于完备。主要军事装备在西汉初也应沿袭秦故，但是经过秦末起义和楚汉之争，兵器装备也会在实战中不断发展改进。在对比秦和西汉兵器的异同时，常因秦始皇陵东侧诸陶俑坑出土的兵器中，除个别铁镞外率皆铜质，陶俑所着甲多模拟皮甲，使人产生秦军的装备从材质到制作技术均落后于关东六国的印象。但是近来在秦始皇陵园内 K9801 和 K9901 两座陪葬坑中，出土有铁矛；出土的石铠甲中，有的明显模拟铁铠制品，包括精致的鱼鳞甲和方形小甲片组成的札甲。这些发现带来了秦军装备铁兵器和防护装具的新信息。同时，甘肃秦安等地秦墓发现的铜、铁兵器共出的现象，也加强了上述信息。今后应更加注意探寻秦代兵器的庐山真貌，也应进一步探寻西汉初年的兵器与秦代兵器的联系。目前至少可以看出，西汉初年仍沿用的少量青铜兵器，其品种和类型还是沿袭着秦代传统，如剑、铍、矛、弩、镞等。有的器形仍延用秦代式样，例如剖面呈正三角形的铜镞，占满城汉墓出土铜镞数量的 93%。有的器形有所变化，如徐州狮子山楚王陵出土铜戟，援和内都向上斜昂，且形体硕大，体长达 49.7 厘米。同墓出土的铜铍，呈侧刃两度弧曲的剑形，且有中脊，均与秦器不同，可能具有地区特征。西汉初年钢铁兵器与秦的联系，尚待今后探寻，但秦始皇陵园 K9801 出土模拟铁鱼鳞铠甲的石铠甲表明，西汉初年铁质防护装具的发展，也与沿袭秦代铁铠有关。因此，西汉初年兵器装备沿袭秦制问题，仍是今后深入探索的课题。

汉代军队主要装备的兵器的材质由钢铁取代青铜的速度，以及钢铁冶炼新技术的应用和推广，看来不但比原来预计的快，而且更彻底。下面分为格斗兵器、远射兵器和防护装具三项进行分析。

第一是观察格斗兵器。综观已列举的 6 座诸侯王墓出土格斗兵器的材质，按年代早晚，钢铁兵器的比例明显增大，最终取代青铜兵器。年代最早的山东淄博齐王墓，墓室未经发掘。发现的兵器出土于三号随葬坑中，情况较特殊，系集中放置，仅铁戟即有 141 件之多，成捆放置，似为供齐王卒从所实用。另有铁矛、铩等格斗兵器 28 件，共计 169 件；

而铜质格斗兵器仅剑、矛、戈、戟共22件，铜铁兵器间的比例与墓室内随葬的兵器有所不同。其余5座均是墓室内放置的遗物。在较早的汝阴侯墓中，出土青铜格斗兵器5件，铁兵器2件，二者比例为2.5∶1。稍后的狮子山楚王陵出土青铜格斗兵器39件，钢铁格斗兵器69件，比例约为1∶1.8。广州南越王墓出土青铜格斗兵器6件，钢铁格斗兵器25件，比例约为1∶4.2。中山靖王刘胜墓出土青铜格斗兵器5件，钢铁格斗兵器16件，比例为1∶3.2。红土山汉墓出土青铜格斗兵器2件，钢铁格斗兵器13件，比例为1∶6.5。在这些王陵中，有些青铜的戈戟可能是仪仗用器，并非实战格斗兵器，如减去仪仗用器，则钢铁格斗兵器所占的比例会更大。

由上列诸墓出土钢铁兵器比例的变化，明显看出西汉自文帝至武帝时钢铁格斗兵器取代青铜格斗兵器的强劲势头。到西汉末年，青铜格斗兵器被取代的过程已告结束，从汉长安城内武库遗址和未央宫遗址出土的兵器，正可证实这一结论。这两处遗址均毁于王莽末年战火，出土的兵器正是当年被毁的遗物。据统计武库遗存的钢铁格斗兵器有剑、矛、戟、长刀等50余件，青铜格斗兵器仅有1件戈。在未央宫已发掘的诸建筑遗址中，遗存的剑、矛、戟和环首刀等格斗兵器均钢铁材质，没有发现青铜格斗兵器的身影。

钢铁冶炼新技术的应用和推广，改进了西汉钢铁格斗兵器的质量和战斗性能，也加快了钢铁兵器取代青铜兵器的进程。先秦时已用于制作兵器的块炼渗碳钢技术，到西汉时更加成熟。块炼渗碳钢经过反复锻打，钢中碳的均匀性不断改善，夹杂物含量减少，质量日益提高。狮子山楚王陵出土铁矛（样品号2453）为块炼渗碳钢叠打制成，质量更高的代表是满城刘胜墓出土的钢剑。

西汉早期出现的一项钢铁冶炼技术的重大发明是炒钢技术，前文已述及狮子山楚王陵出土的矛（样品号2454），是迄今为止最早的炒钢制品。此外，该墓出土铁器中还有一些炒钢制品的标本。例如，工具中凿（样品号2440-2）为炒钢制品，刀（样品号2432）为炒钢与块炼渗碳钢折叠锻打而成，在已经检测的 21 件标本中，共有 5 件是炒钢制品①，表明当时炒钢技术已较普遍，能应用于兵器和工具等不同器物的制作。时间稍后的广州南越王墓和高邮天山汉墓出土铁器中，也检测出了炒钢制品，更表明炒钢技术在西汉时的普遍应用。

另外应注意的是，西汉时制作钢铁兵器，既能通过局部淬火工艺来提高锋刃部位的硬度，又能通过冷加工硬化的方法来强化金属（即冷锻工艺），提高制品的使用性能。满城刘胜墓出土钢剑和戟经分析，经过了淬火处理。近年又发现，广州南越王墓出土钢剑也已经过淬火处理。狮子山楚王陵出土钢矛虽没有发现淬火马氏体组织，但发现了折叠锻打和表面渗碳现象，而且同墓中出土凿子等工具曾经过淬火处理。这说明西汉时期局部淬火工艺已在较大范围内流传并应用②，极大地提高了兵器效能。

第二是观察远射兵器。在战斗时消耗量最大的兵器，是远射兵器弓箭发射的箭，以及箭上安装的箭镞，所以它也是表明钢铁兵器最终取代青铜兵器的标志物。从列举的 6 座诸侯王墓出土箭镞的材质来看，时间较早的 4 座出土的全是铜镞，只是有的带有铁铤。山东淄博齐王墓随葬坑出土 1810 件铜镞；安徽阜阳汝阴侯墓中出土 35 件铜镞；江苏徐州狮子山楚王陵出土有铜镞 135 件，并有骨镞；广州南越王墓在西耳室、主棺室和东侧室，共出土铜镞 927 件。表明从西汉初到景帝初年，西汉军中远射兵器装备的箭镞材质仍是青铜，在偏远的岭南，到武帝初年依然如此。

大约汉景帝时发生了变化。景帝死后所葬阳陵的从葬坑中，随葬陶俑佩持的模型兵器中，箭镞虽绝大多数为铜质，但已出现铁镞。据南区从葬坑前两期发掘简报统计，已出土模型铜镞 2556 件和铁镞 159 件。武帝时下葬的两座诸侯王墓，出土的既有铜镞也有铁镞，河北满城刘胜墓出土铜镞 70 件、铁镞 371 件、银镞 62 件，山东巨野红土山墓出土铜镞 241 件、铁

---

① 北京科技大学冶金与材料史研究所、徐州汉兵马俑博物馆：《徐州狮子山西汉楚王陵出土铁器的金相实验研究》，《文物》1999 年第 7 期，第 90 页。
② 陈建立、韩汝玢：《汉诸侯王陵墓出土铁器的比较》，《文物保护与考古科学》2000 年第 1 期，第 6 页。

镞 150 件。这表明，到武帝末年，铜镞的使用逐渐减少，铁镞的使用开始普遍。但是，从这 6 座墓中出土的弩机则全用青铜制成。

不过到西汉末年，情况又有了新变化，从王莽末年毁于战火的长安城武库和未央宫废墟中出土的远射兵器遗物，正反映出这一新变化。据统计，武库遗址出土青铜质远射兵器有铜弩机零件 5 件和铜镞 196 件，铁质远射兵器有铁镞 1125 件，其数量是铜镞的 5.7 倍。在未央宫遗址出土的远射兵器中，青铜质的有弩机 4 件、弩机零件 20 件、铜镞 78 件，铁质的有弩机 7 件、弩机零件 45 件、铁镞 205 件，不仅铁镞数量是铜镞的 2.6 倍，而且出现了铁质的弩机和弩机零件（包括牙、悬刀和栓塞），其数量还超过青铜制品。这一新发现纠正了过去的错误认识，过去曾一直认为弩机因需铸造精密，故汉代仍保持青铜材质，未央宫遗址出土的铁弩机和弩机零件清楚地表明，最迟至西汉晚期，禁卫皇宫的卫士已装备了铁质弩机的强弩，青铜兵器在远射兵器中能保存下来的份额比过去估计的少得多。

第三是观察防护装具。在列举的 6 座诸侯王墓中，除山东巨野红土山西汉墓外，另 5 座都葬有铠甲，且均为铁铠，表明至少在西汉文帝至武帝时，王侯和军中将帅都装备了精坚的铁铠。5 座墓所出铁铠，只有安徽阜阳汝阴侯墓出土铁铠甲尚未作复原研究，但从现存 3038 片铁甲片和甲片类型观察，原葬入的可能是铁铠和铁兜鍪各 1 件。其余诸墓出土铁铠甲均已作过复原研究（徐州狮子山楚王陵的复原研究尚未发表），再结合对西安北郊西汉早期墓（91CTDXM2）和汉长安城武库遗址出土铁铠的复原研究，可以看出，西汉时作为个人防护装具的甲胄已经以钢铁为主要材质。再通过对呼和浩特二十家子铁甲片[①]、徐州狮子山楚王陵铁甲片、广州南越王铁甲片、满城中山王刘胜铁甲片、吉林榆树老河深鲜卑墓铁甲片进行金相检测，通过分析铁甲片的显微组织分析研究其制作技术，可以看出，各地出土铁甲片虽所选择的原料不同（满城刘胜墓和呼和浩特二十家子的铁甲

---

① 内蒙古自治区文物工作队：《呼和浩特二十家子古城出土的西汉铁甲》，《考古》1975 年第 4 期。

片为块炼渗碳钢制品，广州南越王墓和榆树老河深的铁甲片为炒钢制品，徐州狮子山楚王陵铁甲片以铸铁脱碳钢为原料），但都是锻造成型，其中徐州狮子山楚王陵铁甲片还发现有冷锻成型的，制作的产品质量较好。作为防护装具的铁铠，所用甲片应具有较好的延展性和一定的强度，经检验，这批西汉铁甲片含碳量不高，在强度方面有所提高，更有利于防护，证明西汉时已较好地掌握了锻造铠甲的技术①。

在铠甲片锻造技术日益提高的基础上，西汉铠甲片的规范化、标准化程度也日益完备，编缀成型的技术也随之提高。《综论》中已指出，死于文帝十五年（前 165 年）的汝阴侯墓中，出土铁铠甲甲片 3038 片，根据甲片大小和穿孔的不同，至少可分 26 类。但武帝元鼎四年（前 113 年）死去的中山靖王刘胜墓中随葬的铁铠，形制规整，甲片总数 2859 片，形制却只有两类，一类为 1589 片，另一类为 1270 片，说明从文帝到武帝近半个世纪间，甲片制作的规范化、标准化程度已大为提高，既宜于大规模生产，也易于编缀和修补，以保证铁铠甲可普遍装备西汉军队。

综上所述，通过近年的考古新发现，西汉时格斗兵器、远射兵器和防护装具中，钢铁兵器取代青铜兵器的进程比原先推想的快得多。从汉景帝阳陵陵园南区从葬坑出土士兵陶俑群及装备的模型兵器，如实模拟着当时汉王朝中央卫戍都城长安的军队②，以及军中标准装备的情况。从第 17 号坑中出土时基本保持原貌的士兵俑队列可以看出，横排 8 行，每行 2～11人不等，所装备的兵器是腰间左侧斜佩 1 件长剑，手执柄髹红漆的铁戟或铁矛（长柄下端装有铜鐏）以及木质的盾牌。在第 20 号坑中，行列整齐的士兵俑身上所披铠甲基本保存完好。已发现的模型兵器，长柄格斗兵器为铁戟、铁矛，但戟的数量多于矛，约为矛的 1.5 倍。短柄的格斗兵器是铁剑。只有远射兵器弩和箭，安装铜弩机和铜箭镞。但也出现了铁镞，其

①　陈建立、韩汝玢：《汉诸侯王陵墓出土铁器的比较》，《文物保护与考古科学》2000 年第 1 期，第 4 页。
②　西汉王朝中央卫戍都城长安的军队，分为南军和北军，南军主要禁卫宫门。《汉书·刑法志》："天下既定，踵秦而置材官于郡国，京师有南北军之屯。"第 1090 页。

数量与出土铜镞数量之比为1：16。据此可以推知，最迟到汉景帝时，卫
成都城部队的标准装备是执长戟（或矛）和盾、佩剑、披铠，戟、矛、
剑、铠已皆用钢铁制作，也应有以铁制作的盾①。汉军重强弩，弩机尚以
青铜铸制，弩箭安装的箭镞虽仍以青铜铸制为主，但已部分采用铁镞。这
表明，早在汉景帝时，即公元2世纪中叶，汉王朝中央军队装备中，青铜
兵器已从格斗兵器的行列中被完全排挤了出去，只在远射兵器中保留最后
的份额，被用于铸造弩机和大部分箭镞。不过在地方诸侯王控制的地区，
钢铁兵器取代青铜兵器的进度比都城长安慢得多。徐州狮子山楚王陵和广
州象岗山南越王墓出土的格斗兵器中，都有青铜制品，有戈、戟、铍、矛
和剑，且远射兵器中的箭镞皆为青铜制品。

这种情况到汉武帝末年有了改变。满城刘胜墓和巨野红土山西汉墓中
虽都有青铜格斗兵器（前者有5件，后者有2件），但是两墓均各有一对
华美的铜戈，饰有伏卧回首形貌的鸳鸯状篝，当是特殊的仪仗器。如果将
其从实用的格斗兵器中去除，则刘胜墓中只有1件铜铍和2件铜剑，红土
山墓中再无青铜格斗兵器。这或许表明，到武帝末年，全国各地军队士兵
装备的兵器的材质已经和中央都城军队的装备趋于一致。

汉长安城内未央宫和武库遗址应毁弃于王莽末年战火，时为公元1世
纪20年代。在那处遗址发掘获得的兵器，格斗兵器和防护装具中的铠甲全
为钢铁制作，反映着当时军队装备的实际水平。过去一直认为远射兵器中
的弩机，在汉代仍以铜制，延至魏晋仍如此。出土物中常见三国时有记年
铭的铜弩机②。在南京秦淮河中还发现过形体硕大的南朝铜弩机③，应为威
力强大的床弩所用弩机。但是未央宫遗址出土的铁弩机和弩机零件（包括
牙、悬刀和拴塞），其数量超过同时出土的铜弩机和弩机零件。弩机改用
廉价的铁制品表明，青铜兵器在远射兵器中保留的份额比过去认为的还小

① 汉军装备铁盾，楚汉之争时已有。鸿门宴时，樊哙闯入楚营护卫刘邦时即手持铁盾，见
《史记·樊哙列传》："樊哙在营外，闻事急，乃持铁盾入到营。"第2654页。
② 杨泓：《弓和弩》，《中国古兵器论丛》（增订本），文物出版社，1985年，第228～229页。
③ 南京博物院等：《江苏出土文物选集》，文物出版社，1963年。

得多。因此由钢铁兵器出现而引发的古代兵器材质方面的革命基本上获得
成功的时间，不是《综论》中推测的东汉时期，而是西汉末年新莽时期，
提早了近两个世纪。

（原载《揖芬集——张政烺先生九十华诞纪念文集》，社会科学文献出
版社，2002 年。后收入《中国古兵与美术考古论集》，文物出版社，2007
年）

中国古代马具装铠对海东的影响

一

在中国古代的战争中，为了保护战马不受敌方兵器的伤害，给马匹披上护甲，最早是在先秦时期。《诗·秦风·小戎》："俴驷孔群"，注"俴驷，四介马也。孔，甚也。……笺云：俴，浅也，谓以薄金为介之札。介，甲也。"[①] 又《诗·郑风·清人》："驷介旁旁"[②]，也是讲拖驾战车的四匹辕马披有护甲。这种车战中驾车辕马的护甲，在考古发掘中屡有出土。在湖北随州战国早期的曾侯乙墓中出土有髹漆皮马甲，保存比较完整的是防护马头部的马冑，保护马躯干的护甲由皮甲片编缀而成，因已散乱，难以复原。在墓内从葬车马兵器简文中也记录有马甲，且所记马甲不止一种，有彤甲、画甲、斳甲（漆甲）、素甲等名目[③]。在荆门包山楚墓出土的皮马甲保存较好，可以复原，使我们得以了解先秦马甲的面貌[④]。包山马甲的马冑，复原后长66厘米，由顶梁片、鼻侧片、面侧片共6片甲片组成。马甲胸颈部分长70、最宽处约60厘米，由25片甲片组成，分为5列，每列5片。马身甲长130、每侧宽约60厘米，由48片甲片组成，左右对称，各分4列，每列6片，特殊部位的形制不同（图一）[⑤]。但是，目前

---

① 《十三经注疏·毛诗正义》，中华书局影印阮元刻本，1980年，第370页。
② 《十三经注疏·毛诗正义》，第338页。
③ 湖北省博物馆：《曾侯乙墓》，文物出版社，1989年。
④ 湖北省荆沙铁路考古队：《包山楚墓》，文物出版社，1991年。
⑤ 白荣金：《包山楚墓马甲复原辨证》，《文物》1989年第3期。

在考古发掘中，还没有获得过供战车辕马使用的金属护甲。保护辕马的马甲，延续使用到秦代，秦始皇陵园从葬坑出土的石质铠甲模型中，还有辕马使用的马甲，其形制仍沿袭着先秦时期的形制①。

图一　包山楚墓皮马甲想象复原图

秦汉以后，随着车战的衰落，防护辕马的厚重皮甲无法转用于装备鞍具的骑兵乘马，因此随着驷马战车一起退出了战争舞台。在与匈奴军队的长期战争中，骑兵逐渐成为西汉军队的的主力兵种，骑兵作战的装备，特别是乘马的马具随之日益改进。但是终汉一代，骑兵马具终未完备，虽然将战国至秦使用的鞍垫改进成鞍，仍未能发明马镫。原来用于防护战车辕马的马甲，无法转用于战士跨骑战斗，因此缺乏对骑兵乘马的防护装具。目前发现的有关汉代的马具实物，只有装饰于马头部的金属当卢，可能在作战时对乘马的颜面起一些保护作用。到东汉时期，也可能已使用了皮革

---

① 　始皇陵考古队：《秦始皇陵园 K9801 陪葬坑第一次试掘简报》，《考古与文物》2001 年第 1 期。

制成的"当胸",用以垂护乘马的前胸,见于《后汉书·鲍永传》①。

在三国时的文献中最早出现"马铠"一词。魏曹植《先帝赐臣铠表》记有"马铠",《北堂书钞》卷二一引文为:"先帝赐臣铠,黑光、明光各一领,两当铠一领,环锁铠一领,马铠一领,今代以升平,兵革无事,乞悉以付铠曹自理。"② 但是当时军中装备极少,故魏武帝曹操《军策令》云:"(袁)本初铠万领,吾大铠二十领;本初马铠三百具,吾不能有十具。见其少,遂不施也,吾遂出奇破之,是时士卒精练,不与今时等也。"③ 可见,袁绍(字本初)军中装备的马铠仅为大铠的3%。据《三国志·魏书·袁绍传》,官渡战前,袁军兵力已达"精卒十万,骑万匹"④,因此骑兵中能装备有马铠的比例约占3%。这种局面直到西晋以后才有改变。遗憾的是,目前还没有发现过有关三国时期马铠的考古资料,因此还不了解其具体形制。

二

西晋时期,骑兵马具进一步完备,普遍装备了前、后带高鞍桥的马鞍,特别是马镫的发明⑤,使骑兵和战马能够很好地结合在一起,于是身

---

① 《后汉书·鲍永传》:"拔佩刀截马当匈",注云"当匈以韦为之也"。
② 《太平御览》卷三五六所引,文字大致相同:"先帝赐臣铠,黑光、明光各一具,两当铠一领,环锁铠一领,马铠一领,今世以升平,兵革无事,乞悉以付铠曹。"中华书局缩印商务涵芬楼影宋本,1960年,第1636页。
③ 《太平御览》卷三五六引,第1636页。
④ 《三国志·魏书·袁绍传》,第195页。
⑤ 目前在考古发掘中获得的年代最早的马镫图像,是长沙西晋永宁二年(302年)墓出土青釉骑俑塑出的马镫,见湖南省博物馆《长沙两晋南朝隋墓发掘报告》,《考古学报》1959年第3期,图版拾壹:1、拾贰:3。1961年,我曾在夏鼐先生指导下,指明长沙西晋永宁二年(302年)墓骑俑乘马塑出的马镫是最早的实例,详见《关于铁甲、马铠和马镫问题》,《考古》1961年第12期。日本樋口隆康于1971年对长沙西晋骑俑马镫进行研究,著文《镫の発生》,载《青陵》第19号。后来,英国李约瑟也注意到长沙西晋骑俑马镫,并充分评价其对世界文化史的贡献,指出人类骑马史上的大多数时间里,双脚都无所寄托,只是到了大约公元3世纪,中国人才改变了这种局面,长沙西晋骑俑马镫是最早的对镫的描绘。罗伯特·坦普尔将李约瑟的《中国科学技术史》简化,向大众作通俗介绍,写成《中国:发明与发现的国度——中国科学技术史精华》,详见中译本第12、178页,二十一世纪出版社,1995年。

着沉重的铠甲的骑兵得以很好地控御同样身披沉重铠甲的战马，把人和马的力量合成一体，全力攻击敌人，并能完成各种战术协同动作，充分发挥重装骑兵集团冲锋的威力。重装骑兵的威力，在西晋覆亡后的东晋十六国时期充分展现出来。当时中国北方一片混乱，各族统治者凭借武力纷纷建立政权，割据一方，相互征伐。万千匹体披具装铠的战马，负载着全身甲胄的骑兵，张弓挺矟，纵横驰骋在东北、西北和中原广阔的原野上，制造出与以前不同的新的战场的景观，于是重装骑兵——甲骑具装骄傲地成为这一历史时期战争舞台上的主角。

重装骑兵成长壮大的历史，又与鲜卑族军事力量的成长与发展有着紧密的联系。在记述十六国时期战争史的文献中，常可查到有关鲜卑族重装骑兵的踪影。例如，《晋书·石勒载记》记载，石勒俘获鲜卑末杯的战斗中，夺得鲜卑军队的铠马5000匹①。又记石勒大败鲜卑将姬澹②时，俘获铠马多达10000匹③。《晋书·姚兴载记》记载，姚兴击败鲜卑乞伏乾归军，"收铠马六万匹"，更见铠马之多④。以上均表明，战马披铠甲的重装骑兵为鲜卑族军队的主要兵力。同时，东晋刘裕军北伐灭南燕慕容超后，又将鲜卑重装骑兵引入南方军中。义熙六年（410年）刘裕破卢循之役，就曾出动所属鲜卑重装骑兵，"使宁朔将军索邈领鲜卑具装虎班突骑千余匹，皆披练五色，自淮北至于新亭。贼并聚观，咸畏惮之。"⑤ 这些都表明，当时各地的鲜卑军中，披有具装铠的战马常以万、千来计数。

近年来的田野考古也提供了具有说服力的实物史料，在慕容鲜卑建立的前燕政权都城龙城（今辽宁朝阳）附近地区，不断出土有十六国时期的铁质马具装铠实物标本。1988年，在辽宁朝阳十二台乡的88M1中，曾出土有重装骑兵——甲骑具装所装备的全套铁铠甲，包括战士披的铁铠和战

① 《晋书·石勒载记》，第2725页。
② 姬澹，《晋书·刘琨传》作箕澹，是归附刘琨的鲜卑猗卢部将。
③ 《晋书·石勒载记》，第2725页。
④ 《晋书·姚兴载记》，第2981页。
⑤ 《宋书·武帝纪上》，第20页。

马披的具装铠，已复原的有骑兵戴的铁兜鍪和颈甲，以及马具装铠中的铁面帘①。1995～1996 年，又在北票市南八家乡喇嘛洞墓地的几座墓中，出土有甲骑具装所使用的全套铁制铠甲，有保存较完整的铁兜鍪、铁马面帘，以及大量铁铠甲片②，并已对其进行了复原研究③。此前，还曾于1965 年在北票西官营子发掘过北燕天王冯跋的弟弟冯素弗的墓葬，他死于北燕太平七年（415 年，一说为太平六年）。墓内随葬有数量众多的各式铁甲片，当时只能看出有 1 件由甲片编缀的兜鍪，也已残碎不能复原。其中的许多大型甲片，应是战马所披具装铠的甲片④。此外，原为前燕慕容皝司马的冬寿的墓室中，绘有他统军出行的大幅壁画，其中也绘有甲骑具装的图像⑤。依据这些考古资料，我们已能较清楚地了解十六国时期慕容鲜卑重装骑兵的面貌。

除了在慕容鲜卑活动的地域内获得的有关甲骑具装的考古资料外，还在陕西地区十六国时期的墓葬中获得过模拟甲骑具装形貌的陶俑。早在1959 年，西安南郊草场坡村发掘的一座十六国时期的墓葬中，已出土有甲骑具装俑和披具装铠的陶马⑥。20 世纪 80 年代以来，陆续在西安、长安、咸阳等地发掘同样形制的十六国时期墓葬⑦，并在咸阳文林小区的 M49 中发现前秦建元十四年（378 年）纪年砖铭⑧，进一步表明，这类墓的确是十六国时期前秦、后秦的墓葬。在这类墓中出土的陶甲骑具装俑和披具装

① 辽宁省文物考古研究所、朝阳市博物馆：《朝阳十二台乡砖厂 88M1 发掘简报》，《文物》1997年第 11 期。
② 张克举、田立坤：《辽宁发掘北票喇嘛洞鲜卑贵族墓地》，《中国文物报》1996 年 12 月 22 日第 1 版；《辽宁北票喇嘛洞墓地》，载《1998 中国重要考古发现》，文物出版社，2000 年，第71～75 页；辽宁省文物考古研究所：《三燕文物精粹》，辽宁人民出版社，2002 年。
③ 辽宁北票喇嘛洞十六国墓葬出土铁甲，已由白荣金作复原研究，尚未刊出。
④ 黎瑶渤：《辽宁北票县西官营子北燕冯素弗墓》，《文物》1973 年第 3 期。
⑤ 洪晴玉：《关于冬寿墓的发现和研究》，《考古》1959 年第 1 期。
⑥ 陕西省文物管理委员会：《西安南郊草厂（场）坡村北朝墓的发掘》，《考古》1959 年第 6 期。
⑦ 咸阳市文物考古研究所《咸阳平陵十六国墓清理简报》，《文物》2004 年第 8 期。
⑧ 岳起、刘卫鹏：《关中地区十六国墓的初步认定——兼谈咸阳平陵十六国墓出土的鼓吹俑》，《文物》2004 年第 8 期。

铠的陶马（图二）①，较真实地模拟着当时甲骑具装，也是了解东晋十六国时期甲骑具装的形像资料。

　　在南方东晋政权控制的地区，目前只在云南昭通后海子发掘的东晋太

图二　陕西咸阳平陵十六国墓出土披具装铠陶马
1. 釉陶马（M1：4）　2. 彩绘陶马（M1：5）

---

① 1996 年，西安未央区董家村十六国墓出土披具装铠陶马，见《考古与文物》1998 年第 5 期
　　封底。

元十至二十年间（385～395年）霍承嗣墓①壁画中有甲骑具装的图像，但该墓的壁画绘制颇拙稚，仅具粗略形貌。

从能够辨明细部形制的东北和陕西的出土实物和图像资料可以看出，东晋十六国时期的马具装铠结构完备，而且各地出土的马具装铠实物和图像，形貌颇为相同，说明当时马具装铠的制作遵守着相同的规范。十六国时期的马具装铠主要由6部分组成②。一是"面帘"，用以保护战马头面部分；二是"鸡项"，用以围护战马脖颈；三是"当胸"（荡胸），用以遮护战马前胸；四是"马身甲"，用以保护战马躯干；五是"搭后"，用以保护战马后臀；六是"寄生"，树立在马尻部，用以保护马上战士后背，并起装饰作用（图三）。具装铠的质地有钢铁和皮革两种，应以前者为主。在辽宁朝阳地区出土的具装铠实物，都是由钢铁制成的。其中面帘由大型的特殊甲板铆接成型。鸡项、当胸、马身甲和搭后等部分，则均以大小不等的甲片编缀而成，所用甲片一般比人铠所用甲片形体大而厚重。编缀方法基本相同，外缘以各种织物包出宽边，为了使铁甲不致磨伤战马肌肤，甲片下有较厚的衬垫。甲片的编缀规律也与人铠近似，应是先横编成列，然后纵联而成。横列甲片则是前片压后片，陆续编联。一般是编缀鸡项的甲片较小，编身甲的甲片较长大，全铠使用的甲片估计超过3000片。寄生也用金属制作，呈植物枝叶状，如竹枝状，后来改成扇面形状。在这几部分中，以面帘最具时代特征，以朝阳十二台乡88M1出土铁马面帘为例，予以说明（参看本书《中国古代甲胄续论》图一七）。面帘全长近60、最宽约30厘米，正面的铁板，由上额下至鼻端形成一条居中的平脊，上阔下狭。为适应马面额至鼻的轮廓变化，在额下约24厘米处下折，形成160°钝角的折棱。在额上折接冠饰，总体呈圆弧花瓣形，居中又凸出一朵杏叶形花瓣。总体看来，形成两侧较平缓而中瓣凸伸于上的三瓣花形。在左右

---

① 云南省文物工作队《云南昭通后海子东晋壁画墓清理简报》，《文物》1963年第12期。
② 关于马具装铠各部位的名称，除当胸、寄生外，汉魏六朝文献失载，仅北宋《武经总要》中有详细记述，并有图示，故论述时，名称均依《武经总要》，虽所据文献时代稍迟，但总比有些论著中自己另起今名为好。

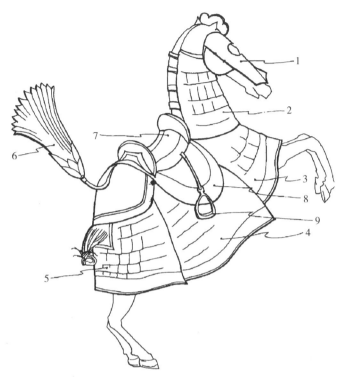

图三　十六国南北朝时期马具装铠结构示意图
1. 马面帘　2. 鸡项　3. 当胸　4. 马身甲　5. 搭后　6. 寄生　7. 鞍　8. 鞦　9. 镫

两侧以合叶铁销联缀半圆形状的护颊板，目孔一半开在遮护马面部的铁板
下缘，另一半开在护颊板上，上下拼合成圆形目孔。在面帘鼻端还缀垂一
舌形小甲片，以垂护马的鼻头。两侧护颊板的下缘，各安 3 个带扣，可扣
系皮带，自下将面帘固定在马头上，结构极为合理实用。北票喇嘛洞 IM5
出土铁马具装铠的面帘，与朝阳十二台乡 88M1 的面帘形制相同，由居中
平脊、两侧半圆形护颊板和额顶花饰组成，面帘鼻端也缀垂舌形小甲片，
面帘全长也近 60 厘米。再观察永和十三年（即升平元年，357 年）冬寿墓
壁画甲骑具装图像和陕西西安草场坡、咸阳平陵出土的甲骑具装俑与披具
装铠陶马，所塑绘出的马面帘，都是模拟以铁板制成的实物的原貌，面帘
由额至鼻端是一条居中的平脊，向左右两侧扩展出护板，遮护住马头，在
两颊联垂半圆形护颊板。面帘上面开有圆形目孔。在额部顶上有微向前倾

的圆弧形花瓣饰，或呈三瓣花形，马耳半隐于花饰后面。可以看出，当时各地的马具装铠的面帘形制均大体相同，显示出共同的时代特征。

在使用马面帘防护马头部以前，缀饰于马面的当卢也有防护马头的功能。如将十二台乡88M1马面帘居中平脊的平面轮廓，与该墓出土的鎏金铜当卢（图四）相比较，其形制颇为接近。西安草场坡和咸阳平陵陶俑塑出的面帘，居中的平脊也似当卢形貌，再在两侧缀饰半圆形护板。因此或可以认为，面帘很可能是在当卢左右两侧加缀半圆形护板，逐渐演变发展而成。

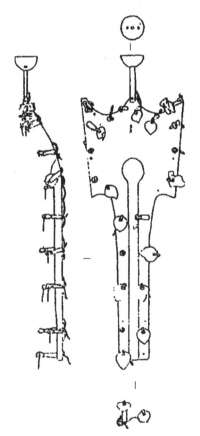

图四　辽宁朝阳十二台乡88M1出土鎏金铜当卢（88M1：17）

十六国时期以后，由拓跋鲜卑建立的北魏统一了北方，形成南北朝对峙的局面。北朝军队的核心力量仍是重装骑兵——甲骑具装，战马披的具装铠的形制仍沿袭十六国时期，只是细部有些改变。如马面帘采用整套在马头上的样式，取消了额上立着的花饰，护颊部分与面帘其他部分联成一体，在双耳双目处开有洞孔，常在额顶安有插缨的管状缨座，上竖彩缨。寄生则均为扇面形状。

三

起源于辽宁桓仁地区的高句丽族，所处为多山地区，高句丽先祖朱蒙建国之初的都城"纥升骨城"① 是一座山城，或认为即今辽宁桓仁县城东北浑江右岸的"五女山城"②。以后逐渐向今吉林集安地区发展。史载高句丽初期居住地区"多大山深谷，无原泽。随山谷以为居，食涧水。无良田"③。所产马匹也是矮小的果下马种，"其马皆小，便登山"④。"出三尺马，云本朱蒙所乘，马种即果下也。"⑤ 不论是自然条件还是所畜马种，在高句丽初期并不具备发展重装骑兵的条件。当高句丽族将政治经济中心转移到鸭绿江中游最大的平原——吉林集安地区以后，国力日强，便不断向西北方向扩展，逐渐侵向辽东一带，三国时期导致曹魏大军的讨伐。正始五年（244 年），幽州刺史毌丘俭督诸军步骑万人出玄菟击高句丽，大败句丽王宫，"以登丸都，屠句骊所都，斩获首虏以千数。""宫单将妻子逃窜"。次年复征之，追句丽王宫"至肃慎氏南界，刻石纪功，刊丸都之山，铭不耐之城"⑥。遭到这次重大挫折以后，高句丽族逐渐恢复，到高句丽王乙弗利和其子钊时，军力日强，重又向西北方向扩展，于是开启了与慕容鲜卑长期冲突的局面。

---

① 《魏书·高句丽传》：高句丽先祖朱蒙"遂至普述水，遇见三人，其一人著麻衣，一人著纳衣，一人著水藻衣，与朱蒙至纥升骨城，遂居焉，号曰高句丽，因以为氏焉。"第 2214 页。
② 辽宁省文物考古研究所：《五女山城——1996～1999、2003 年桓仁五女山城调查发掘报告》，文物出版社，2004 年。
③ 《三国志·魏书·乌丸鲜卑东夷传》，第 843 页。
④ 《三国志·魏书·乌丸鲜卑东夷传》，第 844 页。
⑤ 《魏书·高句丽传》，第 2215 页。
⑥ 《三国志·魏书·毌丘俭传》，第 762 页；《三国志·魏书·乌丸鲜卑东夷传》，第 845～846 页。

　　东晋大兴（或作"太兴"）二年（319年），平州刺史、东夷校尉崔
毖，"阴结高句丽及宇文、段国等"三国军队，进攻慕容廆棘城未果①，加
剧了高句丽与慕容鲜卑的矛盾，此后战争不断。慕容皝称燕王后，于东晋
咸康七年（341年）率劲卒四万大举进攻高句丽，高句丽王钊错误估计形
势，认为皝军主力在北路，故由其弟武统精锐防御北路，自己率弱卒守南
路，不料燕军主力从南路进攻，前锋慕容翰"与钊战于木底，大败之，乘
胜遂入丸都，钊单马而遁。皝掘钊父利墓，载其尸并其母妻珍宝，掠男女
五万余口，焚其宫室，毁丸都而归"。高句丽大败之后，只得向燕称臣乞
和。"明年，钊遣使称臣于皝，贡其方物，乃归其父尸。"② 此后，高句丽
与燕一直维持着臣服的关系③。可能由于这一次重大的挫折，恢复后的高
句丽打消向辽东扩展的念头，而将其军力指向鸭绿江的另一侧，向朝鲜半
岛推进。

　　高句丽族在与慕容鲜卑的矛盾冲突中，面对以重装骑兵为主力的鲜卑
军队，必须不断学习对手的长处，组建自己的重装骑兵。同时，燕政权上
层争夺权力的斗争中，失势一方的将领常逃往高句丽，出逃时常带有族人

---

① 《晋书·慕容廆载记》，第2806～2807页。
② 《晋书·慕容皝载记》，第2822页。《资治通鉴》卷九七记述此次战役更详细。"将击高句丽。
高句丽有二道，其北道平阔，南道险狭，众欲从北道。翰曰：'虏以常情料之，必谓大军从北
道，当重北而轻南。王宜帅锐兵从南道击之，出其不意，丸都不足取也。别遣偏师从北道；
纵有蹉跌，其腹心已溃，四支无能为也。'皝从之。十一月，皝自将劲兵四万出南道，以慕容
翰、慕容霸为前锋；别遣长史王㝢等将兵万五千出北道以伐高句丽。高句丽王钊果遣弟武帅
精兵五万拒北道，自帅羸兵以备南道。慕容翰等先至，与钊合战，皝以大众继之。左常侍鲜
于亮曰：'臣以俘虏蒙王国士之恩，不可以不报；今日，臣死日也。'独与数骑先犯高句丽陈，
所向摧陷。高句丽陈动，大众因而乘之，高句丽兵大败。左长史韩寿斩高句丽将阿佛和度加，
诸军乘胜追之，遂入丸都。钊单骑走，轻车将军慕舆埿追获其母周氏及妻而还。会王㝢等战于
北道，皆败没，由是皝不复穷追。遣使招钊，钊不出。皝将还，韩寿曰：'高句丽之地，不可
戍守。今其主亡民散，潜伏山谷；大军既去，必复鸠聚，收其余烬，犹足为患。请载其父尸、
囚其生母而归，俟其束身自归，然后返之，抚以恩信，策之上也。'皝从之。发钊父乙弗利
墓，载其尸，收其府库累世之宝，虏男女五万余口，烧其宫室，毁丸都城而还。"中华书局校
点本，1956年，第3050～3051页。
③ 慕容皝死后，慕容儁继任燕王，与高句丽关系依旧，《晋书·慕容儁载记》："高句丽王钊遣使
谢恩，贡其方物。儁以钊为营州诸军事、征东大将军、营州刺史，封乐浪公，王如故。"第
2835页。

和部曲，同时也会将慕容鲜卑先进的甲骑具装的装备带到高句丽境内。较
突出的事例，如东晋咸康二年（336 年）慕容皝母弟慕容仁与其争权失败
后，部下佟（冬）寿、郭充均奔往高句丽①。冬寿的墓葬后发现于今朝鲜
黄海北道安岳②，墓内墨铭仍奉东晋正朔，纪年为永和十三年（即升平元
年，357 年）。墓内绘有冬寿乘牛车统军出行的画面，军阵两侧的骑兵均为
重装骑兵——甲骑具装的形貌，战马所披具装铠，仍具有慕容鲜卑具装铠
的特征（图五：1），上节已作叙述。此外，葬于高句丽广开土王永乐十八
年（408 年）的朝鲜德兴里壁画墓③所葬死者，身份也应与冬寿相近，壁
画中也绘有形貌特征相同的甲骑具装图像（图五：2）。都是具有慕容鲜卑
特征的马具装铠对高句丽产生影响的例证。

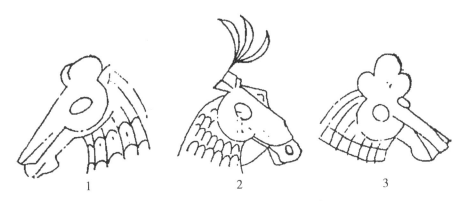

图五　高句丽墓室壁画绘出的马面帘
1. 冬寿墓　2. 德兴里墓　3. 集安三室墓

　　正是由于上述原因，在公元 4 世纪末至 5 世纪初，高句丽墓室壁画中
开始出现有重装骑兵——甲骑具装的图像。在集安地区的高句丽壁画墓

①　《资治通鉴》卷九五："慕容幼、慕容稚、佟寿、郭充、翟楷、庞鉴，皆东走，幼中道而还；
　　皝兵追及楷、鉴，斩之；寿、充奔高丽。"第 3005～3006 页。辽东佟寿原为慕容皝司马，咸
　　和八年（333 年）受皝命，与皝弟武将军幼等引兵讨慕容仁，兵败，"寿尝为仁司马，遂降
　　仁"。第 2990～2991 页。又见《晋书·慕容皝载记》，第 2815～2816 页。
②　洪晴玉：《关于冬寿墓的发现和研究》，《考古》1959 年第 1 期。
③　安志敏：《德兴里壁画墓》，《中国大百科全书·考古学》，中国大百科全书出版社，1986 年，
　　第 89 页；朝鲜社会科学院、朝鲜画报出版社：《德兴里高句丽壁画古坟》，［日］讲谈社，
　　1986 年。

中，已在三室墓①和麻线沟1号墓②发现有甲骑具装图像。惜至今还没能在发掘高句丽墓时，发现过随葬的马具装铠实物。在朝鲜半岛北部发现的高句丽时期的壁画墓中，除了前述由辽东逃入的冬寿等人墓中的甲骑具装图像外，出现有甲骑具装图像的壁画墓，还有双楹冢、铠马冢、药水里古墓等处。从三室墓和麻线沟1号墓所绘甲骑具装图像可以看出，在高句丽族引进重装骑兵的防护装具以后，战马具装铠的结构已趋于完备，其形制明显保留着辽东地区慕容鲜卑甲骑具装的特色，马面帘、鸡项、当胸、马身甲、搭后具备，尻竖寄生。鸡项、当胸、马身甲和搭后均由甲片编缀而成，面帘为整片甲板铆接，可看出由额至鼻居中的平脊，向左右折下的护板和半圆形的护颊板，额上立起略向前倾的圆弧形花瓣饰，或明显呈中高两侧低的三瓣花形（图五：3），由此明显看出其与慕容鲜卑马具装铠间的渊源关系。

四

引入重装骑马装具以后，极大地增强了高句丽族的军力，使其在向朝鲜半岛南部发展时占有优势，不论是对百济、新罗或伽耶，还是对渡海而来的倭军③，都是如此。而在与高句丽的抗争中，朝鲜半岛南部诸政权也不断改进自己的军事装备，仿效高句丽的重装骑兵，仿效、引进重装骑兵的防护装具，特别是防护战马的马具装铠。通过近年在韩国境内的田野考古发掘，已经在新罗墓葬中获得过随葬的马具装铠（图六）④，更在伽耶时期的墓葬不断获得随葬的铁质铠甲，其中有战马披的马具装铠，并出土多

① ［日］池内宏、梅原末治《通沟》，1940年。
② 吉林省博物馆辑安考古队：《吉林辑安麻线沟一号壁画墓》，《考古》1964年第10期。
③ 关于倭由日本列岛渡海侵扰朝鲜半岛的事例，好太王碑曾记述，辛卯年（即高句丽好太王永乐元年，391年），倭人渡海入侵半岛，"而倭以辛卯年来渡海破百残□□罗以为臣民"。见王仲殊《关于好太王碑文辛卯年条的释读》，《考古》1990年第11期；王仲殊《再论好太王碑文辛卯年条的释读》，《考古》1991年第12期。
④ 新罗的马具装铠，在韩国庆州皇南洞109号墓、舍罗里65号墓均有发现。

件较完好的铁马面帘①。同时在日本古坟时代的墓葬中，也曾有随葬的马
具装铠出土，和歌山市大谷古坟出土过较完好的铁马面帘（图七：1）②，
埼玉将军山古坟也发现过铁马面帘（图七：2）③。这些考古标本，都为了
解中国古代马具装铠对海东诸国的影响，提供了实物例证。

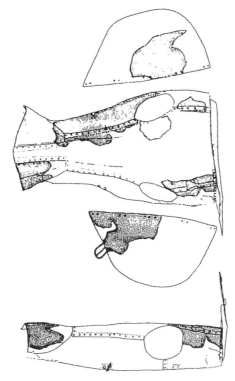

图六　韩国皇南洞 109 号坟第 4 榔出土马面帘

通过对朝鲜半岛南部韩国境内出土的新罗、伽耶的铁马面帘的综合观
察，可以看到与辽东半岛慕容鲜卑铁马面帘基本相同的形体特征。它们的

① 在韩国东莱、釜山、金海等地，陆续发现有伽耶时期的马具装铠，特别是保存较完好的铁马
　　面帘。据［韩］宋桂铉在 2001 年的不完全统计，出土马铠的墓至少已有 16 处，其中有面帘
　　的至少有 10 处，见《古代战士与武器》，釜山福泉博物馆，2001 年。
② ［日］樋口隆康等《大谷古坟》，和歌山市教育委员会，1959 年。
③ ［日］埼玉县教育委员会《将军山古坟》，1997 年；［日］太田博之：《埼玉将军山古坟出土
　　马胄资料的基础研究》，《日本考古学》第 1 号第 103～125 页，1994 年。

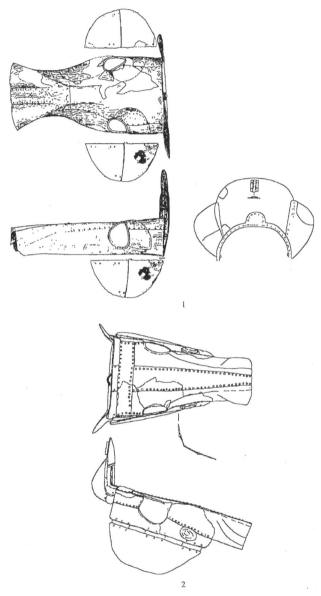

图七　日本古坟出土铁马面帘
1. 大谷古坟　2. 埼玉将军山古坟

尺寸大致相近。慕容鲜卑马面帘大约总长 60 厘米，宽 30 厘米；保存较完整的伽耶铁马面帘总长在 48～56 厘米之间，宽 24～27 厘米。它们的基本结构大致相同，都是自额至鼻端为一条居中的平脊，两侧铆接护板，其下

再联缀半圆形的护颊板，其上开有圆形目孔。在额部以上竖接圆弧形花
饰，上缘常呈三瓣花形。但是视其细部又有差别。目前所获得的慕容鲜卑
铁马面帘实物，目孔的上半部开在平脊两侧的护板下缘处，而目孔的下半
部开在护颊板上缘处，护板与护颊板联缀后，上下拼合成完整的目孔（图
一三：1）。韩国东莱福泉洞 10 号墓（图八、一三：2）①、韩国陕川玉田古
坟群 1 号墓（图九）② 出土的铁马面帘，都是上述样式。但是另一些出土
品的形制与之微有不同，马面帘上的圆形目孔开在平脊两侧护板上，在
护板下联缀护颊板。例如，陕川玉田 3 号墓（图一〇、一一）③、23 号墓

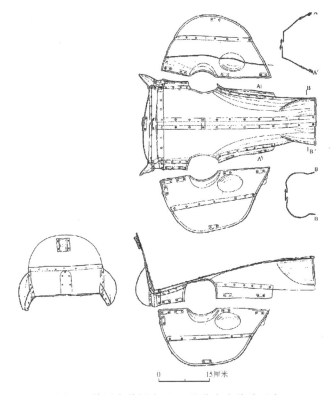

0   15厘米

图八　韩国东莱福泉洞 10 号墓出土铁马面帘

① ［韩］郑澄元、申敬澈：《东莱福泉洞古坟群Ⅰ》，釜山大学校博物馆，1983 年。
② ［韩］赵荣济、朴升圭、柳昌焕、李琼子：《陕川玉田古坟群Ⅲ——M1、M2 号坟》，庆尚大学
　 校博物馆，1992 年。
③ ［韩］赵荣济、朴升圭：《陕川玉田古坟群Ⅱ——3 号坟》，庆尚大学校博物馆，1990 年。

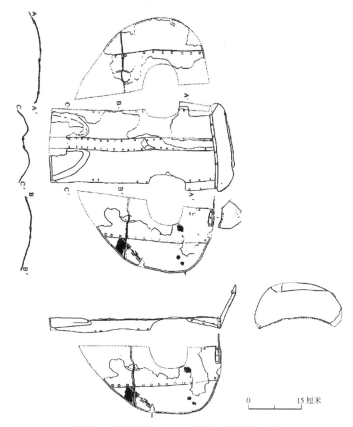

图九　韩国陕川玉田1号墓出土铁马面帘

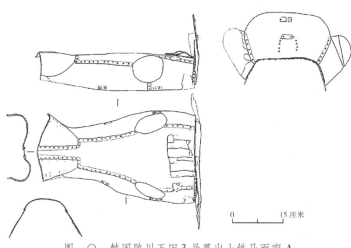

图一〇　韩国陕川玉田3号墓出土铁马面帘A

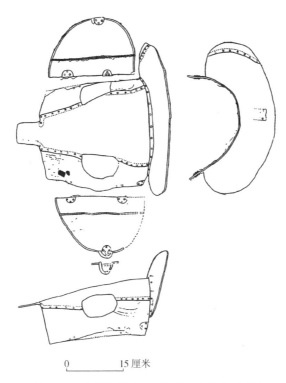

0 —————— 15厘米

图一一　韩国陕川玉田3号墓出土铁马面帘B

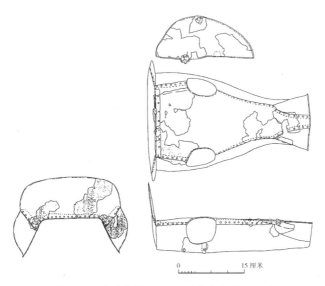

0 —————— 15厘米

图一二　韩国陕川玉田23号墓出土铁马面帘

(图一二)① 等出土的铁马面帘，陕川磻溪堤出土的铁皮混制马面帘
也是这种样式的②。后一种样式的铁马面帘，目前在慕容鲜卑铁马面帘中
还没发现过。在高句丽壁画的图像中，中国集安三室墓壁画马具装铠的面
帘像是前一种样式的，而朝鲜德兴里壁画墓所绘像是后一种样式的。由此
看来，这两种样式的马面帘，同样是高句丽影响的产物。

日本大谷古坟出土铁马面帘（图一三：4），其上目孔所开的位置在平

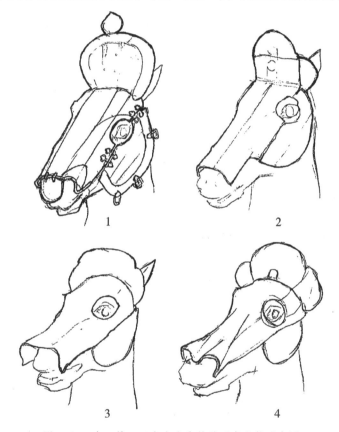

图一三　中、韩、日出土古代铁马面帘比较示意图
1. 中国辽宁朝阳十二台乡88M1 十六国墓　2. 韩国东莱福泉洞10 号墓伽耶墓　3. 韩国陕川玉田
28 号墓伽耶墓　4. 日本和歌山市大谷古坟

① ［韩］赵荣济、柳昌焕、李琼子：《陕川玉田古坟群Ⅵ——23、28 号坟》，庆尚大学校博物馆，
1997 年。
② 日、韩学者已注意到朝鲜半岛南部出土铁马面帘的两种不同样式，参看［日］太田博之：《埼
玉将军山古坟出土马胄资料的基础研究》，［韩］宋桂铉《古代战士与武器》。

脊两侧护板上，基本样式与韩国陕川玉田伽耶时期古坟群 3 号墓、28 号墓（图一三：3）出土铁马面帘相似。日本埼玉将军山古坟出土的铁马面帘残片，经复原后，其形制也应是这种样式的。其时代已近公元 6 世纪中期。可以看出，这是倭与朝鲜半岛诸国接触中，接受大陆影响的制品。也表明中国辽东慕容鲜卑先进的重装骑兵的防护装具，特别是防护战马的具装铠，经由高句丽，向朝鲜半岛南部再越海，影响到日本列岛的古代国家。

通过对目前所知田野考古获得的标本，仅能勾勒出公元 4 世纪以来中国古代马具装铠发展的粗略轮廓，以及中国重装骑兵——甲骑具装影响海东诸古代民族及其军队的大致情况。相信随着中国、韩国、日本的考古发掘的新进展，会获得更多的古代铁马具装铠实物标本，必将不断推进对中国古代马具装铠和朝鲜、日本古代马具装铠关系的分析探究，取得新的研究成果。

（原载《新世纪的中国考古学——王仲殊先生八十华诞纪念论文集》，科学出版社，2005 年。后收入《中国古兵和美术考古论集》，文物出版社，2007 年）

后记　本文是在参加日本国立历史民俗博物馆召开的"古代東アジアにおけゐ倭と加耶の交流"国际学术会议的发言提要《公元 6 世纪以前的东亚铁甲胄——中国古代甲胄与朝鲜、日本古代甲胄之关系》的基础上，专就重装骑兵——甲骑具装的主要防护装具：马具装铠重新撰写而成，而本文得以完成，孙秉根的热心促成起了主要作用。在撰写中所用韩国的考古发掘资料和有关论著，是金镇顺帮助收集并翻译的，谨此一并致谢。

扳指和火药袋

  玉扳指（又名"玉搬指"），这一物品名称今人听了极为生疏，如将它解释成现今人们可以懂的说法，就是清代男人戴在右手大拇指上的一种大型玉戒指。在我童年时代的北京城里，还常能看到有些男人手上戴有扳指，主要是京中前清满族遗民，他们戴扳指，似乎一方面表示不忘祖传规矩，另一方面或许怀念已被民国夺取去的国家政权。那时有些汉人也戴个玉扳指，纯粹是将它视为男性的装饰物，表现自己颇有男子气。抗日战争以后，在北京就很少能看到有人戴扳指了，它也就沦为收藏古物的人手中的玩物。

  说满族遗民戴扳指以示不忘祖传规矩，那是因为满族本是源于白山黑水间的游牧民族，族人习骑射本是民族传统。追寻满族的族源，常可远溯到先秦时期已活跃于辽东的肃慎。女真族建立的金王朝覆亡以后，继续留在辽东的女真族人，到明代被分别称为建州女真、海西女真和野人女真。后来，建州女真的首领努尔哈赤统一女真各部，建立政权，仍称"金"，史称"后金"。后金军队的主力与历史上一切游牧民族一样，是强悍的骑兵，而骑兵最主要的远射兵器是弓箭。所以，后来清王朝的统治者总是强调当年是靠弓马得天下。清朝前期的康、雍、乾三代帝王，本身也是善弓马的统帅，至今北京故宫仍藏有许多他们使用过的兵器装具和马具。清初木兰围场的大规模射猎，也是皇族亲贵子弟习武的重要活动。随着清政权的日益巩固，已经成为统治民族的满族八旗子弟，日渐"怠于武事，耽于逸乐"。乾嘉以后，更趋骄奢懒散，逐渐沦为京中只知手提鸟笼雀架、终日闲游的"笼手骄民"。或许其中有些人的右手大拇指上还戴有玉扳指，恐怕只当个装饰，早已不知其原来的用途为何了。

　　谈起扳指（搬指），自然与中国古代射箭时张弓牵弦的指法分不开。中国古代射手与西胡（自中亚、西亚、北非直到地中海的希腊、罗马）的射手不同，张弓牵弦不是用手指牵拉，而是用大拇指勾弦张弓，为了在松弦将箭射出时，不致让弓弦伤及拇指内侧，常要用皮革等坚韧耐磨之物套缚在拇指上用以防护。身份高的人士则以玉为之，因玉质坚硬耐磨，制成环状用以护指，就是扳指，先秦文献中称之为"韘"。《诗·卫风·芄兰》："芄兰之叶，童子佩韘"，郑注："韘，玦也。能射御则佩韘。"

　　目前在田野考古发掘中获得的年代最早的玉韘即玉扳指，出土于河南安阳殷墟的妇好墓中。妇好是商王武丁的法定配偶，是可以代王出征的女统帅。在其墓中除随葬有大量的青铜兵器，也有一枚玉扳指（图一）。玉色深绿，有褐斑，下端平齐，上端是前高后低的斜面，居中是套拇指的指孔，器高 2.7～3.8、孔径 2.4、壁厚 0.4 厘米。玉扳指的前侧浮雕兽面纹，头顶的双角似牛角，在双目之下各有小圆穿孔，可用以穿细绳；后侧近底处有一横向凹槽（图二）。将玉扳指套戴在拇指上以后，前侧的细绳可以向下系结在手腕上，后侧的横槽正好用于勾弓弦（图三）。从凹槽磨痕可

图一　妇好墓出土的玉扳指（973）

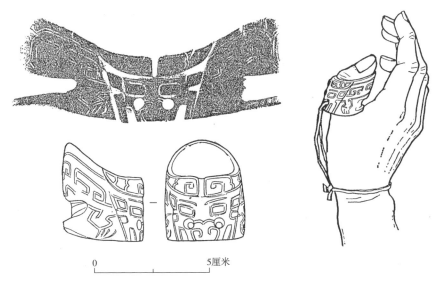

图二　妇好墓出土的玉扳指（973）及其拓片　　图三　扳指用法示意图

知，它当年正是女帅妇好实际使用的射箭工具。商代以后，在先秦时期的墓葬中不断有玉韘出土，也有些是模拟韘形的玉饰。

　　清人骑射，也是遵循中国古代民族的传统射法，以拇指勾弓弦，所以也依传统使用玉质或其他质料制作的扳指，不过其形制都是上下两端都平齐，形似圆筒。一般人士使用的实用器，多平素无纹，质朴无华；身份尊贵的人士所用者，则多雕饰华美，或嵌饰金翠。北京故宫博物院所藏清帝御用之物，多出于宫廷造办处，大约为乾隆皇帝御用。其中，犀角嵌金丝夔纹扳指就带有"乾隆年制"铭记，青玉勾云纹扳指则有"古稀天子"刻铭。不过，这些华美的扳指虽具有实用功能，大多未必真曾用于张弓射箭，而仅供天子玩赏之用。

　　说满人以弓马得天下，实际上当时军中装备的主要进攻性兵器已是各种火器。重型的以红衣大将军炮为代表，单兵手持火器主要是鸟枪。清初军中使用的这些火器的制作技术均沿袭明朝，红衣大将军仿自明代引进的荷兰火炮，因为当时称荷兰为"红毛夷"，故称"红夷炮"，满人仿制后，因恶"夷"字而改为"衣"。鸟枪，明代称"鸟铳"或"鸟嘴铳"，16世纪中叶引进，当时的鸟枪采用枪机发火，主要是火绳枪，也有燧发枪，每名鸟枪手配备两个火药罐或者药袋,一个用来装发射药,另一个装引火药。清初仿自明代的枪炮,基本形制变化不大,只是局部工艺有所改进,并开始在八旗军中组建主要装备火器的部队。康熙三十年(1691 年)置内、外火器营,其中内火器营 3920 人中,鸟枪护军为 2512 人,占总兵力的 60% 以上。雍正年间,又在广州、福州等地八旗驻防军中设立鸟枪营,成为当时步兵中新的兵种。

目前北京故宫博物院所藏当时清宫中皇帝使用的鸟枪,制工比军中实用的一般鸟枪精美,但多数仍是旧式的火绳枪,虽然也出现有燧发枪(利用燧石枪机点火发射的枪),但数量很少,这后一种枪在清代又被称为"自来火"枪。为清代皇帝专门制造的这些鸟枪,在枪筒外壁常装饰有错金图案,枪托更用金、银、象牙、玉石、珊瑚、犀角等嵌饰,华美富丽。皇帝自不需亲自使用鸟枪出阵作战,所以这些鸟枪主要是用于射猎,装火药的火药袋自然是不可或缺的物品。造办处为皇帝制造的火药袋都是异常精美的,质料除皮革外,也采用牛角、木材或金属材料,器表雕饰华丽,多选用吉祥图案,再嵌金镶玉,或髹漆绘彩,颇显富丽美观,今日看来,亦不失为极具观赏价值的古代文物。但是在观赏这些雕饰精美的鸟枪和火药袋时,又总会令人感到几分辛酸——当清宫造办处指示匠人花费功力追求为皇帝的火器披上华美的外装时,并没有人想去改进火器的性能,几乎仍旧沿袭着明代由西方引进的工艺停滞不前,旧式的火绳枪仍大量使用,燧发枪还是较少的新式火器。而在西欧,列强的军械制造已逐渐淘汰老式的燧发枪,研制并生产了更为先进的击发枪,日渐拉大了与清军装备的火器的差距。日后在战场上,这种差距自然会带来灾难性的后果。

(原载《紫禁城》2008 年第 2 期,文章名为《扳指与火药袋——艺术品的前世今生》)

中国历史上的马和战争

一 用人命换回的"天马"

距今 2000 多年前，中国历史上发生了一场罕见的专为夺马的战争。汉武帝太初元年（前 104 年），拜李广利为贰师将军，率领属国骑兵六千以及郡国恶少年数万人，去远征大宛，出兵的原因是为了获取大宛的名马。原来在汉与匈奴的争战中，马匹损失的数量巨大，仅举元狩四年（前 119 年）大将军卫青与骠骑将军霍去病出塞击匈奴一役，汉军出动 10 万骑兵，还有塞阅官及私马 14 万匹，等到击败匈奴胜利返回时，复入塞者仅有不满 3 万匹，马匹损失接近十分之八。战败方匈奴的损失更大，双方都缺乏继续发动大规模作战的战马，所以在此后几年，再没发生过大的战争。

汉武帝为了补足军马的损失，一方面扩大养马业，另一方面致力于马种的改良。先是引进乌孙的马种，名曰"天马"。后来汉武帝知道，大宛有汗血善马，于是想通过和平的手段求取大宛马。他先是派出名叫"车令"的使者，到大宛的都城贰师城，送给大宛王千金和一个金马，要求换取贰师城的善马。不料大宛王根本不愿意把贰师马送给汉，他认为贰师马本是大宛的宝马，而且大宛与汉距离遥远，路途艰险，汉也没有办法派大军来，所以他断然拒绝汉使的要求。汉使遭拒绝后十分不冷静，怒骂后槌坏金马离去。宛人嫌汉使无礼，就让宛东边的郁成王劫杀汉使，还夺取了汉使的财物。消息传至都城长安，汉武帝大怒，于是如前所述，派遣李广利率兵去进攻大宛。

　　夺取大宛贰师善马的战争，并不像汉朝皇帝和朝臣们估计的那样顺利。李广利的军队出塞以后，果然如宛人所料，沿途小国各个坚守不与汉军合作，弄得汉军路遥乏食，军中不断减员。勉强进军到达郁成城下时，李广利军中仅剩下数千饥饿的战士。进攻郁成，不但没有成功，反被击败，损失惨重，李广利只得引兵退还，出塞往来两年，军队损失十之八九。汉武帝大为生气，命令使者遮闭玉门关，并下令征宛败回的军队如有敢入关者斩，李广利害怕，只得留在敦煌。汉武帝考虑宛是小国，汉军攻而不下，定会影响汉对西域诸国的威信，于是增兵十余万，还改进了后勤运输，命令由贰师将军李广利率领，再次进攻大宛。因为这次汉军兵多，沿途小国都顺从汉军，并供应粮食，汉军顺利进抵贰师城下。先断绝入城水源，然后大举攻城，很快攻破外城，宛人只得退守中城。为了避免被汉军破城的噩运，宛贵人们杀死宛王毋寡，与汉军讲和，尽出善马让汉挑选。于是，李广利选取宛贵人中与汉友善的昧蔡为宛王，获取大宛善马数十匹、中马以下雌雄共三千余匹胜利而归。这时已是太初四年（前101年）的春天。

　　前后延续四年，发动两次大规模军事远征，目的就是为了获得优良的种马，不但耗费大量资财，而且在两次远征中兵员损失达数万人，几乎是用十余条人命的代价换回一匹宛马。这就充分表明，在当时的最高统治者心目中，优良的马种对维护帝国统治是多么重要，为了达到目的，他们不考虑普通战士的死活。夺得大宛种马以后，汉武帝就把原来称为天马的乌孙马改叫"西极马"，将大宛马称为"天马"。上面的故事雄辩地反映出古代世界战争和马的关系，也表明拥有足够数量品质优良的军马，是取得战争胜利的一个重要因素。

二　马最早被用于车战

　　回顾中国历史，马成为争取战争胜利的重要因素并不始自西汉时期，至少还要早一千年，那时人们并不是骑马战斗，而是用马来拖驾战车。这可以算是中国历史上马与战争关系的第一个时期——战车与马的时期。

虽然在古史传说中记述在夏代就有了战车，但是目前从田野考古发掘中获得的古代由马拖驾的战车，已是殷商晚期。在河南安阳殷墟以及山东滕州前掌大、陕西老牛坡等地，都已经掘到由两匹马拖驾的木车（参看本书《战车与车战》图二）。木车都有横长方形的车箱，两侧各安一个大车轮，前面有一根单个的车辕，在车辕前端横装一条车衡，在衡的左右各绑缚一个"人"字形的轭，将两匹马分别驾在辕的两侧。在车箱后面开有车门，用来让乘车的人上下。车箱内可以平行横站三个人，中间一人负责管马驾车，当时称为"御"；左边一人装备弓箭，负责远射敌人，称为"车左"；右边一人拿着长柄的青铜兵器，负责与对方车上的战士格斗，称为"车右"。他们还备有防护装具，头戴青铜胄，身穿皮甲，还有巨大的盾牌。

与步兵相比，殷商晚期出现的战车兵具有极大的优势，提高了军队的战斗力。今天的战车——坦克的战斗威力，主要有四个要素，即速度（动力系统）、火力（炮、枪、导弹）和指挥通信系统，还有防护能力。相比之下，殷商时期的战车已经具备了上述现代战车战斗威力四要素的雏形：驾车的双马提供了战车的动力，使战车具有必要的速度和冲击力；车左和车右装备的弓箭和长柄的格斗兵器（戈、矛、殳、钺），提供了远射和近距离格斗的杀敌"火力"；车上竖立的旗帜和金、鼓，起着联络、指挥作用（古时旌旗是主将的标识，主将指挥军队进退靠金鼓，击鼓进攻，鸣金后退）；战车本身为战士提供了一个得以保护自己的活动的平台，身上的甲胄和手持的盾牌又使战士具有更完备的防护能力。早期步兵遇到战车，缺乏抗御它那巨大的冲击力和杀伤力的有效手段，也难逃它的速度优势。正因为此，驾双马的木制战车登上战争舞台后，很快就取代早期步兵，成为主角。晚商的军队开始以战车兵为核心力量重新组建，这也是安阳殷墟的晚商贵族墓葬以埋有马车的车马坑随葬的原因。

由于战车兵发挥作用必须依靠驾车的辕马，它们为战车提供了动力和速度，一旦辕马伤亡，笨重的双轮木战车就一钱不值，成为无法运转的废物。优良的辕马必须体格健壮，适于负重拖曳，不但要有足够的耐力，还要在战斗时能够加速奔跑。因此，为了保持军队的战斗力，就要在战马养殖上花大气力。由于马对战争如此重要，商代晚期可能已经建立了国家的养马业，在殷墟出土的甲骨文中，出现有"马"和"多马"的名称，学者认为，那都是管理马匹的小官吏。

到商纣王（帝辛）时，周人兴起于西北，军力日强。到武王时，趁着纣王暴虐荒淫，又值商军主力远征东夷，发动了征讨商王的战争。当时周人军队的核心力量是精锐的战车兵，拥有三百乘战车。通过考古发掘获得的周车实物可以看出，周人对战车有了重大改进，主要是将驾车的辕马由两匹增加到四匹，并改进了木车轮毂结构（参看本书《战车与车战二论》图八、九）。这样一来，周人的驷马战车不论是速度还是冲击力，都胜过殷商的双马战车，再加上参加周人方面的诸侯军队，战车的数量达到三千乘，战车兵的兵力远远胜过商军。又因为商军主力东征未归，商纣王为了拼凑军队的数量，甚至临时用奴隶来充数，更是缺乏战斗力。这样的两支军队会战于牧野，胜负可想而知，最后纣王兵败，逃回鹿台自焚。

三　驷马战车的黄金时代

商灭周兴，自此从西周到春秋，中国古代战争的历史步入了车战的黄金时代。各诸侯国的兵力都以战车的乘数来计数，一个大国至少要拥有一千乘战车，所以被称作"千乘之国"，军中所需驾车的马匹，最少得有四千匹，加上后备的马匹以及输送军需给养的车辆所需辕马，一军所需的马匹得有万匹左右。各诸侯国自然需要想方设法畜养马匹，或是寻找可以输入马匹的来源，对于地域狭小而且领地不适于养马的小国，自是极大的负担。国君、贵族和官员为了显示尊贵的身份，仍旧流行在坟墓旁附有随葬真马、真车的车马坑，或是只埋葬马匹的马坑。例如在山东齐故城发现的5号墓的大型殉马坑中，经两次清理的部分已出土马骨达228匹之多，马龄多在六、七岁口，如果全部发掘出土，估计至少有600匹以上。据推测，这座大墓是齐景公的陵墓。600匹马可以装备驷马战车150乘之多。

　　在周代，一个善于放牧养马的民族悄悄在西北崛起，那就是后来统一全中国的秦人。秦人的先辈中，造父曾为周穆王御车。后来周孝王时，非子善于养马，孝王让他在汧水和渭水之间养马，使马匹大为繁殖，因养马有功绩，被周王赐予"嬴"姓。秦在春秋时成为五霸之一，战国时又是七雄之一，其军力之强盛，与军马充足不无关系。从秦始皇陵园东侧兵马俑坑的发掘可以看出，秦王嬴政据以削平诸国、统一华夏，所依靠的那支强大的军队，仍旧是以驷马战车为主力兵种（图一）。但是在第二号俑坑中，也能看到牵着战马的骑兵的身影。当时骑兵的数量还不多。据史书记载，当时秦有兵员百余万人，但只有骑兵万人，只占军队总数的1%。不过秦俑也告诉我们，当时骑兵已是秦军中的一个独立的兵种，这也显示在中国古代历史上马与战争关系的第二个时期——骑兵与马的时期即将到来。

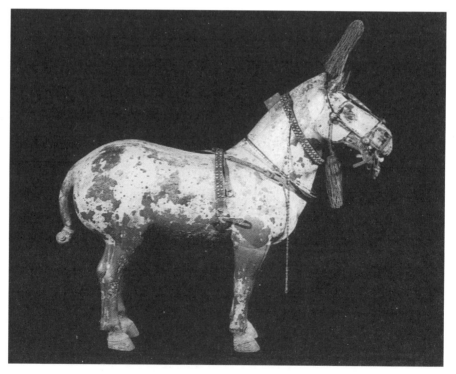

图一　秦始皇陵出土铜车辕马

四 赵武灵王的功绩

在中国历史上，由诸侯王开始组建骑兵部队的时间，要比秦俑坑中陶骑兵俑出现的时间早近一个世纪，即公元前307年赵武灵王的"变服骑射"。当时威胁着赵国西北疆域的强敌，是一个善于游牧并且依靠马匹作战的民族——匈奴。那是一个古代游牧民族，游动于北方到西北的广大地域，逐水草放牧，族内习俗贵壮健，贱老弱，少年能够张弓骑射，就成为征战的武士，平时畜牧射猎，需要时全民皆兵。匈奴没有正规军队，出战时有利则勇敢前行，如群蜂密集，势不可挡；不利时一哄而去，不羞遁逃。

战国时，秦、赵、燕诸国受到匈奴的困扰。因为匈奴全民自幼善于骑马，而且他们的马善于在山地、大漠、溪涧等复杂地形奔跑，中原地区畜养的只拖驾木车的马与之无法相比。四匹马拖驾的笨重木车本来难于在复杂的地形条件下作战，遇到来去迅捷的匈奴骑士，只是被动挨打。中原战士又只习惯于站在车上射箭，而匈奴战士习惯于骑在马上边跑边射，更是轻捷主动。何况东周诸侯国的军队打仗还要遵守礼数，不鼓不成列，本来驷马战车比单骑就笨重迟缓，遭遇匈奴来袭时必须排好阵式再打，而此时得利的匈奴骑士早已跑得无影无踪，所以在军事上总是吃亏，无法抵御匈奴的侵扰。公元前307年，赵武灵王从对匈奴作战中总结教训，知道要想战胜胡人（匈奴），就要学习胡人的长处。他开始脱掉传统的宽大衣袍，按照胡人的样子，改穿窄袖的胡服，穿上裤子，学习骑马射箭，以轻捷的骑兵对抗匈奴骑士，从而取得对胡人的初步胜利。不过传统是很难改变的，除非遇到重大的社会变革。所以直到秦统一以后，随葬在秦始皇陵园兵马俑坑中的模拟军队，所表现的还是以驷马战车和与之配合的步卒为军中主力。骑兵虽然已成单独的兵种，但在军中所占比例较小，不占重要地位。

从赵武灵王到战国末年再到秦代，骑兵开始萌发并缓慢发展。到暴秦覆亡、楚汉之争时，骑兵在军队中所占的比例日渐增加，军队中常是骑兵和步兵并重。《汉书》中曾记述了下面的故事。公元前204年，汉王刘邦问刚从对魏军作战前线返回荥阳大营的郦食其，魏王手下的大将、骑将和步卒将都是谁，郦食其回答，分别是柏直、冯敬和项它。汉王一一评论，指出魏大将柏直年轻没有经验，"是口尚乳臭"，不能抵挡汉军主将韩信；魏骑将冯敬是秦将冯无择的儿子，虽然善于作战，但不能抵当汉军骑将灌婴；魏步卒将项它，更无法与汉将曹参相比，所以刘邦十分放心。果然不出刘邦所料，过了一个月，捷报传来，韩信大胜，并把俘虏的魏王豹送到荥阳大营。上述故事说明，当时军中除主将外，下面分设骑将和步卒将，率领骑兵和步兵，而且骑将位列步卒将之前，可见骑兵比步兵更受重视。楚霸王项羽本人也是披甲持戟、骑马冲锋的勇将。当楚汉战争已近尾声，楚霸王项羽被汉军围在垓下，他唱出："力拔山兮气盖世，时不利兮骓不逝。骓不逝兮可奈何，虞兮虞兮奈若何"的悲歌。最后项羽逃到乌江边，自刎前，他将所骑骏马乌骓托付给乌江亭长，并说明他骑这匹马五年，所向无敌，能日行千里，充分表达了勇将对战马的深切感情。这同样显示出优秀的战马在战争中所起的作用。

五 健儿需快马

西汉统一全国后，因韩王信投降匈奴，高祖刘邦亲自率领以步兵为主的32万大军北逐匈奴，不料被匈奴的40万骑兵包围在白登。从城中眺望，匈奴四面围城的骑兵的马色各不相同，西方的都骑白马，东方的尽骑青马，北方的骑黑马，南方的骑赤黄马，接连七天地冻缺食。最后只能采用陈平秘计，让军中妇女出城诱引匈奴军，汉帝则乘隙从另一面溃围出逃。从此，匈奴骑兵的侵袭使西汉无力抵御。因为连年战乱、经济凋敝，马匹奇缺。据《史记·平准书》记载，西汉初年，连皇帝的马车都找不到四匹同样纯净毛色的辕马，将相高官有的连驾车的马都找不到，只能乘坐牛车，一匹马价值百金之多。由于缺乏战马，难以组建能与匈奴对抗的骑兵，无力阻止匈奴骑兵的侵袭，以至于匈奴的斥候（侦察）骑兵轻易可以到达能够望到都城长安的甘泉地区。

经过汉文帝和汉景帝时期的休养生息，社会经济很快恢复，并且有了很大的发展，农民人给家足，国家仓库中钱粮充足，仓内粮食历年积压，以至粮仓盛满外溢，只得露天积放。同时，民间养马业发展很快，各个街巷都可见到马匹，田野上更是马匹成群，官员们自然不再为无马驾车发愁。普通老百姓聚会都乘马而去，而且习俗规定，与会必须乘父马（雄马）而不得乘牝马（雌马），以免马匹出现相互咬斗等事故，足见民间马匹之繁盛。充足的粮食和养马业的繁盛，为以后汉武帝时发动大规模征伐匈奴的战争打下了坚实的物质基础。

到汉武帝元光二年（前133年）六月，终于决定对匈奴采取军事行动。汉兵30余万埋伏在马邑旁边，让马邑人聂翁壹引诱匈奴单于，企图围歼单于的10万骑兵，不料被单于识破，引军退走。从此开启了汉与匈奴决战的序幕。此后直到元狩四年（前119年）的十余年间，匈奴骑兵不断入塞侵扰，汉军也多次大举出塞远征。由于马匹充足，汉军的骑兵部队不断扩大。早期出塞有三、五万骑兵，到了元狩四年，大将军和骠骑将军两军骑兵就有10万、私负从马达14万匹之多。而且随着骑兵规模的扩大，骑兵的军事素质和技战术均日益提高，逐渐取得战争的主动权。反观匈奴方面，仍旧维持着原来的模式，缺乏技战术训练，仍然是蜂拥而上、袭扰为主。又常错误估计形势，以为汉军难以到达而缺乏敌情意识。例如元朔五年（前124年）春，汉大将军卫青将六将军，率兵十余万，出朔方、高阙。但匈奴右贤王错误地认为，汉兵距离他的驻地很远不能到达，因而不设防备，饮酒大醉。不料汉军出塞六七百里，长途奔袭，趁夜将他包围，右贤王只得狼狈出逃，所领小王十余人和男女一万五千人成为汉军俘虏。元狩四年（前119年），大将军卫青和骠骑将军霍去病大举率兵出塞，这就是本文开篇时引述的那场战役。汉发骑兵10万，私募从者从马达14万匹，步兵及后勤等军更多达数十万人。当时匈奴单于居幕北，以为汉军达不到那样远的地方，但是卫青率军到达，交战以后，用两翼包抄的战法将匈奴单于包围，结果单于只带数百健壮的骑兵向西北突围逃脱，汉军斩获匈奴军首级一万九千之多。骠骑将军霍去病军与匈奴左贤王接战，左贤王逃走，汉军斩获匈奴军首级更达七万多。经过这次战役，汉军将匈奴军驱赶到对汉不构成威胁的远方，取得了决定性的胜利。但是汉军也损失数万战士，战马损失更是惨重，如前所述，死去的马匹多达十余万匹，再入塞时只剩下 3 万匹马。

为了恢复骑兵的战斗力，汉武帝只得一方面在国内采取鼓励养马等措施，另一方面向域外寻求优良马种，甚至不惜动用战争手段以获取大宛的汗血天马。对于西汉时马种改良的成绩，可以从汉代的骏马雕塑看出来。例如，从陕西茂陵无名冢从葬坑出土的鎏金青铜马，正是反映西汉马种改良的早期作品（图二）。铜马体长 75 厘米，体高 62 厘米，大约是真马尺度三分之一强。塑造的是马的立姿，四肢直立，头颈自然前伸，马尾按当时习惯结扎下垂，姿态稳定安详。外貌英俊，头小，双耳如批竹，马嘴微张，露出 4 颗牙齿，颈长而弯曲，胸围宽厚，胸肌劲健，四肢修长，臀尻圆壮。为了如实模拟真马，耳间和颈上都刻出鬃毛，还铸出马的生殖器，并在肛门处开有小孔。大约模拟的就是"天马"形貌。西汉后期直到东汉时期，墓葬内随葬的青铜或陶、木的骏马模型，同样也都模拟天马的体姿，造型方面已经突破呆板的四肢伫立的旧模式，常常将它们塑造成昂首挺胸、抬起一支前蹄，向前慢步行进的姿态。很成功的作品，就有四川成都天回山汉墓出土的陶马，体高达 114 厘米，它是与一辆双辕陶车伴同出土的（图三）。还有河北徐水防陵村东汉墓出土的两匹铜马，它们的体高也达 113～116 厘米。

六 铁骑纵横

马种的改进，使骑兵部队可以得到优良的坐骑。接下来需要改进的就是马具。先秦时期骑士使用的辔头勒衔还是移用驾车辕马的马具，而马背只有简陋的鞍垫。到秦和西汉初，情况也好不了多少，从秦始皇陵园兵马

图二　陕西茂陵无名冢出土西汉鎏金铜马

图三　四川成都天回山汉墓出土陶马

俑坑出土骑兵俑和乘马模型，以及西汉杨家湾出土施彩骑兵俑来观察，也还是使用鞍垫，但制工较为精致，鞍垫厚实并且连结着胸带和鞦带。直到东汉时期，才看到前后有鞍桥的真正的马鞍。又过了近一个世纪，一项具有划时代意义的马具终于出场，那就是马镫。

目前世界上最早的马镫，发现于湖南长沙西晋永宁二年（302 年）墓的骑俑上（参看本书《关于铁甲、马铠和马镫问题》图二：2）。战马装备了马鞍和镫，标志着骑兵的马具已经齐备，使骑士能够更好地驾驭战马，与战马真正结合成一体；也使骑兵能够成建制地完成整齐划一的战术动作；更可以使战马全身披挂上护甲后，骑士还能自由驾驭，从而为重甲骑兵——甲骑具装的出现创造了条件。果然，在马镫出现后不久，就在东晋十六国时期迎来重甲骑兵的春天。战士和战马都披挂重甲的甲骑具装成千上万地出现在战场上，成为这一历史时期战争中具有时代特征的亮丽风景，也使得中国古代历史上骑兵与马的时期，走向以甲骑具装为特征的新阶段。

这一时期对马具的完善和马具装铠的发展有突出贡献的古代民族，是崛起于呼伦贝尔大草原的鲜卑族。其中的慕容鲜卑，在十六国时期曾在辽东半岛直到中原腹地，先后建立过前燕（337 ~ 370 年）、后燕（384 ~ 407年）、南燕（398 ~ 410 年）等政权，北燕（409 ~ 436 年）也是与慕容鲜卑关系密切的冯跋家族所建立。慕容鲜卑的军队，就是以人与战马都披铠甲的重装骑兵——甲骑具装为核心。目前在田野考古发掘中所获得的铁质马具装铠，就是发现于辽宁朝阳、北票一带的前燕、北燕的坟墓中的随葬品，同时也随葬有人披的铁铠甲和大量钢铁兵器。先是在朝阳十二台乡的十六国墓（88M1）出土有保存完整的铁马面帘，后来又将北票喇嘛洞十六国墓（IM5）出土的铁马具装铠进行复原研究，终于搞清了当时马具装铠的全貌，包括面帘、鸡项、当胸、马身甲和搭后。披上这领铁具装铠后，除了眼睛、耳朵、口、鼻和四蹄以外，战马全身都得到铠甲的保护，极大地增强了骑兵的防护能力和战场上的冲击力（参看《中国古代马具装铠对海东的影响》图三）。面对战马缺乏具装铠保护的轻装骑兵，以及缺乏骑兵而是以步兵为主的军队，人和战马都披裹着铠甲的铁骑可以在战场上自由驰骋，所向无敌（图四）。

就在中原大地上政权和统治民族不断变换时，鲜卑族的另外一支——拓跋鲜卑，从其发源的长白山林辗转迂回远徙，经内蒙古草原来到山西雁北地区，建立了新的政权，先称代，后改国号为魏，史称北魏。同慕容鲜卑一样，拓跋鲜卑有着历史上长期畜牧为生的传统，几乎全民都是优良的骑士；同慕容鲜卑一样，也是以人和战马都披裹着铠甲的重装骑兵——甲骑具装为军中主力。公元398年，北魏道武帝拓跋珪定都平城（今山西大同）。他依靠精锐的骑兵部队，先后灭掉大夏、北燕、北凉，夺取由南朝刘宋控制下的山东地区，用了不到半个世纪就统一了北方地区。随后北魏铁骑继续南下，进军江淮地区，与南朝刘宋展开争夺战。这时靠铁骑横扫中原大地的北魏军队，遇到水系纵横的地形和构筑牢固的设防城市，丧失了骑兵的优势，战场在淮水一线基本上呈胶着状态，从此中国古代历史进入南北对峙的南北朝时期。

北朝的军队，从北魏到后来东魏、西魏分裂，再到北齐和北周对峙，其核心力量一直是重装骑兵——甲骑具装。所以在这一时期墓葬随葬的陶俑群中，都有数量众多的甲骑具装俑（图五）。这些模拟重装骑兵的陶塑艺术品，让我们今天得以了解北朝军队中甲骑具装的形貌。在北朝时期佛教石窟寺的壁画中，也常看到重装骑兵的身影。如敦煌莫高窟第285窟西魏壁画和第296窟北周壁画。特别是第285窟描绘"五百强盗成佛"的连续壁画中，有关于官兵收捕众强盗的画面（参看本书《中国古代的甲胄》图三五：6）。图中画出的官兵都是重装骑兵——甲骑具装，所骑战马所披的具装铠都画成青绿色，表明模拟的是当时著名的"绿沉甲"。他们使用的兵器是长柄的马矟，即俗称的"丈八蛇矛"，身上还佩带有弓箭。与官兵对抗的强盗全是没有铠甲防护的步兵，使用刀、盾或长戟。这幅画生动地表现出北朝时步兵与重装骑兵对抗的情景，而后来强盗全部被捉住反绑起来，这也是当时的步兵无力抗御重装骑兵的真实写照。

图四　西安草场坡十六国墓陶甲骑具装俑　　图五　河北磁县东陈村东魏墓陶铠马骑俑

七　轻骑兵进行曲

　　公元649年，一位伟大的唐朝皇帝逝去，这就是与他父亲李渊共同创建了唐朝的太宗李世民。为了颂扬他的功绩，在他的陵墓前立起六尊巨大的浮雕，分别刻出六匹战马的图像，它们的名字是飒露紫、拳毛𬳶（图六）、白蹄乌、特勒（勤）骠、青骓和什伐赤。这六匹都是李世民在唐朝开国、平定群雄的战争中骑乘的战马，姿态各不相同，有的伫立，有的缓行，有的急驰，有的身上带有箭伤，甚至被射中的箭还留在身上，只有飒露紫一石在马前方刻出一位战将为它拔箭。值得注意的是，军中主帅李世民所骑的战马，竟没有一匹是披裹有马具装铠的。同时，这些战马的装饰和马具，如马鬃剪饰成花、马鞍后桥倾斜等特征，都表明它们可能是来自突厥的骏马。其中一匹叫特勤骠，突厥的王子称"特勤"，骠是黄色马，大约是某一位突厥王子所赠送的黄骠马。

图六　唐太宗昭陵石刻"昭陵六骏"之拳毛𬨎

历史似乎又重复了近千年前赵武灵王向强敌学习而创建骑兵的事迹。隋朝曾经派遣李渊到马邑郡，与郡守王仁恭一起北御突厥。王仁恭因为所领兵少十分畏惧，于是李渊给他分析了突厥的长处为营无定所，阵不列行，见利一哄而来，遇到困难又迅速逃跑，都如风驰电卷，逐水草为居室，以羊马为军粮，吃苦耐劳，人人能骑善射。这些特征正与历史上的匈奴战士相似。所以李渊也选取部下能骑射的战士二千余人，饮食生活、驰骋射猎全按突厥习俗，因此在抗击突厥的战事中取得了主动。后来李渊守晋阳时，他不断引进突厥骏马。可见唐军骑兵的组建和训练深受突厥影响，在唐初平定群雄的历次战役中，骑兵的功绩也与此有关。十六国到北朝时期占据着战争舞台主角位置的重装骑兵——甲骑具装，这时重新让位于战马不披铠甲的轻装骑兵（参看本书《骑兵和甲骑具装》图九）。战马卸去了沉重的具装铠，使骑兵部队更加灵活机动，充分发挥了轻捷迅猛的特点。主帅李世民的战马都不披具装铠，就是证据。从此中国古代骑兵与马，又进入以轻骑兵为主的阶段。

八　席卷亚欧的狂飙

内蒙古东部的呼伦贝尔大草原，一直是游牧民族的历史摇篮，鲜卑族、契丹族和女真族都是在这个摇篮里长大的，并且在这里度过了他们历史上的青春时期。女真族建立金朝、在中原腹地站稳脚跟以后，猛回头发现，曾经养育自己的摇篮又养育出一个新民族，形成对金朝后院的巨大威胁。于是，金朝皇帝同历史上许多中原的统治民族一样，匆匆忙忙地构筑消极的防御工事，但是没有建筑连亘的城垣，而是采用了挖掘壕堑，用连绵不断的长壕作为屏护的手段，那就是今天在内蒙古等地还保留着的金界壕遗址。该遗址由堑壕、长堤（长墙）和屯戍的边堡组合而成，形成长达7000多公里的防御工事。始构筑于天眷元年（1138 年）以前，后几经修筑，大约延续到承安三年（1198 年），时间超过半个世纪。不过堑壕并没有像金朝统治者预想的那样，阻止入侵者的铁骑。曾经养育他们成长的摇篮还是落入新出现的民族之手，那就是由成吉思汗统率的蒙古族。

蒙古族进入呼伦贝尔大草原，摆脱了在斡难河与额尔古纳河之间狭小而局促的生存环境，利用这里的优越的自然条件，充分地把自己武装起来，成为比鲜卑、契丹、女真更强劲的民族。历史学家翦伯赞访问了呼伦贝尔草原的古代遗迹后写道："这次访问对于我来说，是上了一课很好的蒙古史，也可以说揭穿了一个历史的秘密，即为什么大多数的游牧民族都是由东而西走上历史舞台。现在问题很明白了，那就是因为内蒙古东都有一个呼伦贝尔草原。假如整个内蒙是游牧民族的历史舞台，那么这个草原就是这个历史舞台的后台。很多的游牧民族都是在呼伦贝尔草原打扮好了，或者说在这个草原里装备好了，然后才走出马门。当他们走出马门的时候，他们已经不仅是一群牧人，而是有组织的全副武装了的骑手、战士。"（详见《内蒙访古》，文物出版社，1963 年）当蒙古族离开这个古代游牧民族的武库、粮仓和练兵场的大草原时，就像狂飙一样席卷中华大地，使中国古代的政治地图又一次涂上了统一的色彩。不仅如此，他们还冲向更为宽广的世界,从亚洲到欧洲,展开了历史性的活动,书写了他们在世界历史中令人惊诧的篇章。

图七　陕西元墓出土的陶马和牵马人

　　强劲的蒙古骑兵倚仗的是形体低矮、四肢较短的蒙古马种,它们的步幅和速度虽然逊于中亚和西亚的名马,但是更为吃苦耐劳。由于元朝建立对全中国的统治,也就使得中国的养马业中,蒙古马一统天下,以后的明清两朝依然如此。描绘元代蒙古马的造型艺术品,有陕西地区元代墓葬随葬俑群中的鞍马模型(图七)。更具艺术价值的还有传世的古代绘画,其中的佳作要数台北故宫博物院所藏刘贯道绘《元世祖出猎图》。在无垠的大漠中,行进的猎骑中心是红衣白裘的元世祖忽必烈,他安坐马上,傲视一切。忽必烈所骑的黑马,白鼻白蹄,正是驰骋于亚欧大陆的蒙古马的典型代表。

　　(原载《马的中国历史》,商务印书馆香港有限公司,2008 年)

后记 2008 年系农历马年，因此商务印书馆香港有限公司的张倩仪于 2007 年来到北京，约请我和杭侃、郑岩、田凯、李力一起，商讨编著一本面向大众的关于马的书，要求文字流畅，图片生动。商定内容后，分别撰稿，后集成《马的中国历史》，于 2008 年在香港出版。本文就是其中的一篇，在编入书中时文字有些改动，并改题为《马与古代中国战斗力》。但《马的中国历史》出版后，读者反映平淡，所以原拟继续编"羊"的历史一书的计划就取消了。

古代东方和西方的铠甲系统

——参观"秦汉—罗马文明展"札记

在 2009 年中华世纪坛"秦汉—罗马文明展"的第一部分《帝国的建立》的展品中，陈列有反映秦军形貌的秦始皇陵兵马俑坑出土的陶俑及部分兵器，还有秦始皇陵园从葬坑中出土的石铠甲模型。同时也展出了两件反映罗马军人的雕塑品，分别是雕塑家 R. 罗萨泰利塑制的百夫长像（图一）和 C. 格罗西塑制的图拉真统治时期的军团战士（图二）[①]。前者是参照马库斯塞留斯墓碑上的浮雕复原的，那座墓埋葬的死者是在条顿森林战役中牺牲的罗马第 18 兵团的百夫长；后者是依据图拉真纪功柱上的浮雕复原的。百夫长和军团战士都装备有铠甲和头盔。百夫长穿的是整片的皮质胸甲，上面缀有 5 枚圆形的金属奖章。图拉真时期的军团战士头戴青铜头盔，身上的铠甲为多重水平的大型长条形状的金属板，由各种铰链配件连接而成，可以很好地保护战士的前胸、后背和双肩。在图拉真纪功柱上雕出的罗马军团的战士，一般都是披着这类由多重水平横列的大型长条形状金属板连接而成的护胸铠甲（图三），也表明，它是当时罗马军队常备的铠甲类型。

除了一般战士装备的铠甲外，军中高级将领使用的是制工精美的铠甲。在"秦汉—罗马文明展"中展出的罗马文物，有一位尤利乌 – 克劳狄王子（可能是卡利古拉）的石雕像（雕于公元 1 世纪上半叶），更是穿着

[①] 中国国家文物局、意大利文化遗产与艺术活动部编：《秦汉—罗马文明展》图版 64、65，文物出版社，2009 年。

图一　百夫长雕像　　　　图二　图拉真统治时期军团战士雕像

图三　图拉真纪功柱局部

一件装饰华美的胸甲①。在双乳上方中央处是满头蛇发的女怪戈耳戈的正面像。乳下腹部浮雕出一个人勒住一匹马，但是马背上伏着怪兽格利丰，正俯首噬住马颈。胸甲下缘饰以缠枝植物，下接两列舌状垂饰，并垂有流苏（图四）。

　　另外，2006 年在中华世纪坛世界艺术馆展出的"伟大的世界文明·罗马文明"展中，也展出两件身穿铠甲的石雕像。一件是图拉真皇帝的雕像（图五），约雕造于公元 1 世纪末期（头部补雕于公元 2 世纪第一个十年）；另一件是庞贝城的鲁弗雕像（图六），约雕造于公元 1 世纪的第一个十年（头部是公元 62 年地震毁坏的另一件石像的）②。这两件石像身上雕出的铠甲，也与前述尤利乌－克劳狄王子的铠甲形制相同，同样是装饰华美的整片胸甲，同样是双乳浮凸自肩直遮护到腹部，下缘缀饰两至三列带有纹饰的舌形饰片。在胸甲上部双乳间上方，都凸饰有女怪戈耳戈的正面图像，用这个人们见到会变成石头的蛇发女怪，显示佩戴者的威猛，以恐吓敌人。乳下腹部的装饰图像，二者因身份不同而有所差异。图拉真皇帝胸甲所饰为两个女像胁侍的戴胄持盾的戎装雅典娜女神像，鲁弗胸甲所饰的是在权杖两侧的有翼怪兽。这种整片遮护前胸的精美胸甲，是当时罗马上层人士乃至执政官和皇帝配备的铠甲，除了防护作用外，更具有礼仪意义，也是身份和地位的象征物。

　　谈到罗马文明，自然要追溯早于它的环地中海地区的希腊文明。古代罗马文化艺术中，不论是文学、宗教，还是建筑、雕塑或绘画，无处不见希腊文化的影响。就是与罗马历史起源有关的神话传说中，来自希腊世界的英雄人物埃涅亚斯也占有特殊的位置。传说特洛依城被阿开亚人的联军攻陷时，埃涅亚斯携妻带子，背着手持家族守护神的老父亲，率领一群人逃到西西里，择居意大利③。在军队使用的防护装具方面，也可以看到希

---

①　参看《秦汉—罗马文明展》，图版 63。

②　中华世纪坛世界艺术馆编：《伟大的世界文明·罗马文明》，图版 42、69，文物出版社，2007 年。

③　［德］特奥多尔·蒙森：《罗马史》第二卷，商务印书馆，2004 年，第 208 ~ 209 页。

图四　尤利乌-克劳狄王子雕像　　　　图五　图拉真皇帝雕像

图六　庞贝城的鲁弗雕像

腊的影响，前述罗马皇帝和贵族所装备的凸起双乳的整片胸甲，应是承袭古代希腊铠甲发展而成的。在中华世纪坛 2006 年的"伟大的世界文明·希腊文明"展中，有一件约公元前 500 年的带黑色图案的雅典长身细颈瓶①，上面绘出两个当时的希腊重装步兵，头上戴着飘扬着马鬃的带有护颊的头盔，持有一面巨大的几乎可以遮护全身的圆形盾牌，盾牌上装饰着白色的长颈水禽，以及蜷曲的长蛇。在盾牌下露出赤裸的双腿，小腿上缚有胫甲，赤足。由于盾牌的遮护，看不到他身上的胸甲（图七）。

2007 年，首都博物馆推出了"卢浮宫珍宝展·古典希腊艺术"，其中有两件雅典红陶杯②，一件绘出有几个重装步兵，另一件绘有手执头盔的重装步兵（图八）。前一件制作于约公元前 490 年，后一件为公元前 480 年。绘出的重装步兵都穿有胸甲。在两肩用肩带与背甲相联，以护住战士的前胸和后背。

这种胸甲的实物，我们可以从《希腊早期的甲胄和武器》所附图版中看到③，是用铜制成的整片的胸甲，可以遮护战士从颈到腰部整个前胸，并且在甲上浮凸双乳及其下肋部，形成健壮肌肉的裸体形貌，以符合希腊勇士崇尚裸体健美的审美观念（图九）。以后的希腊化时代，马其顿的军队装备的胸甲仍是沿袭希腊传统。

图七　雅典长身细颈陶瓶

① 中华世纪坛世界艺术馆：《伟大的世界文明·希腊文明》，图版 29，文物出版社，2007 年。

② 首都博物馆、卢浮宫博物馆：《卢浮宫珍藏展·古典希腊艺术》，图版 1、2，文物出版社，2007 年。

③ Anthory Sondgrass, *Early Greek Armour and Weapons*, Fig30, 1964.

图八　雅典红陶杯所绘图像　　　　图九　希腊早期骑士铜胸甲

　　"卢浮宫珍藏展·古典希腊艺术"展出的一件约公元前350～前340年的马其顿王腓力二世时期骑兵的石墓碑，碑面雕有死者的骑马像（图一〇），骑兵身上也是披着这种形制的胸甲①。后来，罗马人在庞贝制作的马赛克地画中的马其顿亚历山大大帝，也是披着这种整片的胸甲（图一一），而且在前胸中央饰有蛇发的戈耳戈女怪正面头像②。

图一〇　马其顿王腓力二世时期　　　图一一　马其顿亚历山大大帝像
　　　　骑兵墓碑石刻　　　　　　　　　　　　（马赛克地画局部）

① 《卢浮宫珍藏展·古典希腊艺术》，图版3。
② 原作现存意大利那不勒斯博物馆，在庞贝原址展出有复制品。

　　这类希腊铜胸甲，能够在一定程度上抵御敌方兵器的侵害，但是它的厚度有限，所以当时在实战中，更主要的防护装具其实是巨大的盾牌。希腊的盾牌以正圆形为主，使用多重牛皮，多的可以增到六、七层，然后再在最外面蒙上金属表皮，通常是用铜制作。军中将帅使用的盾牌，还会在铜盾面上锤揲出精美的图案。大圆盾可以遮护住脖颈、躯干直到大腿；多重的牛皮足以抵御敌方的投枪、箭矢和刀剑；铜盾面上的精美纹饰，更是持有者身份地位的象征。所以在荷马史诗《伊利亚特》中，诗人用很长的篇幅去描述冶铸工艺之神赫法伊斯托斯为勇士阿喀琉斯铸造的盾牌①。他打造的全套防护装具，除盾牌外，还有一副胸甲，一件饰有黄金脊冠的头盔，还有一副带踝绊的白锡胫甲②，这也是希腊战士的一整套防护装具。

　　或许因为环地中海地带的温暖气候，或是出于希腊诸族传统的民族习俗，他们的战士与东方的战士不同。胸甲只防护前胸和后背，臂膀、大腿全是赤裸的；赤足或是穿由皮条编的鞋，类似今日的"凉鞋"，足趾仍然裸露而不加防护。不过，头盔、胸甲和盾牌足以护卫住人体最易受伤害的头和躯干。也在小腿缚有胫甲。前引荷马史诗《伊利亚特》中，天神为阿喀琉斯所造胫甲是锡制的，看来它的主要作用似乎不在于抗击敌方的兵器，而是防止自己巨大厚重的盾牌下缘擦伤裸露的腿部肌肤。

　　希腊化时代以后，文明的重心从地中海偏东的希腊半岛转移到偏西侧的亚平宁半岛，罗马文明取代了希腊文明，但是罗马文明在很多方面承袭着希腊文明的传统，并有所改进和发展。在军队的防护装具方面，仍旧以头盔和胸甲为主，臂膀和大腿裸露，或在小腿缚有胫甲。遮护脖颈和躯干的大盾牌仍是最主要的防护装具，但其形制由希腊时流行的圆形，改为带有弧形盾面的长方形盾牌，所用材质仍是以多重皮革制作，最外层蒙以金属表皮。在战斗阵列中，战士将罗马式大盾叠锁在一起，形成如龟甲般的

---

① ［古希腊］荷马：《伊利亚特》，陈中梅译，花城出版社，1994年，第449~454页。

② 参见荷马《伊利亚特》，第454页。

整体屏障，以此遮护整个罗马军团前行接敌，形成罗马军团克敌致胜的独特战术。至于战士的足部，仍缺乏保护，即便是皇帝和贵族所穿的鞋，也还是皮条编制的"凉鞋"，足趾仍是裸露形态。

再看秦俑身上所模拟的东方秦帝国军中一般战士和军吏的铠甲，其形制特点与西方罗马帝国完全不同。展出的半跪俑、御车俑和骑俑①，身上塑出的铠甲的甲片厚大，表明所模拟的铠甲应为皮甲。展出的陶俑中，有两件模拟当时军吏的陶俑。其中一件可能身份较高，通常被称为"将军俑"，所披铠甲的甲片形状较小，而且编缀较密，有可能模拟的是金属甲片②；另一件军吏俑的甲片略大，但也比骑俑等所用甲片稍小，或许模拟的也是金属甲片③。展出的石甲胄④，有一件是护头的兜鍪，另一件是防护躯体的铠甲，都是由不同形制的小型甲片组合编缀而成。以其甲片的大小和形制来看，与燕下都第21号遗址出土的先秦铁甲片⑤及后来西汉时期的铁甲片⑥近同，显然是模拟金属甲片（可能是铁甲片）制作的。同时，秦的铠甲是将甲片用皮索或丝、麻等编织的索带编缀而成。

秦军装备的甲胄，以小型甲片编缀成整领铠甲的制作工艺特点，承袭了先秦时期的传统。依据田野考古发掘获得的标本，至迟在西周时期，已经出现了以青铜甲片编缀的铠甲⑦。到了东周时期，目前已从湖南、湖北等地的墓葬中获得了数量较多的皮质甲胄实物。其中出土数量较多而且进行过复原研究的，是战国初年曾侯乙墓随葬的皮甲胄⑧。此外，保存比较

---

① 《秦汉—罗马文明展》，图版42~44。

② 《秦汉—罗马文明展》，图版39。

③ 《秦汉—罗马文明展》，图版41。

④ 《秦汉—罗马文明展》，图版48、49。

⑤ 河北省文物管理处：《河北易县燕下都第21号遗址第一次发掘报告》，《考古学集刊》第2集，中国社会科学出版社，1982年。

⑥ 西汉时期的铁甲片，请参看白荣金、钟少异《中国传统工艺全集·甲胄复原》，大象出版社，2008年。

⑦ 中国社会科学院考古研究所沣西发掘队：《1984年长安普渡村西周墓葬发掘简报》，《考古》1988年第9期；白荣金：《西周铜甲组合复原》，《考古》1988年第9期。

⑧ 湖北省博物馆、随县博物馆、中国社会科学院考古研究所技术室：《湖北随县擂鼓墩一号墓皮甲胄的清理和复原》，《考古》1979年第6期。

完整、可复原的出土标本，还有湖北荆门包山 2 号墓①和荆州天星观 1 号墓②。这些先秦的皮甲胄都是先将皮革裁成各式甲片，然后用丝带编缀成整领铠甲。皮甲除保护前胸和后背的胸甲和背甲外，还有保护双臂的甲袖，以及接垂在腰下、遮护大腿的甲裙，这后两部分还使用了下片压上片的活动编缀方法，使其得以伸缩活动。而且在曾侯乙墓和包山 2 号墓中，除供战士使用的皮甲胄外，还有专供驾战车的辕马披的皮马甲，包括保护马头的马胄和保护马颈及躯干的马甲。战国晚期，七雄中有的国内已开始用铁质的铠甲装备军队，特别是在燕下都遗址的田野考古发掘中，曾发现数量较多的铁甲片，获得过一件由铁甲片编缀成的兜鍪③。

　　由此可以看出，秦的铠甲正是承袭着先秦时期中国甲胄的传统而有所改进。例如秦兵马俑坑出土陶俑身上模拟的皮甲与楚地出土的先秦皮甲相比，甲片的形制与基本结构是相同的，只是甲片的大小尺寸略有差异。秦甲的甲片略小，且将长大的甲裙改为更为灵便的垂缘（也作活动编缀）；除战车的御手外，长甲袖改为更为灵便的披膊。变化的原因可能与车战的衰落有关，长大的甲裙和甲袖更适于乘在战车上的战士，灵便的垂缘和披膊则适合步兵作战。同时，秦甲中出现了装备骑兵的铠甲，铠甲不施披膊，且全甲长仅及腰部，以便于当时的骑兵跨马战斗。同时，东周时出现的马甲在秦时也继续使用。在秦始皇陵园发掘的石铠甲坑中，就有以石甲片编缀的供战车辕马使用的马甲④，其形制与东周皮马甲基本相同。虽然目前还没有发现秦的铁质铠甲，但如前所述，秦始皇陵园发掘出土的石质铠甲模型，甲片较小，与燕下都遗址出土的铁甲片近同，不能排除它们是铁铠的模拟品的可能性。

　　汉承秦制，在军事方面也是如此。以秦始皇陵园出土石铠甲与目前从

① 湖北省荆沙铁路考古队：《包山楚墓》，文物出版社，1991 年。
② 湖北省荆州地区博物馆：《江陵天星观 1 号楚墓》，《考古学报》1982 年第 1 期。
③ 河北省文物管理处：《河北易县燕下都 44 号墓发掘报告》，《考古》1975 年第 4 期。
④ 陕西省考古研究所、秦始皇兵马俑博物馆：《秦始皇陵园考古报告（1999）》，科学出版社，2000 年。

田野考古发掘中获得的西汉铁铠甲相比较，可以看出，不论是甲片形制还是整领铠甲的结构，西汉铠甲都承袭了先秦至秦中国古代铠甲的传统，但由于冶金工艺的发展及实战需要，有了进一步的发展，特别在铠甲制作的统一化和标准化方面有了较大的提高。东周曾侯乙墓出土皮甲（Ⅲ号）所使用的 183 片皮甲片，共有 12 型 25 式，工艺复杂，甲片位置不能置换，如有战损，很难修复。西汉武帝时期的中山靖王刘胜墓出土的铁铠，虽然是由多达 2859 片甲片编成，但只用了两种类型甲片。一型用于身甲的固定编缀，共 1589 片；另一型用于编缀筒袖和垂缘的活动编缀，共 1270 片①。这清楚地表明，当时甲片的统一化和标准化已达到较高的程度，简化了生产工艺，既有利于增加产量、提高质量，又便于修复战损的铠甲，提高使用功效。

秦汉以后，直到清朝，除了一些边远的古代少数民族所用的甲胄外，中国古代铠甲一直沿袭以甲片编缀成甲的历史传统，显示着自己的民族文化传统和地域特色。同时，与古代中国联系密切的东方古代国家，如朝鲜半岛和日本列岛上的古代国家，其甲胄也具有与古代中国相同的特点。朝鲜半岛流行的古代甲胄，是经由高句丽族传播过去的。日本古坟时代早在公元 4 世纪后半的铁铠甲，如上殿古坟、城山 2 号坟、千塚古坟 500 号坟的短甲（图一二），都是由甲片编缀而成，后来出现以大型甲板"鋲留"或"革缀"的短甲，以后则流行由小型甲片编缀的"挂甲"②。此后直到中世纪结束，军队使用的铠甲的主要类型，都是由甲片编缀成整领的铠甲。

谈到铠甲，还应注意到古代军队单兵防护装具中另外一项重要的装具——盾牌。与环地中海诸古代文明的军队的防护装具不同，古代中国军队的单兵防护装具，更注重战士身披的铠甲，其重要性大于手持的盾牌。

① 中国社会科学院考古研究所、河北省文物管理处：《满城汉墓发掘报告》，文物出版社，1980 年。
② 详见杨泓《日本古坟时代甲胄与中国古代甲胄的关系》，《中国古兵器论丛（增订本）》，文物出版社，1985 年。

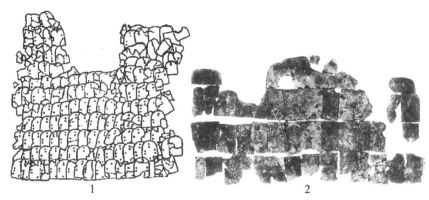

图一二　日本古坟时代铁短甲
1. 城山 2 号坟出土　2. 上殿古坟出土

以秦始皇陵园内发掘出土的铜兵车模型上所附的盾牌为例，其形貌大致呈长方形，中有纵盾，上缘居中向两侧形成两度弧曲的花饰（图一三）。这种形状的盾牌，早在东周墓中已有出土，多为皮质，外表涂漆绘彩。以后在西汉的帝陵和王侯陵墓随葬的兵马俑所持的，都是这种形貌的盾牌，可以说这是从先秦至秦汉时期军队装备的盾牌的基本形制。秦始皇陵铜兵车模型所附铜盾高 35.6、最宽处 23.5 厘米[①]，它是约为实物的二分之一的模拟品，当时盾牌的实际高度只有 70 厘米左右，最多也只能勉强遮护战士的上半身。西汉帝陵和诸侯王陵出土随葬俑群中，步兵俑所持盾牌与俑体的比例，一般也只有俑体高的三分之一左右（图一四）。它们遮护的范围，与希腊步兵装备的大圆盾牌及罗马的大型长方形盾牌无法同日而语。同时，东方的战士在战场上并不裸露肢体，秦朝战士的臂膀除了有披膊的防护外，均有战袍袍袖的遮护；腿部缚有行縢，双足着履，不见赤足或裸露足趾。

综上所述，与秦汉铠甲以甲片编缀成整领铠甲的系统不同，罗马铠甲是整甲制成一片，或是将大型长条形金属板用铰链等结合而成的制法，另成系统。以秦汉为代表的古代东方，与以罗马代表的古代西方，在军队装

[①]　秦始皇兵马俑博物馆、陕西省考古研究所：《秦始皇陵铜车马发掘报告》，文物出版社，1998 年，第 373 页。

图一三　秦始皇陵出土铜兵车模型所附盾牌　　图一四　杨家湾出土西汉持盾步兵俑

备的铠甲系统完全不同，各自显示着不同的地域特征以及不同的工艺技术传统。或者说，这是以罗马文明为代表的古代西方（也就是环地中海、一直延伸到西亚的古代文明）和以秦汉文明为代表的古代东方（也就是亚洲东部的文明），在军队防护装具中的甲胄方面表现出的差异。

（原载《文物》2010 年第 3 期）

　　后记　应中华世纪坛艺术馆馆长王立梅女士之约，我参与了"秦汉—罗马文明展"的策展工作，所以对该展览的展品有较深刻的了解。本文即以该展览展出的标本为基础，对古代东方和西方铠甲系统所进行的初步比较研究。

考古学所见三国时期的城市和战争

一 三国时期的城市

三国时魏、蜀、吴的都城分别在洛阳（今河南洛阳）、成都（今四川成都）和建业（今江苏南京），但是对这三处都城遗址，目前都还缺乏全面深入的田野考古工作。只有曹魏建国前，曹操被汉封为魏王时的魏王都城——邺（在今河北临漳境内），由于废弃后未被后世的城市叠压，遗址保存情况较好，因此有条件进行系统的田野考古勘察和发掘，已经获得了可喜的发掘成果。

东汉覆亡，群雄割据，曹操挟天子以令诸侯，终于消灭中原北方的割据势力，统一了长江以北的广大区域，但仍在名义上尊奉汉朝皇帝，沿用建安年号。建安十三年（208 年），曹操以汉帝名义自任相国，十八年封魏公，二十一年进爵魏王。自从建安九年（204 年）破袁尚占领邺后，即经营其地以为自己的根据地，后来营建成魏王都。由于曹军攻邺时，曾"作围堑，决漳水灌城；城中饿死者过半。"① 因此，邺城被曹军攻占时，残毁过甚，整个城市几成废墟。曹操营建邺城，是在废墟上再建新城，因而有条件采用新的设计，重新规划全城的布局，建成具有特点的新王都。建成使用后，又陆续有所修建。建安十五年（210 年）冬作铜雀台，十八年

---

① 《三国志·魏书·武帝纪》，第25页。

"秋七月，始建魏社稷宗庙。……九月，作金虎台"①。后曹操子丕代汉称帝后，邺仍为魏国五都之一②。

邺城遗址在今河北省临漳县，因其南有后来东魏、北齐时的邺城，故习惯称曹操营建的邺城为"邺北城"。20世纪50年代，对邺北城遗址进行过踏查③。70年代以来，更对邺北城展开大规模的田野考古工作④，已完成对城墙、城门、城内道路及宫殿区的勘探和重点发掘。

邺北城的城墙在地面已无迹可寻，经钻探可知，筑城墙前先掘基槽。墙体以土夯筑，残存最高处仅1～2米。南墙大部分探清；东墙已探清1300米；北墙探明350米的一段，西墙墙基经反复钻探，已得到线索，尚需进一步工作。四个城角中，仅探出城的东南角。根据城墙的位置和走向，大致确定了城的平面轮廓。城址呈东西向的长方形，东西（东墙至金虎台）长2400米，西墙南段突出一段，故东西最宽处为2620米；南北长1700米；城墙宽15～18米。其实际范围小于《水经注·浊漳水》所载的"东西七里、南北五里"⑤。

关于城内的主要街道，已探明6条，有1条横贯全城的东西大街；在这条东西大街以南，探明3条纵向的南北大街；在东西大街以北，探明两条纵向的南北大街，但西侧的街道仅探出70米一段，宽10米左右，尚需进一步核实。由于城门⑥的遗迹保存不好，仅在东墙距东南墙角800米处发现1座门址，又在北墙发现1座门址。因此，其余城门的位置都是由街道走向与城墙交会的地点推定的。东墙探明的门为建春门，与之对应，东西大街西端西墙上为金明门。东西大街以南3条大街所对南城3门，中为中阳门，

---

① 《三国志·魏书·武帝纪》，第32、42页。

② 《三国志·魏书·文帝纪》注引《魏略》曰："改长安、谯、许昌、邺、洛阳为五都"。第77页。

③ 俞伟超：《邺城调查记》，《考古》1963年第1期。

④ 中国社会科学院考古研究所、河北省文物研究所邺城考古队：《河北临漳邺北城遗址勘探发掘简报》，《考古》1990年第7期。

⑤ 以西晋尺度，一尺约为24厘米，一里为432米。

⑥ 据《水经注·浊漳水》条，邺北城"有七门，南曰凤阳门，中曰中阳门，次曰广阳门，东曰建春门，北曰广德门，次曰厩门，西曰金明门"。

西为凤阳门，东为广阳门。东西大街以北 2 街所对北墙 2 门，西为厩门，东为广德门。由于西侧的街道尚需核实，故厩门的位置尚待确定（图一）。

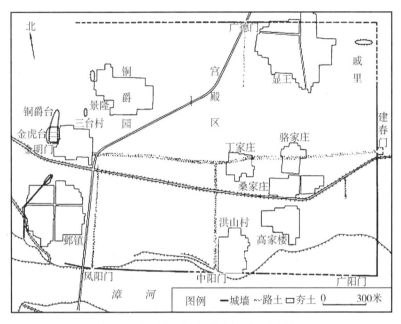

图一　曹魏邺城（邺北城）遗址平面图

在东西大街以北的中央部位，发现 10 处夯土建筑基址，有的东西 57、南北 35 米，有的东西 39、南北 60 米，还有的东西 45、南北 75 米。这里应是宫殿区遗址，但未发现宫墙。因遗址均处在地下 3.5 米以下，已处地下水位以下，目前难以发掘。在这片遗址以西，也探出一些建筑基址，应属"铜爵园"范围。其西即著名的三台。金虎台夯土基址保存尚好，现存南北长 120、东西宽 71、高 12 米。其北 83 米为铜爵（雀）台的台基，夯土基址仅存东北角，南北 50 长、东西 43 宽、高 4～6 米。其北的冰井台，钻探至地表 8 米仍是沙土，已无迹可寻。

依据勘察和发掘资料，可对邺北城的平面布局进行复原研究①。可以

① 徐光冀：《曹魏邺北城的平面复原研究》，载《中国考古学论丛——中国社会科学院考古研究所建所 40 年纪念》，科学出版社，1993 年，第 422～428 页。

看出，在邺北城，横贯全城的大街北部中央是宫殿区，南部是居民的里坊区，北部宫殿的西侧是铜爵园和三台，东侧有衙署和戚里。南墙正中的中阳门，正对宫殿区的正门——止车门，有纵向大街贯通两门之间，然后再向内达端门，直到正殿文昌殿，形成最早出现的中轴线①。

邺城（邺北城）虽然是曹操被封为魏王之后的魏王王都，并不是当时汉献帝朝廷所在的国都，但它是曹操当政时实际的政治中心。建安二十四年（219 年），孙权上书称臣，劝曹操代汉称帝，侍中陈群、尚书桓阶奏曰："汉自安帝已来，政去公室，国统数绝，至于今者，唯有名号，尺土一民，皆非汉有……殿下应期，十分天下而有其九。"② 这确实道出了实际情况，当时的政权中心并不在汉帝所在洛阳，而在曹操常居的邺城。其创新的城市平面布局，有着划时代的意义，标志着自汉至唐城市性质发生的变化已经开始，对后世的都城平面布局影响深远。

回溯秦汉时期都城的平面布局，不论是秦都咸阳、西汉都城长安还是东汉都城雒阳，都以宫殿群为主。以西汉长安为例，是先筑宫殿，各宫的修筑缺乏整体规划。大略说来，以未央宫为中心，然后才修建城垣③，将已筑成并已使用的各座宫殿均围护其中，城内总面积的三分之二都为宫殿所占据，同时为了迁就已存在的宫殿群，又碍于地形地貌的限制，所以四面城垣走向并不规整④。虽然已将一般民居的闾里和经商的市场包容在城

---

① 关于邺北城的复原研究，也有与上述徐光冀的复原不完全相同的方案，可参阅傅熹年主编《中国古代建筑史——两晋、南北朝、隋唐、五代建筑》第二卷第一章《三国建筑》第 2 ~ 5 页，中国建筑工业出版社，2001 年。

② 《三国志·魏书·武帝纪》注引《魏略》。

③ 西汉初建长安，以秦时旧宫兴乐宫建长乐宫。据《史记·高祖本纪》：高祖八年（前 199 年）"萧丞相营作未央宫，立东阙、北阙、前殿、武库、太仓。"次年未央宫建成。以后又在未央宫北建北宫。到惠帝三年（前 192 年）"方筑长安城，四年就半，五年六年城就"。前后约四年时间。见《史记·吕太后本纪》，第 398 页。

④ 西汉长安城四面城垣的修筑进程，大概是从城的西北方起筑，先筑西垣，然后依次筑南垣、东垣和北垣，受到已存在的宫殿和地貌影响，四垣走向不规整，特别是南垣和北垣，出现多处折曲之处，汉代以后曾被认为像星斗。参看王仲殊《汉代考古学概说》第一章，中华书局，1984 年。

垣内①，但所占面积很少，除贵胄的住宅外，一般民居多偏居城东北角低洼之处②。城内的各类建筑和设施，从设计到使用功能，主要都是为皇帝和皇室贵族高官服务的。东汉都城雒阳，宫殿所占面积较西汉长安略有减少，主要有西汉旧宫扩建的南宫和明帝时营建的北宫（其间还连以复道），还有北宫北面的永安宫，北宫西侧的濯龙园，以上宫苑总面积已占全城面积的一半。城内还有中央的衙署。除了上东门内有贵族高官居住区外，一般居民只能居住在城外，常聚集在城门附近。只是到曹操修建魏王都邺城时，其平面布局才发生了明显的变化。

邺北城创新的城市平面布局，其特征主要有以下几点。

第一，城中宫殿区集中到城内北部中央位置，所占面积明显小于两汉时期。外朝与内朝并列。出现纵贯全城的中轴线，由南墙正门到宫城正门直到主殿门，进一步显示了中央集权最高统治者的权威。城内大道纵横，垂直交错，都城平面布局规划日益规整。

第二，一般官员居民所居住的里坊区日渐扩大，占城内南半部及东北角，近全城二分之一的面积，开中国古代封闭式里坊制城市之先声。

第三，由于当时战乱不止，基于军事需要，城防工事更趋完备，特别注重城防制高点的控制，邺城西北部分构筑的三台，不仅为园林观赏，更起着军事制高点的作用。

总体来看，宫殿的退缩和民居里坊的发展，纵横街道和中轴线的出现，对以后的都城平面布局有深远影响。宫殿退缩，所占城市总面积的比例大幅度缩减，但其在城市布局中据有重要位置，加上皇城与民居里坊的严格分界以及中轴线的设置，反而凸显出皇权的威严。这表明自汉至唐时

---

① 徐苹芳：《中国古代城市考古与古史研究》，《中国历史考古学》，（台北）允晨文化，1995年，第89~104页。

② 关于西汉长安城内间里问题，据《三辅黄图》："长安闾里一百六十，室居栉比。门巷修直。有宣明、建阳、昌阴、尚冠、修城、黄棘、北焕、南平、大昌、戚里。"此外，据云，未央宫北阙附近多贵族甲第。但目前对长安城的考古勘察尚难弄清间里情况，又在有关平面图如《中国大百科全书·考古学》第159页图上，北阙南为未央宫，北为桂宫、北宫，无可容贵族甲第处。目前这些问题均有待新的考古工作予以解决。

期，城市性质发生的变化已经开始。此后，已作田野考古勘查和发掘的南北朝时期的几座都城遗址——北魏洛阳城①、东魏北齐邺城（邺南城）②，正是沿袭着邺北城创建的模式继续向前发展，最终发展成隋大兴和唐长安的平面布局，成为典型的封闭式里坊制城市，并对以后中国历代都城的平面布局产生深远影响。

除邺北城遗址外，对于从建安末年到曹魏建国乃至西晋的都城洛阳，虽然进行了考古工作，但目前还不清楚那一时期详细的平面布局。

对于南方的孙吴政权的都城遗址，曾对武昌城址作过勘察，存有平面呈矩形的夯土城墙。城内北部似有子城，大约是武昌宫所在；城西有郭城遗迹，再西为武昌港口——樊口。武昌故城形势险要，又有良港，是当时控制长江中游的军事重镇。至于孙权称帝时的都城建邺，田野考古工作还不够完备，目前对该城的平面复原，主要依靠文献。

二　三国时期的战争

曹操在规划邺城的修建时，对城中作为军事制高点的铜爵三台特别重视，反映出由于当时连年战争，他不得不尽力完善魏王都的军事设施，以保护自己的大本营。东汉末年，黄巾起义（光和七年，184 年）使得社会动荡，导致东汉王朝衰亡，从此中国历史进入大分裂、大动荡的时期。在这个时期，古代中国的政治地图频繁地变更着颜色。先是镇压黄巾起义之后的群雄割据，随之出现魏、蜀、吴三国鼎立，280 年西晋灭吴，全国才重新统一。

在这将近一个世纪，各种政治势力分离聚合，形势繁杂多变。其间战

---

① 洛阳市文物局、洛阳白马寺汉魏故城文物保管所编：《汉魏洛阳故城研究》，科学出版社，2000 年。

② 中国社会科学院考古研究所、河北省文物研究所邺城考古工作队：《河北临漳县邺南城遗址勘探与发掘》，《考古》1997 年第 3 期；《河北临漳县邺南城朱明门遗址的发掘》，《考古》1996 年第 1 期。

争不断，发生了许多在中国古代战争史上堪称经典的战例，如曹操和袁绍之间的官渡之战，曹操、孙权、刘备之间的赤壁之战，孙权、刘备之间的夷陵之战，等等。它们不仅在军事史研究中占有重要位置，而且战争的进程极具故事性，也吸引着普通百姓的注意力。同时，这一时期历史名人辈出，政治家、军事家以及军中名将多如夜空繁星，令人目不暇接。魏武帝曹操一人就兼政治家、军事家、文学家于一身，虽然他自己的军事著作已佚，仅存残篇断句①，但他为《孙子兵法》所作的注文仍传于世。蜀丞相诸葛亮更被后人视为智慧人物的代表，他的《诸葛氏集》中就有多篇有关军事的著述，仅《军令》就有上、中、下三篇，其他还有《南征》《北出》《兵要》等②。可惜原书已佚。蜀将关羽则被后人视为武圣。至于三国时期的贤臣和勇将，更是数不胜数，仅赤壁之战一次战争，除曹操、刘备、孙权外，孙吴有周瑜、张昭、鲁肃、黄盖，刘备军中有诸葛亮、关羽、张飞、赵云，曹营的张辽、曹仁等众多名将悉数登场。

从各地的割据势力到出现三个鼎立的政权，其创建者无不凭借着自己掌握的军事实力登上历史舞台，一旦失去对武装力量的直接控制，其统治权力就被他人取代了。因此，这一时期虽然社会经济受到战乱等的极大破坏，但是军事装备的生产却一直受到统治者的高度重视，从而促使兵器的研制和生产在汉代的基础上有了进一步发展。例如，曹魏时期，铁材极为缺乏，甚至汉代通常使用的铁质刑具，当时只能改用木质的。据《晋书·刑法制》记述，魏武帝曹操时，规定"犯钛左右趾者易以木械，是时乏铁，故易以木焉"③。但同时，曹操父子对刀剑的制造却是极为重视，发展了百炼钢的技术。当曹操初步稳定了在中原地区的统治地位以后，立即委任王修为司金中郎将④，主管冶铸，生产兵器和农具，采用各种办法，以保证战争和屯垦的需要。

---

① 今本《曹操集》中，集录了有关军令、兵法等佚文，可供参考。中华书局，1959 年。
② 《三国志·蜀书·诸葛亮传》，第 929 页。
③ 《晋书·刑法志》，第 922 页。
④ 《三国志·魏书·王修传》，第 347 页。

对于三国时期的兵器的知识，过去中国的老百姓多是从小说、戏剧以及与之有关的绘画、雕塑作品获知的。例如，《三国演义》第一回就是"宴桃园豪杰三结义"，刘、关、张收到两个中山大商所赠"镔铁一千斤"后，"（玄德）便命良匠打造双股剑；云长造青龙偃月刀，又名冷艳锯，重八十二斤；张飞造丈八点钢长矛。各置全身铠甲"。第五回"破关兵三英战吕布"中，三人就用这三样兵器合战吕布，而吕布的兵器是"画戟"。这个故事也是民间绘画、雕塑喜爱的题材，但是刻画出的兵器，则是将宋元以后的兵器经想象和艺术加工而呈现的形貌，与三国时期的兵器毫不相干。现在我们依据考古发现和文献记载，将三国时期的兵器的原貌稍作介绍。

三国时期军中主要的格斗兵器，主要沿袭两汉传统，是钢铁制造的戟、矟、矛、刀、剑，远射兵器弓箭（装备钢铁制作的箭镞），还有装在木弩臂上的青铜弩机。精锐的长戟和长矟，都是当时骑兵和骑将装备的主要格斗兵器，在《三国志》中看到的魏、蜀、吴三方的主要将领，都是骑在战马上使用戟、矟作战的。在防护装具方面，三国时也出现许多新类型的铠甲，同时军中已经开始有人和战马都披有铠甲的重装骑兵。现分述于下。

1. 戟

从战国末年直到秦汉盛行的钢铁制作的戟，到三国时期仍是军中的标准装备，它是一种长柄格斗兵器。直到西晋时，戟还被名将周处誉为"五兵之雄"[1]。《三国志·魏书·吕布传》记有吕布辕门射戟的故事。"（袁）术遣将纪灵等步骑三万攻（刘）备，备求救于布。……（布）便严步兵千，骑二百，驰往赴备。灵等闻布至，皆敛兵不敢复攻。布于沛西南一里安屯，遣铃下请灵等，灵等亦请布共饮食。布谓灵等曰：'玄德，布弟也。弟为诸君所困，故来救之。布性不喜合斗，但喜解斗耳。'布令门候于营门中举一只戟，布言：'诸君观布射戟小支，一发中者诸君当解去，不中

---

[1] 《北堂书钞》卷一二四引周处《风土记》。

可留决斗。'布举弓射戟，正中小支。诸将皆惊，言'将军天威也'！明日
复欢会，然后各罢。"① 吕布随便命令门候举一支戟，说明这种格斗兵器在
军中普遍使用，随处均有，不必特殊寻取。

当时，许多猛将均善用戟。如曹操军中名将张辽守合肥时，面对孙权
的优势兵力，"辽被甲持戟，先登陷陈，杀数十人，斩二将，大呼自名，
冲垒入，至权麾下"。吓得孙权只好"走登高冢，以长戟自守"②。又如曹
操帐下勇将典韦，当曹操与吕布战于濮阳时，曹军袭布别屯后，遭到吕布
救兵三面包抄，情势危急。"太祖募陷陈，韦先占，将应募者数十人，皆
重衣两铠，弃楯，但持长矛撩戟。时西面又急，韦进当之，贼弓弩乱发，
矢至如雨，韦不视，谓等人曰：'虏来十步，乃白之。'等人曰：'十步
矣。'又曰：'五步乃白。'等人惧，疾言：'虏至矣!'韦手持十余戟，大
呼起，所抵无不应手倒者。布众退。"他又好持大双戟，"军中为之语曰：
'帐下壮士有典君，提一双戟八十斤'"。在曹军与张绣军的战斗中，典韦
战于营门，"以长戟左右击之，一叉入，辄十余矛摧"③。

甘肃嘉峪关新城公社三号魏晋墓中，有两幅与军队有关的壁画④。一
幅绘行军的情景，两行步兵头戴兜鍪、披铠，肩戟持楯；另一幅绘宿营的
情景，以将领所在的大帐为中心，周围布列众多士兵居住的小帐篷，每个
帐前竖着一戟一楯（图二）。这说明，戟和楯是当时士兵的标准装备，因
此用作为帐内士兵的象征。在这一时期的《军令》中，也常提到戟。例
如，诸葛亮《军令》中有"始出营，坚矛戟，舒幡旗，鸣鼓角。行三里，
辟矛戟，结幡旗，止鼓角"。又有"敌已附，鹿角裹兵但得进踞，以矛戟
刺之，不得起住，起住妨弩"⑤。

---

① 《三国志·魏书·吕布传》，第222～223页。
② 《三国志·魏书·张辽传》，第519页。
③ 《三国志·魏书·典韦传》，第544、545页。
④ 甘肃省文物队、甘肃省博物馆、嘉峪关市文物管理所：《嘉峪关壁画墓发掘报告》，文物出版
社，1985年。
⑤ 《太平御览》卷三三七、三三九引诸葛亮《军令》，第1548、1554页。

图二　甘肃嘉峪关魏晋墓营帐壁画

　　除长戟外，三国时还流行短柄的手戟，例如孙策与太史慈搏战时，"策刺慈马，而揽得慈项上手戟，慈亦得策兜鍪。"① 此外，孙策还曾以手戟投击严白虎弟舆，把他杀死②。曹操年轻时也曾用手戟，"（曹操）尝私入中常侍张让室，让觉之；乃舞手戟于庭，踰垣而出。才武绝人，莫之能害。"③ 刘备兵败当阳长阪，"有人言（赵）云已北去者，先主以手戟摘之曰：'子龙不弃我走也。'"④ 表明当时手戟的使用相当普遍。同时还可双手各执一短柄戟，使用双戟。前述魏将典韦好持大双戟，吴将甘宁亦善双戟⑤，甚至身为帝王的曹丕和孙权，都会用双戟。曹丕在《典论·自序》中说："余少晓持复，自谓无对；俗名双戟为坐铁室"⑥。孙权曾"亲乘马

① 《三国志·吴书·太史慈传》，第1188页。
② 《三国志·吴书·孙破虏讨逆传》注引《吴录》，第1105页。
③ 《三国志·魏书·武帝纪》注引孙盛《异同杂语》，第3页。
④ 《三国志·蜀书·赵云传》注引《云别传》，第949页。
⑤ 《三国志·吴书·甘宁传》注引《吴书》："凌统怨宁杀其父操，宁常备统，不与相见。权亦命统不得仇之。尝于吕蒙舍会，酒酣，统乃以刀舞。宁起曰：'宁能双戟舞。'蒙曰：'宁虽能，未若蒙之巧也。'因操刀持楯，以身分之。"第1295页。
⑥ 《三国志·魏书·文帝纪》注引《典论·自叙》，第90页。

射虎于庱亭。马为虎所伤，权投以双戟，虎却废"①。

2. 矛和矟

在三国两晋南北朝时期，矛继续是步兵和骑兵装备的一种重要长柄兵器，三国时，矛与戟并用。骑兵用的马矛，矜（矛柄）较长，一般长丈八尺，自汉代又称"马矟"或"槊"。在汉末三国时的战场上，不少勇将善用戟，另一些将领在实战中则使用马矛。如孙吴名将程普，"（孙）策尝攻祖郎，大为所围，普与一骑共蔽扞策，驱马疾呼，以矛突贼，贼披，策因随出"②。又如吴将丁奉，"魏将文钦来降，以奉为虎威将军，从孙峻至寿春迎之，与敌追军战于高亭。奉跨马持矛，突入陈中，斩首数百，获其军器"③。至于蜀将张飞在当阳长阪，"据水断桥，瞋目横矛曰：'身是张益德也，可来共决死！'敌皆无敢近者"④。更是为人所习知。就是在小说或戏剧中认为是使戟的勇将吕布，实际也是使矛的。当他与郭汜交战，"布以矛刺中汜，汜后骑遂前救汜，汜、布遂各两罢"⑤。而他杀死董卓也是用矛。当时"（李）肃以戟刺之，卓裹甲不入，伤臂堕车……布应声持矛刺卓，趣兵斩之"⑥。这一事例也说明，铠甲可以有效地抵御戟刺，却不能抗御矛刺，或许显示出，三国时马矛取代马戟的势头已经越来越强了。在嘉峪关魏晋墓中所绘壁画和砖画中，绘出的步兵是披铠和执戟楯，已如前述；骑兵则全执马矟，而没有戟，这些图像应能如实反映当时的情况。

在三国时期，马矟的兴盛还有一个重要的因素，那就是人们在选择兵器时往往受地区或民族传统的制约。长矛或马矟盛行的区域，多在西北和东北边陲一带。在西北边陲，关西诸郡因"数与胡战"，人民强悍，连妇

---

① 《三国志·吴书·吴主传》，第1120页。

② 《三国志·吴书·程普传》，第1283页。

③ 《三国志·吴书·丁奉传》，第1301页。

④ 《三国志·蜀书·张飞传》，第943页。

⑤ 《三国志·魏书·吕布传》注引《英雄记》，第220页。

⑥ 《后汉书·董卓列传》，第2331页。

女都"载戟挟矛,弦弓负矢"①。那一地区的军队更善用长矛,当时"议者多言:关西兵强,习长矛,非精选前锋,则不可当也"②。

3. 刀

三国时期的钢刀沿袭着汉代的形制,长体,直身直刃,刀身与柄部的区分不明显,柄端有扁圆形状的环首。百炼钢刀仍是受人重视的名贵兵器,曹操和曹丕父子都曾做百辟宝刀。曹植《宝刀赋》序:"建安中,家父魏王,乃命有司造宝刀五枚,三年乃就,以龙、虎、熊、马、雀为识,太子得一,余及余弟饶阳侯各得一焉,其余二枚家王自杖之。"③ 他赞咏宝刀锋利,"陆斩犀象,水断龙舟;轻击浮截,刃不灚流"。其形制仍为环首刀,故"规员景以定众,摅神思而造像"④。这种宝刀应即"百辟刀"⑤。曹丕也曾作百辟刀、剑,《典论》曰:"余善击剑,能以短乘长。故选兹良金,命彼国工,精而炼之,至于百辟。"以为三剑、三刀、三匕首⑥。"百辟宝刀三:其一长四尺三寸六分,重三斤六两,文似灵龟,名曰灵宝;其二采似丹霞,名曰含章,长四尺四寸三分,重三斤十两;其三鉴似崩雪,刀身剑铗,名曰素质,长四尺三寸,重二斤九两。又造百辟露陌刀一,长三尺二寸,重二斤二两,状似龙文,名曰龙鳞。"⑦ 看来,这种经百炼的百辟刀费时费工,是王公才能据有的珍贵物品。

许多将领在立功或升迁时,亦常作刀为铭,以孙吴诸将为例。"孙权遣张昭代周瑜为南郡太守,曾作一刀,背上有'荡寇将军'四字,八分书。""蒋钦拜别部司马,造一刀,文曰'司马',古隶书。""潘文珪拜偏将军,为擒关羽,拜固陵太守,因刻刀曰'固陵'。"⑧

---

① 《三国志·魏书·郑浑传》注引张潘《汉记》,第510页。
② 《三国志·魏书·武帝纪》注引《魏书》,第35页。
③ 《太平御览》卷三四六引曹植《宝刀赋》,第1593页。
④ 赵幼文校注:《曹植集校注》,人民文学出版社,1984年,第160~162页。
⑤ 《太平御览》卷三四五引《魏武帝令》曰:"往岁作百辟刀五枚,适成,先以一与五官将,其余四,吾诸子中有不好武而文学,将以次与之。"第1586页。
⑥ 《太平御览》卷三四六引《典论》,第1594~1595页。
⑦ 《太平御览》卷三四六引《典论》,第1592~1593页。
⑧ 《太平御览》卷三四三引陶弘景《刀剑录》,第1591页。

除了帝王将领制作的个人使用的钢刀外，史籍中还有三国时期大量制作军用钢刀的记录。例如，蜀汉诸葛亮曾让蒲元造刀 3000 口。据《蒲元传》："于斜谷为诸葛亮铸刀三千口，镕金造器，特异常法。刀成自言：汉水钝弱，不任淬用，蜀江爽烈，是谓大金之元精，天分其野。乃命人于成都取之。有一人前至，君以淬，乃言杂涪水，不可用。取水者犹悍言不杂。君以刀画水云：杂八升，何故言不。取水者方叩头首伏，云：实于涪津渡负倒覆水，惧怖，遂以涪水八升益之。于是咸共惊服，称为神妙。刀成，以竹筒密内铁珠满其中，举刀断之，应手零落，若薙生刍。故称绝当世，因曰'神刀'。今之屈耳环者，是其遗范也。"① 这则故事中讲到对淬火用水的选择，也反映出当时对刃部淬火技术的重视。

4. 剑

三国两晋南北朝时期，军中装备的手握短柄兵器虽以刀为主，但剑也仍有使用。同时，这一时期的帝王也常制作名贵的百炼钢剑。如三国时期，曹魏文帝曹丕为魏太子时，就曾制作百辟宝剑，"长四尺二寸，重一斤十有五两。淬以清漳，厉以礛磻，饰以文玉，表以通犀，光似流星，名曰飞景"②。吴大帝孙权、蜀汉先主刘备也都制作过宝剑，见陶弘景《刀剑录》③，当为一时风尚。

5. 匕首

三国时期，仍为主要的卫体兵器，也曾大批量制作，如诸葛亮曾命作部制造匕首 500 枚，以给骑士④。

6. 弓矢

三国时期，弓矢仍是军中最经常使用的远射兵器。弓矢依旧沿袭着汉代的传统，但是这一时期青铜铸造的箭镞已被淘汰，普遍装备军队的是钢铁箭镞。

---

① 《太平御览》卷三四五引《蒲元传》，第 1589 页。
② 《太平御览》卷三四三引《典论》，第 1577 页。
③ 《太平御览》卷三四三引陶弘景《刀剑录》，第 1578、1579 页。
④ 《太平御览》卷三四六，第 1595 页。

7. 弩

三国时期，弩有了进一步的发展，主要是弩的强度有了较大的提高，增强了穿透能力，增加了射程，也创制了一次发射可同时射出多支弩箭的强弩。考古发掘获得的三国时期的弩机实物中，出土有魏、蜀纪年铭刻的标本，如南京石门坎出土的魏正始二年（241年）铜弩机①、四川郫县出土的蜀汉景耀四年（261年）铜弩机②；也有孙吴墓中出土的刻有用器人名的铜弩机，如湖北鄂州出土、扳机上刻有"将军孙邻弩一张"的铜弩机③。从这些三国弩机的材质和结构来看，大致仍沿袭汉代旧制，仍是采用青铜铸件，所以弩机大约是中国古代青铜兵器中消失最晚的一种。

从魏、蜀的两件弩机的铭文看，它们都是两国中央控制的兵器工场制造的产品。曹魏弩机的制造是由尚方负责的，正始二年弩机的铭文为："正始二年五月十日，左尚方造，监作吏罝泉，牙匠马□，师陈耳，臂匠江□，师□□。"这和传世的几件正始二年五月十日造弩机的铭文大致相同，由此可知牙匠名马广，臂匠名江子。可见，当时造弩工匠仍和汉代一样，有明确的分工。蜀汉制造弩机，隶属中作部，铭文中也注明监造官吏和工匠的姓名，并标明弩的强度和弩机的自重："景耀四年二月卅日，中作部左兴业刘纯业，吏陈深，工杨安作。十石机，重三斤十二两。"该机铜郭长85、宽35、厚4厘米，现重1475克（缺悬刀）。此外，三国时期，为了增强弩的威力，也有一些改革。例如，诸葛亮曾经在可一次发射多矢的"连弩"的基础上，"又损益连弩，谓之元戎，以铁为矢，矢长八寸，一弩十矢俱发"④。

8. 铠甲

三国时期，开始出现一些新的铠甲类型。在曹植《先帝赐臣铠表》

---

① 尹焕章：《南京石门坎发现魏正始二年的文物》，《文物》1959年第4期封二。
② 沈仲常：《蜀汉铜弩机》，《文物》1976年第4期。
③ 鄂州博物馆、湖北省文物考古研究所：《湖北鄂州鄂钢饮料厂一号墓发掘报告》，《考古学报》1998年第1期。
④ 《三国志·蜀书·诸葛亮传》注引《魏氏春秋》，第928页。

（下文简称《铠表》）中，列出了当时较明贵的铠甲，有黑光铠、明光铠、两当铠和环锁铠①。还有一种三国时开始流行的铠甲，就是筒袖铠，后来人们也称其为"诸葛亮筒袖铠"②。从洛阳等地出土的西晋陶俑③可以看出，筒袖铠是当时军中装备的铠甲的主要形制。曹植《铠表》中提到的两当铠和明光铠，到南北朝时期，由于重装骑兵发展的需要，逐渐成为北朝时期铠甲的主要类型。

曹植《铠表》中还有"马铠"，表明当时骑兵的战马已开始装备马铠，遂开中国古代重装骑兵——甲骑具装之先河，但是其在军中装备的数量非常有限。曹操统军与袁绍对抗时，他的部队中装备的马铠还不足十具；袁绍（字本初）的上万的骑兵中，装备有马铠的也不过区区 300 具，仅占 3% 左右。所以，曹操在《军策令》中曾说："（袁）本初铠万领，吾大铠二十领；本初马铠三百具，吾不能有十具。见其少，遂不施也，吾遂出奇破之。是时士卒精练，不与今时等也。"④ 又如当时雄踞辽东的公孙瓒，军中以骑兵为主力，骑兵中又以"白马义从"为核心，这数千匹白马骑兵并没有装马铠⑤。这些都表明，当时马铠还是比较珍贵的防护装具，所以曹操赐给爱子曹植的名贵铠甲，除了黑光、明光、两当、环锁等铠外，其中就含有一领马铠⑥。直到西晋初年，马铠仍是名贵的物品。司马炎称帝后，命卢钦为都督沔北诸军事、平南将军、假节，特赐给他

---

① 王仲殊：《汉代考古学概说》第一章，中华书局，1984 年。

② 《南史·殷孝祖传》："御仗先有诸葛亮筒袖铠、铁帽，二十五石弩射之不入，上（宋武帝）悉以赐孝祖。"第 1000 页。《宋书》本传所记略同。又《宋书·王玄谟传》："除大将军、江州刺史、副司徒、建安王于赭圻，赐以诸葛亮筒袖铠。"第 1976 页。

③ 河南省文化局文物工作队第二队：《洛阳晋墓的发掘》，《考古学报》1957 年第 1 期。

④ 《太平御览》卷三五六，第 1636 页。

⑤ 《三国志·魏书·袁绍传》引《英雄记》："瓒每与虏战，常乘白马，追不虚发，数获戎捷，虏相告云'当避白马'。因虏所忌，simil其白马数千匹，选骑射之士，号为白马义从；一曰胡夷健者常乘白马，瓒有健骑数千，多乘白马，故以号焉。"第 194 页。如果马披有具装铠，则只能遥见具装色彩，而不见马的毛色，参见《隋书·礼仪志三》，第 160 页。

⑥ 《北堂书钞》卷二一引曹植《先帝赐臣铠表》："先帝赐臣铠，黑光、明光各一领，两当铠一领，环锁铠一领，马铠一领。今世以升平，兵革无事，乞悉以付铠曹自理。"《太平御览》卷三五六所引文字略同，第 1636 页。

"骑具刀器，御府人马铠"①。

（2011 年 3 月在香港城市大学中国文化中心的讲座）

　　后记　2011 年 3 月，应香港城市大学中国文化中心郑培凯教授约请，做了关于三国时期考古与文化内容的讲座，这是其中的一讲。

---

① 《晋书·卢钦传》，第 1255 页。

古兵札记三题

一 铁兜鍪

战国七雄中，燕国有制作优良甲胄的传统。《周礼·考工记》称"燕无函"①，"函"即铠甲②。并解释说："燕之无函也，非无函也，夫人而能为函也。"汉儒郑玄想出一个理由来解释，见《周礼》郑注："燕近强胡，习作甲胄。"由他的解说或许可以推出两个方面的理由。一是因为要抵御强胡，所以特别注重防护装具的制作；二是因为与强胡接触，会汲取强敌使用的防护装具的优点，改进自身防护装具的性能。

目前，在燕地发现的商周时期的个人防护装具只有青铜胄，例如北京昌平白浮西周墓的出土品③。在白浮2号墓和3号墓中，各随葬一件青铜胄。2号墓的青铜胄左右两侧向下伸展，形成护耳，在胄顶中央纵置网状长脊，脊的中部有可以系缨的孔，通高23厘米（图一）。1号墓的一件青铜胄，形制与2号墓的相近，只是没有纵脊，在胄顶置系缨的圆纽，通高23厘米。它们与山西柳林高红商墓出土的青铜胄相似。柳林青铜胄也是两侧垂下护耳部分，胄顶纵置系缨方纽④。其形制明显与安阳殷墟出土的青铜胄不同。

---

① 《周礼·考工记》，中华书局缩印阮刻本《十三经注疏》，1979年，第905页。

② 《周礼·考工记》郑注："函读如国君含垢之含。函，铠也。"

③ 北京市文物管理处：《北京地区又一重要考古收获——昌平白浮西周木椁墓的新启示》，《考古》1976年第4期。

④ 杨绍舜：《山西柳林县高红发现商代铜器》，《考古》1981年第3期。

图一　北京昌平白浮 2 号西周墓　　　　图二　燕下都 44 号丛葬墓出土
　　　出土 M2：10 号铜胄　　　　　　　　　　铁兜鍪（M44：2）

　　在白浮墓中随葬的青铜兵器中，有剑身与茎之间有两个小刺的青铜短剑，有的短剑剑首作马头状或鹰首状，还有鹰首状柄首的长条形铜刀、柄端带铃的匕首。"这些兵器与同墓所出的其他常见于中原地区的兵器不同，具有明显的地方特点，显示出草原文化的影响。"①

　　白浮墓中出土的带有草原文化影响的青铜胄，或许可以看作燕地曾汲取强胡防护装具优点的证明。到东周时期，如《周礼·考工记》所说，燕地不置函工，郑注："言其丈夫人人皆能作是器，不须国工。"由《考工记》中《函人为甲》所记，该书所说的甲胄制作是指皮甲（革甲），由此表明，燕地有制造优良皮甲胄的传统。

　　战国晚期，新兴的黑色金属冶炼工艺传播到燕地以后，迅速与当地传统的制造甲胄的技术相结合，形成了铁铠制造工艺领先于中国其他地区的态势。在燕下都遗址的发掘中，不断发现战国晚期的铁甲片标本。武阳台村西北的 21 号作坊遗址经过两次发掘，初步认为其南部以铸铜器为主，北

----

① 张长寿：《西周墓葬的分区研究》，载中国社会科学院考古研究所《新中国的考古发现和研究》，文物出版社，1984 年，第 257～264 页。

部则是制造铁器的作坊区①。出土的铁器种类很多，包括工具、兵器、刑具、车马器等。还有铁料。这表明，当时燕地铁器生产具有一定规模。铁兵器以矛最多，也有剑、镞、镞铤等。防护装具有大量铁甲片，多达491片，但均为零散甲片（图三），没有发现编缀完整的铁铠或兜鍪，但从铁甲片的出土数量，可以想见当时铁铠甲的生产规模。同时也表明，铁质的进攻性兵器和防护装具在战国晚期燕军的装备中已占一定的比重，这在1965年对燕下都44号从葬墓②的发掘中得到进一步的证实。由于在燕下都21号作坊遗址发掘中所获得的铁甲片都是零散的，没有任何编缀的痕迹，所以无法复原当时铁铠的原貌，但因材质和工艺的不同，其大小尺寸与先秦时皮甲的甲片有较大差异。又因目前还没有从田野考古发掘中获得过燕国的皮甲标本，只能用从南方楚地发现的楚系皮甲标本的甲片进行对比。

以湖北荆门包山楚墓③出土皮甲胄的甲片为例（图四），胸侧甲片最长的达22.3厘米，裙片一般长度超过14厘米，宽度在10~13厘米之间。各

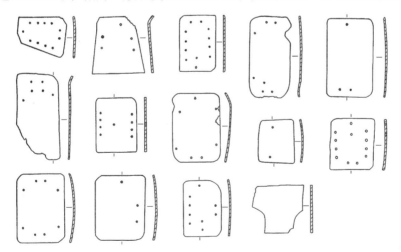

图三　河北燕下都武阳台村21号作坊遗址出土铁铠甲片

① 河北省文物研究所：《燕下都》，文物出版社，1996年。
② 河北省文物管理处：《河北易县燕下都44号墓发掘报告》，《考古》1975年第4期。
③ 湖北省荆沙铁路考古队：《包山楚墓》，文物出版社，1991年。

部位的甲片形状大小各有特点，位置固定，不能置换。而燕下都出土铁铠甲片，个别最长的也超不过 10 厘米，一般在 6 ~ 8 厘米之间。而且甲片形状大致都是圆角的矩形或方形，在战损紧急修复时，有置换的可能，这就为以后甲片的标准化和通用性创造了条件，对铠甲的编缀工艺的发展影响深远。

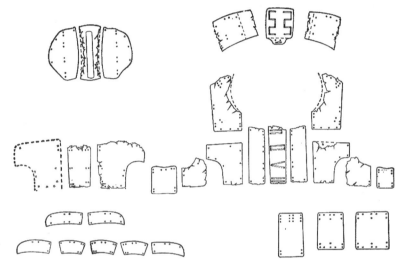

图四　湖北荆门包山 2 号楚墓出土 M2：382 号皮甲胄甲片

虽然迄今没有发现完整的燕国铁铠，但是保护头部的铁兜鍪，已在 44 号丛葬墓中出土过一件基本完好的标本（图二）。该兜鍪由 89 片铁甲片编缀而成，出土时仅缺失 3 片，尚存 86 片，兜鍪通高 26 厘米。由 2 片半圆形甲片合缀成圆形平顶，以下由 6 排甲片（连顶片共 7 排甲片）编缀而成，每片甲片的大小视其位置不同而有差异，一般大约高 5、宽 4 厘米左右。此后，1995 年，在燕下都遗址 10 号夯土建筑基址东北，又获得第二件能完整复原的战国晚期铁兜鍪，编号 Y95H1：1（图五、六）。出土时尚存甲片 66 片，锈蚀严重，经修整复原，兜鍪由顶片和 5 列甲片编缀而成，原应用甲片 69 片，现缺 3 片，复原后，兜鍪通高 31.4、下口宽 25.2 厘米[①]。遗憾

_____

① 河北易县燕下都遗址文物保管所：《燕下都遗址出土铁胄》，《文物》2011 年第 4 期。

的是，在刊出时编者没有要求作者提供铁兜鍪出土时的实测图，也没有出土时的照片，因此无法验证这件标本修整复原时，有关甲片的位置是否均准确无误，我们只能认为其大致轮廓是可信的。第二件铁兜鍪的出土，使44号墓铁兜鍪摆脱了只是孤例的局面，也使人们对战国晚期铁质防护装具有进一步研究的可能。

图五　燕下都出土铁兜鍪　　　　图六　燕下都出土铁兜鍪
（Y95H1：1）正面　　　　　　（Y95H1：1）侧面

"兜鍪"是古人用铁制作的护头的防护装具，与用青铜或皮革制成的头部防护装具"胄"有区别。《尚书·周书·费誓》"善敹乃甲胄"，孔颖达疏"'正义'曰：'经典'皆言甲胄秦世以来，始有铠、兜鍪之文，古之作甲用皮，秦汉以来用铁，铠、鍪二字皆从金，盖用铁为之而因以作名也。"①《说文》："兜鍪，首铠也。"汉时也称"鞮鞪"。《汉书·韩延寿传》："被甲鞮鞪居马上"，颜师古注"鞮鞪即兜鍪也。"② 汉魏人的著述和出土的简牍中，也都如此称谓。直到北宋，仍称头部的防护装具为"兜鍪"。《文献通考》卷一六一记载，宋太祖赵匡胤于开宝八年（975年）每旬亲阅京师所造兵器，所列即有"锁襜兜鍪"等名目。庆历四年（1044

---

① 《十三经注疏》，第255页。
② 《汉书·韩延寿传》，第3214～3215页。

年）成书的《武经总要》中，亦称头部的防护装具为"兜鍪"，再加上护颈的"顿项"，合称"兜鍪顿项"。在《太平御览·兵部》中列有"兜鍪"，将先秦文献中有关"胄"的引文，皆系于此条目之中。这说明，自汉魏至北宋，对保护头部的防护装具概称为"兜鍪"。

到元明时，对头部的防护装具又使用"盔"的名称，并将护体的铠甲与之连称为"盔甲"，此后一直沿用至近代，"兜鍪"之名逐渐被世人遗忘。同时坊间流行的小说中，更是不管讲的是哪个历史阶段的故事，统统将防护装具叫作"盔甲"，在民间广泛流传，甚至一些"学者"也依俗沿用，颇显混乱。

总之，古人在述及保护头部的防护装具时，其名称随时代变迁而不同。先秦时称"胄"；自铁兵器出现开始，秦汉至宋称"兜鍪"；元明至近代称"盔"。后代人有时可沿用前代名称，但后代的名称不会出现于其前的著述中，我们今天研讨古代兵器时，还是正确使用当时的准确名称为好。燕下都出土的两件战国晚期的铁制护头的防护装具，沿用先秦的名称"胄"也可以，但它们是代表着铁质防护装具走上战争舞台的重要考古标本，还应依古人，采用从金的名字，称为"兜鍪"。它们也是目前所知时代最早的铁兜鍪，其意义不言而喻。

将燕下都出土铁兜鍪与早于它的先秦皮胄、晚于它的秦汉铁兜鍪相比较，可以看出，随着钢铁冶炼技艺的发展和普及，进攻性兵器和防护装具都出现了划时代的变化。从目前已经获得的田野考古标本来观察，当时七雄中，燕国制作的铁质防护装具，特别是护头的铁兜鍪，已经走在时代的前列。

先秦时的皮胄，经复原研究的主要是湖北随州战国初曾侯乙墓出土的标本①。以Ⅲ号皮甲胄为例（图七），清理复原时，曾对所用皮甲进行分类，划分为 A～W 共 23 型。其中 M～W 型共 11 型 14 式，计 18 片甲片，

---

① 湖北省博物馆、随县博物馆、中国社会科学院考古研究所技术室：《湖北随县擂鼓墩一号墓皮甲胄的清理和复原》，《考古》1979 年第 6 期。

编成皮胄。顶部居中是纵向凸起的脊棱，两侧各缀联一个半球状的顶片，构成圆顶，前额缀一片倒"凹"字形甲片护额，自颜面两侧向后悬垂两排甲片，用来遮护双耳和脖颈。由于各型甲片形状各异，尺寸不同，而且左右对称的各式甲片亦有方向的区别，均不能互相替换，所以，压制18片甲片的模具必须有14副之多，工序繁杂。作战时难免发生损毁，必须备有充足的各型式甲片才能及时修复，否则会因各型甲片不能相互置换补缀、损毁部位难于修复而无法使用，进而影响战斗力。

图七 湖北随州战国曾侯乙墓　　　图八 陕西秦始皇陵园 K9801
　　出土皮胄复原模型　　　　　　陪葬坑出土石兜鍪复原模型

再看燕下都44号墓铁兜鍪，由于早期铁质甲片系锻制，不宜将外廓形状设计得过分复杂，导致甲片外廓形状主要是圆角矩形或方形，编缀这件兜鍪的89片铁甲片，仅圆顶、护额和护颊的7片较特殊，其余都是圆角矩形，只是尺寸略有差异，这就减少了锻制时的复杂性。同时，因甲片尺寸小，编缀时，左右上下诸甲片重叠的部分距离靠近，在每个局部大致都有两片甲片重叠保护，其强度比单片成倍增强。因此，从材质和编缀工艺各方面看，战国晚期的铁兜鍪都远胜于同时期的皮胄。

值得特别关注的是，燕地铁铠甲的制作开创了中国古代甲胄编缀工艺的新规程。以小型铁甲片编缀的新工艺，形成固定编缀和活动编缀两套规范。固定编缀主要用于兜鍪和铠身等不需要上下局部活动的部分，活动编缀主要用于披膊、筒袖、垂缘等必须上下活动的部分。在燕下都所发现的两件铁兜鍪，正显示着当时铁铠甲固定编缀的新规程已初步形成，大致是先横编、后纵联，横编时从中心一片向左右编缀，纵联时则由上向下，所以甲片一般是上排压下排，前片压后片。由于还没有在燕下都发现整领的铁铠，所以还不清楚有关活动编缀的具体情况。从已知先秦皮甲胄标本推知，在纵联时，与固定编缀相反，应是下排甲片压上排甲片，在甲片中孔留有较长的甲绦，以使其可上下伸缩。上述编缀铁铠的工艺新规程为秦汉所承袭，并不断完善，一直影响到后代，成为中国古代铠甲系统的民族特征之一。

秦汉时的铁兜鍪，已有不少考古发现。虽然还没有发现秦朝铁兜鍪的实物标本，但已发现数量可观的石质模型，出土于秦始皇陵园 K9801 号陪葬坑中。据 1998 年试掘所得，可辨认出石铠甲模型 87 件和石兜鍪模型 43 件[1]。从石甲片的形制、尺寸和编缀等方面来看，它们所模拟的原物应是金属甲片编缀成的铠甲，可能是铁铠[2]。其中的 T4G1 号石兜鍪已经复原（图八），原清理出石甲片 71 片，经复原得知，原应使用 74 片，兜鍪顶为圆甲片，以下依次编缀 5 排甲片，合成整顶兜鍪。所用甲片微呈梯形，底宽顶窄，除第一排形体略长外，其余 4 排形体近同，尺寸微有变化。但由于是用石材模拟的甲片模型，或许为了减少石片加工的工序，所以甲片四角都是尖角，并没有如实呈现铁甲片的圆角。具体编缀时也与真实铠甲不同，只需将甲片简单编联成形。但是基本的编缀工艺规程，则遵循以燕下都铁兜鍪代表的战国晚期的规程，前片压后片，上排压下排。兜鍪外观也大致与燕下都 44 号墓铁兜鍪相近似，只是左右护颈的两片甲片编在倒数第 2 排，其下又编有最末一排甲片。复原后兜鍪通高 34.5 厘米。

---

① 陕西省考古研究所、秦始皇兵马俑博物馆：《秦始皇帝陵园考古报告（1999）》，科学出版社，2000 年。

② 关于秦始皇陵园石铠甲可能为模拟铁铠的分析，参看杨泓《中国古兵与美术考古论集》，文物出版社，2007 年，第 91~94 页。

　　汉朝的铁兜鍪已有多件标本作过复原研究①，其中较典型的是徐州狮子山楚王陵出土的西汉铁兜鍪（图九）。这件兜鍪下缀顿项，共用 4 型 10 式计 120 片甲片编缀而成。兜鍪的编缀承袭战国晚期燕下都 44 号墓铁兜鍪，但顶部圆形甲片形体减小，其下联缀的第一排甲片近似梯形，上窄下宽，与顶片组成半球形。其下再联缀 2～4 排甲片，在第 3 排甲片居中留出露出战士面孔的部位。在兜鍪第 4 排甲片下缘，联缀由 3 排近方形的小型甲片编缀的顿项，以增强兜鍪的防护效能。兜鍪甲片是上片压下片的固定编缀，下缀的顿项采用下片压上片的活动编缀。由此可见，铁兜鍪自战国晚期出现发展到西汉时期，工艺规程已趋完善。

<table>
<tr><td>图九　江苏徐州狮子山西汉楚王陵
出土铁兜鍪复原模型</td><td>图一○　日本淡轮西小山陵古坟出土四方
白铁地金铜装小札鋲留眉庇付胄</td></tr>
</table>

　　以上选取的自战国晚期经秦到西汉的 3 件典型的铁兜鍪或模型标本，已能显示清楚从皮胄过渡到铁兜鍪后，具有中国民族传统的铁兜鍪编缀新工艺的形成和发展。当然，同一时期使用的铁兜鍪不只这一种样式，也会在同样工艺规程下有所变化。燕下都出土的第二件铁兜鍪，就与 44 号墓铁兜鍪在细部结构方面有区别。秦始皇陵园 K9801 号陪葬坑的石兜鍪模型，

①　白荣金、钟少异：《中国传统工艺全集·甲胄复原》，大象出版社，2008 年。

也有两种样式①。西汉墓发现的铁兜鍪，如山东淄博齐王墓②和陕西西安北郊西汉墓③出土的铁兜鍪，在样式上都与楚王墓铁兜鍪不同，但是基本编缀工艺是相同的。

　　燕下都出土的 Y95H1∶1 号铁兜鍪，如果复原无误，还有一点应给予特别关注。就是在兜鍪额部平伸出的"眉庇"，这是过去发现的中国古代保护头部的防护装具中从未见过的。其作用是保护额部，同时也遮护戴兜鍪战士的眉眼等部位。这一考古发现也解决了一直困扰我们的关于中国古代甲胄与日本古代甲胄关系中的一个问题。日本古坟时代的甲胄，与中国古代甲胄关系密切，其发展演变在许多方面受到中国古代甲胄的影响④。在日本古坟时代，保护头部的防护装具主要有两种类型，即冲角付胄和眉庇付胄（图一〇）⑤，它们都应与中国古代甲胄的影响有关。在兜鍪额前设"冲角"，在北朝的图像和陶俑均可以见到。但在兜鍪额前设"眉庇"，过去一直没有考古标本可以说明。现在已明确，在中国古代铁兜鍪走上战争舞台的初期，就已经有"眉庇"，终使这个困扰多年的问题得以解决，定能推动今后对中国古代甲胄与日本古坟时代甲胄研究的新进展。

二　铁铠

　　20 世纪 50 年代末，北京昌平明十三陵中的定陵被发掘⑥，它是明神宗朱翊钧的陵墓，入葬的时间是万历四十八年（1620 年）。在万历皇帝和孝

---

① 详见《秦始皇帝陵园考古报告（1999）》，第 86~88 页。
② 山东省淄博市博物馆、临淄区文管所、中国社会科学院考古研究所技术室：《西汉齐王铁甲胄的复原》，《考古》1987 年第 11 期。
③ 白荣金：《西安北郊汉墓出土铁甲胄的复原》，《考古》1998 年第 3 期。后改题《陕西省西安市北郊汉墓出土铁甲胄复原》，收入《中国传统工艺全集·甲胄复原》，第 151~162 页。
④ 杨泓：《日本古坟时代甲胄及其和中国古代甲胄的关系》，《考古》1985 年第 1 期。后收入《中国古兵器论丛（增订本）》，第 249~280 页，文物出版社，1985 年。
⑤ ［日］末永雅雄：《日本上代甲胄（增补）》，木耳社，1981 年。
⑥ 中国社会科学院考古研究所、定陵博物馆、北京市文物工作队：《定陵》，文物出版社，1990 年。

端皇后两棺之间放置的第 20 号箱内，出土有一件铁铠甲，应是属于万历帝的随葬遗物。出土时甲片已锈蚀，残存各种类型甲片 159 片、还有 3 面圆护和 3 个甲扣。经复原研究，应是由 199 片甲片编缀的铁铠甲，无甲袖或披膊，在前胸开襟，前胸左右各缀一贴金圆护，后背中央也缀一贴金圆护，圆护上刻出精细的玄武大帝和六甲神将图像（图一一、一二）。铠甲内衬里，使用了名贵的织金锦，表现出皇帝用品的精美华贵。与铁铠甲同出的还有一顶铁盔，六瓣铆合而成，顶饰坐于仰覆莲座上的玄武大帝金像以及装盔缨的插管，盔体六瓣上分嵌六甲神金像，盔上原饰有 45 粒小珍珠①。这套供皇帝使用的盔甲，制工华美，应为礼仪性甲胄。万历帝虽然统治明朝长达 48 年，但从未亲自统兵出征。目前定陵这件铠甲，也是从中国古代皇帝陵墓中获得的唯一铠甲。

图一一　定陵出土明万历帝随葬　　　　图一二　定陵出土明万历帝随葬
　X20：11 号铁铠甲前胸　　　　　　　X20：11 号铁盔甲复原

与统一的中央集权的中华帝国不同，同时代的欧洲分成大大小小的王国，各国的王室都需制作供国王使用的实用或礼仪性铠甲，有些国王还建

① 详见中国社会科学院考古研究所等：《定陵》，文物出版社，1990 年，第 215～218 页。

立了保存皇家兵器装备的皇家博物馆，许多博物馆保留至今，故此保存下来的标本众多。2007 年，北京故宫博物院举办了"西班牙骑士文化与艺术"展览，其展品来自西班牙马德里皇家武器博物馆①，展出的铠甲主要是西班牙国王卡洛斯五世（图一三）与后来的费力佩四世（图一四）所拥有的铠甲，其制作时间多在公元 16 世纪中叶至 17 世纪初，制造地点包括德国、意大利等多地。这些铠甲制工精细装饰华美，国王能真正用于领兵战斗②，但更多仅具礼仪性质，有的还是为年仅几岁的小王子特造的铠甲

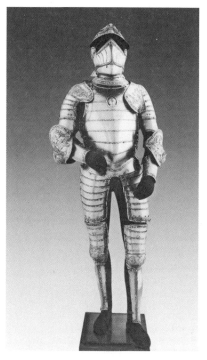 

图一三　西班牙卡洛斯五世铠甲　　　　图一四　西班牙费力佩四世铠甲
　　（1539 年，质地：钢、金、　　　　　　（1633 年前后，质地：钢、皮革）
　　　银、黄铜、皮革）

① 故宫博物院编：《西班牙骑士文化与艺术——马德里皇家武器博物馆珍品集》，紫禁城出版社，2007 年。
② 在故宫展出的一套卡洛斯五世的"阿尔及利亚"套甲中的一件（马德里皇家武器博物馆藏品目录 A.151、A.152、A.154），曾在 1541 年一次失败的海战中遗失了部分构件，故现藏博物馆的铠甲只保存有部分胸甲、臂护和腿护。参见《西班牙骑士文化与艺术》，第 226~229 页。

(图一五)①，它们是拥有者身份地位的象征，抑或用于骑士游戏②。综观这些西班牙王室的铠甲，它们与约略同时期的中国明代皇室铠甲完全不同，不是由小型甲片编缀而成。其胸甲和背甲都是整体制成，臂护和腿护也是整体的，上臂和臂、膝关节处采用铰接铆合等方法保持活动，头盔前脸均加护面。这表明，中国与欧洲是完全不同的两类铠甲系统。

图一五　西班牙费力佩四世9岁时儿童铠甲
（1614年前后，质地：钢、金、银、织物、皮革）

明定陵出土的铁铠甲，由小型铁甲片编缀成甲，其工艺承袭着战国晚期铁铠甲出现时的传统。战国晚期，这样的工艺出现于燕地，秦汉时期发展成熟，历经三国两晋南北朝、隋唐五代、宋辽西夏、金元，至明代不衰。清朝以后，甲胄制造的基本工艺仍沿袭前代，以甲片编缀成甲，今日仍保存于故宫的历代皇帝的铠甲，是最典型的标本（图一六、一七）。禁卫清宫的八旗士兵的铠甲，外层以表明所属各旗色彩的织物为表，内里以

① 在故宫展出的铠甲中，有两套费力佩三世儿童铠甲、一套费力佩四世儿童铠甲（9岁时使用）、一套费尔南多王子儿童铠甲。参见《西班牙骑士文化与艺术》第242～249页。
② 详见《西班牙骑士文化与艺术——马德里皇家武器博物馆珍品集》，第84～85页。

织物为里，中层是起防护作用的铁甲片，用传统工艺编缀而成①。中国这种制造铠甲的工艺传统，对海东诸古国影响深远，兹不赘述。

图一六　清朝乾隆帝（1736~
1795 年）御用铠甲　　　　图一七　清朝咸丰帝（1851~
1861 年）御用铠甲

　　再看与明陵铁铠甲的时间相差不远的西班牙王室铠甲。正如展览说明指出的，这些华美的王室铠甲显示出从中世纪到文艺复兴过渡期间，兵器制造工艺和文化艺术结合达到巅峰。当时"在战场上，铁甲骑兵逐渐丧失了横扫一切的能力，欧洲贵族们转而制造奢华武器来显示自己的权势"②。这些铠甲的形制和工艺，自是承袭了中世纪骑士时代的铠甲，再向前追溯，以整片胸甲、背甲以及大型金属板用铰链等结合而成的制法，应源自

① 我对故宫收藏的八旗铠甲结构的认识，源于"文化大革命"末期。那时认为故宫藏的大量八旗铠甲无用，发给院内职工拆卸。当时我去故宫办事，曾帮人拆甲，故对八旗铠甲有了进一步的了解。过去仅看外观，以为它们是仅仗性的绵甲，那时才知道其中为铁甲，铁绵结合，具有较强的防护效能。
② 详见《西班牙骑士文化与艺术——马德里皇家武器博物馆珍品集》，第 142 页。

古代罗马，再上溯到古代希腊。

旧年我曾借《文物》一角刊出过一篇关于古代东方和西方铠甲系统的札记①。当时"秦汉—罗马文明展"正在北京世纪坛世界艺术馆展出。为了办好这一展览，在世纪坛艺术馆开过多次中意专家的研讨会，并且去意大利有关博物馆选择展品。本次展览重点展示东方的秦汉、西方的罗马这两大古代文明以及它们对后世的深远影响，因此并没有强调其对外征服和战争。由于秦始皇陵出土的陶兵马俑是展出的重点文物，因此也适当地介绍了当时秦汉和罗马的主要兵器和防护装具。那篇札记也是配合展览而写，引导中国观众进一步去认识展品的内涵。所以文中所引用的标本，只选用了观众能在北京举办的有关展览中能亲自观察的实物，强调的是由于历史、地域和民族文化传统的差异，以秦汉为代表的古代东方和与以罗马为代表的古代西方，在军队中装备的铠甲系统完全不同。

我们讲一个古代文明的具有民族文化特征的铠甲系统，并不排除在军队中实战兵器的多样性，而且实战兵器的多样性也随着历史时代的推移而发生变化。如前所述，在中国古代，从铁铠甲出现的战国晚期直到清朝末年，以甲片编缀成甲的传统历久不衰，是具有历史、地域和民族传统的铠甲系统。但是一些其他类型的铠甲在不同历史阶段，同样也是军中装备的铠甲。例如早在汉末三国时期，环锁铠（锁子甲）已被视为名贵铠甲之一，虽未在考古发掘中获得过有关实物标本，但在曹植《先帝赐臣铠表》中有明确记录②。它应是自中亚传入中国内地的。十六国时期，吕光征西域，攻龟兹，见到敌方装备这种"铠如连锁，射不可入"的精良铠甲③，胜利而归时，自然引进了这类铠甲。后来到唐代，《六典》中曾将"锁子甲"列为十三种甲制的第十二种。直到明代，军中也还使用锁子甲，目前留存下的实物标本只有明代的遗物。虽然如此，这种铠甲一直不是军中的

---

① 杨泓：《古代东方和西方的铠甲系统——参观"秦汉—罗马文明展"札记》，《文物》2010年第3期。
② 曹植：《先帝赐臣铠表》，《北堂书钞》卷二一引，又见《太平御览》卷三五六引。
③ 《晋书·吕光载记》，第3055页。

主要防护装具，更不是代表古代中国的铠甲系统①。在选取代表某个古代文明的铠甲系统的标本时，需要具备两项基本要求：一是这类标本是当时军队实战中装备的主要防护装具，即如今日军队的标准装备；二是这类装具是当时帝王贵胄的实战防护装具，或是其装饰华美的礼仪性铠甲，用于显示其高贵的身份和权威。在中国古代，以甲片编缀的铁铠正符合以上要求。

在西方，古罗马间接承袭古希腊铠甲的传统，使用整体制成的金属胸甲和背甲，而且大型长条形金属板用铰链等结合，这种制法显示出与古代中国不同的铠甲系统。选取的标本除了罗马皇帝雕像所披铠甲、罗马军团战士的铠甲雕像，主要采自图拉真纪功柱的浮雕，它比较忠实地描绘了当时罗马军团战士的标准防护装具。我在上一篇札记中强调这一点，是为了从大的方面说明，当时东西方基于历史、地域、民族传统的不同而形成不同的铠甲系统，并不是说在罗马军团中不曾使用过其他类型或质地的铠甲。在其向中东、近东扩张的征战中，也曾引进受到东方影响的铠甲类型，如锁子甲及甲片编缀的铠甲。除铁铠外，他们也使用过铜质或皮质的甲胄，但是它们均非罗马军团的主要防护装具。我们还曾观察过一些博物馆中保存的兵器和甲胄标本，它们或许不是罗马战士的装备，而与当时来自不同民族的角斗士的装具有关。因全面探研罗马铠甲不是这些短篇札记能够胜任的，此处从略。

在上一篇札记刊出后，蒙台湾学者邢义田先生关心，将他在德国博物馆拍摄的甲片编缀而成的罗马铜铠甲图片，经郑岩转给我，现刊于后以飨读者（图一八），并向邢义田先生致谢。

最后还应指出，中国古代铠甲的承袭关系，与中国古代文明数千年代代相承、延续不断相同。甲片的基本编缀工艺不断改进和发展，在此基础上，各朝代铠甲的变化主要表现在型式和外观上。西方则不同，各古代文

---

① 关于中国古代甲胄的全面情况，参阅杨泓《中国古代的甲胄》和《中国古代甲胄续论》，载《中国古兵与美术考古论集》，文物出版社，2007年。

图一八　罗马铜铠甲（邢义田 1978 年摄）

明并非承袭、延续不断，古希腊灭亡，古罗马兴起，虽间接承袭古希腊文明的传统，但变化巨大。在防护装具方面，罗马的胸甲虽然沿袭希腊将胸甲制成整体的传统，但在材质、型式、装饰诸多方面都有差异。前文所举公元 16 世纪中叶至 17 世纪初的西班牙王室铠甲，其胸甲虽沿袭整体的传统，但从工艺、型式到装饰都大为改观。西方这种间断性的承袭关系，与古代中国代代相承、延续不断，同样形成鲜明的对比。

三　铁马面帘

20 世纪 80 年代，我在《中国古代的甲胄》中，首次依据考古图像和古代文献，系统阐述了中国古代重装骑兵——甲骑具装发展演变的历史①。但是那时候还没有从田野考古发掘中获得过中国古代铁马面帘②的实物标本，只能引述有关的图像和陶俑标本。其中纪年明确的图像，是东晋永和十三年（即升平元年，357 年）出奔高句丽的前燕司马冬寿墓壁画所绘甲骑具装。遗憾的是，当时只能依据并不准确的线图③和制版模糊的单色图

① 杨泓：《中国古代的甲胄（下篇）》，《考古学报》1976 年第 2 期。
② 《武经总要》中，称马具装铠中防护马头部的装具为"面帘"，查阅魏晋以降文献中，未见有人使用"马胄"一词，因此以使用"面帘"一词为宜。
③ 参看《考古》1959 年第 1 期第 32 页图十一，原据朝鲜《文化遗产》1957 年第 1 期，第53 页。

版来观察，所以，我在文章中插入的示意图①，对马面帘的描绘并不准确，将马面帘额饰画为重瓣花形，曾误认为它与后来高句丽族的额饰呈三瓣花形的马面帘（如吉林集安三室墓壁画甲骑具装的马面帘）相同。现依据较清晰的冬寿墓壁画照片，可辨明所绘马面帘的额饰并非三瓣花形，而是呈半圆状的一瓣花形（图一九）。

图一九　冬寿墓壁画马面帘

近年来在辽宁的朝阳、北票一带的十六国时期的前燕墓葬中，不断获得铁质马具装铠实物，已发表的两件铁马面帘标本，分别出土于朝阳十二台乡砖厂 88M1（参看本书《中国古代马具装铠对海东的影响》图一三：1）② 和北票喇嘛洞 IM5（图二〇）③。两件标本均属"半面帘"，额饰均为呈半圆状的一瓣花形，且在其顶端又凸出一小形花蕾状饰。冬寿墓壁画中的马面帘的额饰，主体形貌与之全同，只是没有画出顶端的小花蕾饰。这说明冬寿墓壁画中的甲骑具装仍遵循前燕规制。在朝鲜安岳发现的冬寿

① 见《考古学报》1976 年第 2 期第 64 页图二三：3。后收入《中国古兵器论丛》42 页，图三一：4。

② 辽宁省文物考古研究所、朝阳市博物馆：《朝阳十二台乡砖厂 88M1 发掘简报》，《文物》1997 年第 11 期。

③ 白荣金、万欣、云燕、俊涛：《辽宁北票喇嘛洞十六国墓葬出土铁甲复原研究》，《文物》2008 年第 3 期。

图二〇　辽宁北票喇嘛洞十六国
时期铁马面帘

墓，无论是墓葬形制与结构、壁画布局与内容，皆遵前燕规制，这表明前燕司马冬寿虽奔高句丽多年，但到寿终，仍然遵东晋正朔而保持原前燕礼制。壁画中甲骑具装的形貌，也是具体的例证之一。因此，对冬寿墓的再研究，为廓明东晋十六国时期至南北朝墓葬规制的演变，提供了一把解题的钥匙。

以吉林集安为政治中心的高句丽族政权，在同前燕的抗争中屡遭惨败，于是接受教训，向强敌学习而逐渐组建了重装骑兵——甲骑具装，反映在壁画中，有三室墓、麻线沟1号墓等墓中壁画的图像。在三室墓中，绘出了甲骑具装战斗的场景（图二一），右边一骑纵马进击，左边一骑回避退让。退让的一骑马具装，面帘额饰为单瓣花形；而进击一骑的面帘额饰，明显呈三瓣花形。看来，

图二一　吉林集安高句丽族三室墓壁画中甲骑具装战斗图像

这种饰有中间高、两侧低的三瓣花形的面帘，应该是高句丽族马具装铠的特征。后来影响到朝鲜半岛南部的古代国家乃至古代日本（参看本书《中国古代马具装铠对海东的影响》图一三：2～4)[1]。但因目前还没有在田野考古发掘中获得过高句丽族铁马面帘的实物标本，所以有关问题还须进一步探究。

除慕容鲜卑的前燕地区已获得能够完整复原的铁马面帘外，在国内，其他地区的十六国时期的铁马面帘目前还缺乏实物标本。关中地区的前秦时期的墓葬中，只有模拟披着马具装铠的陶马模型[2]，可以看出，马面帘额饰呈三山形，或许显示出与东北的鲜卑马具装铠不同的地方或民族特色。期望今后的田野考古发掘中，能够发现前秦时的铁马具装铠实物标本，以推进这方面的研究。

（原载《文物》2012 年第 6 期）

---

[1] 杨泓：《中国古代马具装铠对海东的影响》，载《新世纪的中国考古学——王仲殊先生八十华诞纪念文集》，科学出版社，2005 年。

[2] 咸阳市文物考古研究所：《咸阳十六国墓》，文物出版社，2006 年。

北朝的铠马骑俑——甲骑具装研究

——为祝贺宿白先生九十华诞而作

1957 年春，宿白先生给我们班（北大历史系考古专门化 53 班）讲授"魏晋南北朝隋唐考古学"。在讲到南北朝时，强调了当时因军事行动频繁，促进了兵器和防护器具的改进，并列举北朝墓中的铠马骑俑，讲述当时马具中鞍、镫的使用和战马上披的马甲。

1958 年我到中国科学院考古研究所（现中国社会科学院考古研究所）工作以后，根据在北大学习的体会，尝试着写了《北朝的铠马骑俑》一文，发表于《考古》1959 年第 2 期①。此文刊出以后，曾引来武伯纶先生的商榷。他认为，"很难使人相信完善的马具是由北方游牧民族首先开始的这种说法"，并认为，霍去病墓石雕卧牛身上线刻的镫为西汉有马镫的明证。他还说，"古代以黄河流域为中心的汉族文化的发展，始终是高于其周围的少数民族的。在武器制作上也是一样。……北朝的铠马俑在文化上显示了一种特殊气氛，但似乎不能把它的作用估计过高"②。因为武先生是我所尊敬的前辈学者，所以并没有作答。但是，夏鼐先生支持我关于长沙西晋永宁二年墓出土骑俑所塑马镫为已发现考古标本中年代最早的意见，并告诉我，霍去病墓石雕中卧牛身上的镫系后人伪刻，而且"牛镫"并非"马镫"，不应顾虑武先生年长，应该回应。所以我才写了《关于铁甲、马铠和马镫问题》③，在夏、宿两位老师教导的基础上，重新梳理了中

---

① 柳涵：《北朝的铠马骑俑》，《考古》1959 年第 2 期。

② 武伯纶：《关于马镫问题及武威汉代鸠仗诏令木简》，《考古》1961 年第 3 期。

③ 杨泓：《关于铁甲、马铠和马镫问题》，《考古》1961 年第 12 期。

国古代马铠和马镫的问题，并改正了《北朝的铠马骑俑》文中的失误。

此后，考古新资料的不断发现和自己对古代文献的进一步考索，加深了我对北朝铠马骑俑——甲骑具装的研究。在《中国古代的甲胄》论文中，写了"南北朝的两当铠和具装铠"一节，还在论述三国及隋唐至北宋铠甲的章节中，讲了马铠的出现以及隋唐后的铠甲的演变①。此后根据新的考古发现和不同的研究课题，我又陆续写了一些论文②，继续研讨有关十六国至南北朝时期马镫和甲骑具装的发展演变，以及中国古代的甲骑具装对古代海东诸国的影响。

除了在田野考古发掘中获得的实物标本外，最能反映甲骑具装发展演变的考古标本，是墓中随葬的陶铠马骑俑——甲骑具装俑。从十六国至北朝乃至隋唐时期，这类陶俑经历了萌发、繁荣到衰微的过程。北朝正值铠马骑俑——甲骑具装俑的黄金时代，现简述于下。

一　甲骑具装俑的萌发

十六国时期，在关中地区墓葬的随葬俑群中，甲骑具装俑开始出现，这正与重装骑兵甲骑具装成为军队主力兵种的时期吻合，是社会历史的真实反映。

据有关文献记录，骑兵用的马铠出现于三国时期，但当时装备部队的数量有限，尚难成为影响战斗胜负的重要因素。曹操统军与袁绍（字本初）对抗时，他的部队中装备的马铠还不足 10 具；而袁绍的上万的骑兵中，装备有马铠的也不过区区 300 具，仅为 3% 左右。所以曹操在《军策令》中说："（袁）本初铠万领，吾大铠二十领；本初马铠三百具，吾不能

① 杨泓：《中国古代的甲胄》，《考古学报》1976 年第 1～2 期。后收入《中国古兵器论丛》，文物出版社，1980 年。
② 杨泓：《北周的甲骑具装》，载《远望集——陕西省考古研究所华诞四十周年纪念文集》（下），陕西人民美术出版社，1998 年；杨泓：《中国古代马具装铠对海东的影响》，载《新世纪的中国考古学——王仲殊先生八十华诞纪念论文集》，科学出版社，2005 年；杨泓：《冯素弗墓马镫和中国马具装铠的发展》，载《辽宁省博物馆馆刊（2010）》，辽海出版社，2010 年。

有十具。见其少，遂不施也，吾遂出奇破之。是时士卒精练，不与今时等也。"① 又如当时雄踞辽东的公孙瓒，军中以骑兵为主力，骑兵中又以"白马义从"为核心，这数千匹白马骑兵并没有装备马铠②。这些都表明，当时马铠还是罕见的防护装具。所以，曹操赐给他的爱子曹植的名贵铠甲中，有黑光、明光、两当、环锁等铠，其中就有一领马铠③。直到西晋初年，马铠仍是名贵物品。司马炎称帝后，命卢钦为都督沔北诸军事、平南将军、假节，特赐给他"骑具刀器，御府人马铠"④。目前在田野考古发掘中获得的标本中，还没有获得过与三国及西晋时马铠有关的实物、图像或模型。

大约经过了半个世纪，到了东晋十六国时期，情况发生了很大变化。西晋灭亡以后，一些原居北方或西北边陲的古代民族相继入主中原，或在各地建立政权。在长江以北的广大区域，这些古代民族不断流动迁徙，各族的传统文化、社会习俗也不断碰撞、接触、互动乃至融合，在军队组建和兵器装备方面，也同样发生了变化。由于许多古代民族原以游牧经济为主，其武装力量主要是剽悍的骑兵，当他们建立政权以后组建军队时，其主力兵种同样是骑兵部队。所以当时兵器发展的重点集中在骑兵的兵器和防护装具方面，对战马的驾驭和保护更给予特别关注，表现在马具的不断完善和战马防护装具的日趋完备两个方面，也是这一时期兵器发展的特征之一。

在各个割据政权之间发生的纷争中，在东北、西北和中原地区的广阔原野上，频繁出现重装骑兵——甲骑具装的身影，而且数量越来越多。在

---

① 《太平御览》卷三五六，第1636页。

② 《三国志·魏书·袁绍传》引《英雄记》："瓒每与虏战，常乘白马，追不虚发，数获戎捷，虏相告云'当避白马'。因虏所忌，简其白马数千匹，选骑射之士，号为白马义从；一曰胡夷健者常乘白马，瓒有健骑数千，多乘白马，故以号焉。"第194页。如果马披有具装铠，则只能遥见具装色彩，而不见马的毛色，参见《隋书·礼仪志三》，第160页。

③ 《北堂书钞》卷二一引曹植《先帝赐臣铠表》："先帝赐臣铠，黑光、明光各一领，两当铠一领，环锁铠一领，马铠一领。今世以升平，兵革无事，乞悉以付铠曹自理。"《太平御览》卷三五六引，文字略同，第1636页。

④ 《晋书·卢钦传》，第1255页。

战场上，出现了成千上万的人披铠甲、马披具装的重装骑兵相互搏战的情景，这在汉末三国时期是难以想象的。重装骑兵成长壮大的历史，又与鲜卑族军队有着紧密的联系。例如，石勒在俘获鲜卑末杯的战斗中，夺得鲜卑军队的铠马5000匹①。在石勒大败鲜卑将姬澹（又作箕澹，是归附刘琨的鲜卑猗卢部将）时，俘获的铠马多达万匹②。再如姚兴击败鲜卑乞伏乾归军队时，"收铠马六万匹"③。以上诸例表明，当时鲜卑族军队的主力兵种是战马披铠的重装骑兵。同时，在南方东晋的军队中，也开始引进甲骑具装。例如东晋将领桓石虔在管城与前秦苻坚荆州刺史梁成军队的战斗中，曾俘获具装铠300领④。刘裕率东晋军北伐、灭南燕慕容超以后，更是将鲜卑重装骑兵编入南方军中。义熙六年（410年），刘裕破卢循之役中，就出动鲜卑重装骑兵作战，曾"使宁朔将军索邈领鲜卑具装虎班突骑千余匹，皆披练五色，自淮北至于新亭，贼并聚观，咸畏惮之"⑤。有关东晋甲骑具装的考古发现，目前只在西南的云南昭通后海子东晋太元十至二十年年间（385～395年）的霍承嗣墓壁画中，发现甲骑具装图像⑥。

随着各地田野考古调查发掘的深入，开始获得了有关十六国时期重装骑兵——甲骑具装的考古标本。由于各地埋葬礼俗的不同，获得的考古标本也随之不同。在辽东地区，当时习惯用真实的兵器和装具随葬墓中，所以辽宁朝阳、北票等地十六国时期前燕、后燕和北燕的墓葬，不断出土铁质的马具装铠实物。慕容鲜卑前燕的遗物，在朝阳十二台乡⑦和北票南八

① 《晋书·石勒载记》："鲜卑入屯北垒，勒候其阵末定，躬率将士鼓譟于城上。会孔苌督诸突门伏兵击之，生擒末杯，就六眷等众遂奔散。苌乘胜追击，枕尸三十余里，获铠马五千匹。"第2718～2719页。
② 《晋书·石勒载记》，第2725页。
③ 《晋书·姚兴载记》，第2981页。
④ 《晋书·桓彝传附子石虔传》，第1944页。
⑤ 《宋书·武帝纪上》，第20页。
⑥ 云南省文物工作队：《云南昭通后海子东晋壁画墓清理简报》，《文物》1963年第12期。
⑦ 辽宁省考古研究所、朝阳市博物馆：《朝阳十二台乡砖厂88M1发掘简报》，《文物》1997年第11期。

家喇嘛洞①两处墓地都有出土。其中十二台乡 88M1 的铁马具装的面帘已经复原（参看本书《中国古代马具装铠对海东的影响》图一三：1），对喇嘛洞 IM5 号墓的铁马具铠更进行了全面的复原研究（图一）②。此外，还在

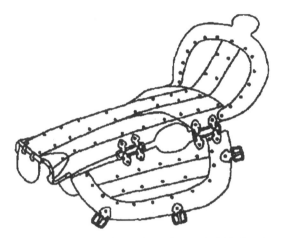

图一　辽宁北票喇嘛洞十六国墓 IM5 出土铁马面帘

逃至高句丽境内的原前燕司马冬寿墓（东晋永和十三年，即升平元年，357 年）壁画中，发现绘有甲骑具装的图像（参看本书《中国古代马具装铠对海东的影响》图五：1)③。在辽宁北票西官营子发掘的北燕冯素弗墓中，出土有大量已散乱的马具装铠铁甲片④。同时，在吉林通沟地区的高句丽族的壁画墓中（如通沟 12 号墓、麻线沟 1 号墓和三室墓），都出现了甲骑具装的画像（参看本书《古兵札记三题》图二一)⑤。这说明，至迟在 4 世纪末，与慕容鲜卑相邻的高句丽族军队已经引进了重装骑兵的防护装具。

①　张克举、田立坤：《辽宁发掘北票喇嘛洞鲜卑贵族墓地》，《中国文物报》1996 年 12 月 22 日第 1 版。
②　白荣金、万欣、云燕、俊涛：《辽宁北票喇嘛洞十六国墓葬出土铁甲复原研究》，《文物》2008 年第 3 期。
③　洪晴玉：《关于冬寿墓的发现和研究》，《考古》1959 年第 1 期。
④　黎瑶渤：《辽宁北票西官营子北燕冯素弗墓》，《文物》1973 年第 3 期。
⑤　王承礼、韩淑华：《吉林辑安通沟第十二号高句丽壁画墓》，《考古》1964 年第 2 期；吉林省博物馆辑安考古队：《吉林辑安麻线沟一号壁画墓》，《考古》1964 年第 10 期。

　　东晋十六国时期的铁质具装铠，结构完备，主要由 6 部分组成。一是"面帘"，用以保护战马头部；二是"鸡项"，用以围护战马脖颈；三是"当胸"（荡胸），用以保护战马前胸；四是"马身甲"，用以保护战马躯干；五是"搭后"，用以保护战马后臀；六是"寄生"，树立在马尻部，用以保护马上战士的后背，并起装饰作用。其中面帘由大型的特殊甲板铆接成型。鸡项、当胸、马身甲和搭后等部分，均由大小不等的甲片编缀而成，所用甲片一般比人铠为大，编缀方法基本相同，外缘以各种织物包边。为了使铁甲不致磨伤战马肌肤，甲片下要有较厚的衬垫。寄生也用金属制作，最早呈竹枝状①，后来呈扇形（参看本书《中国古代马具装铠对海东的影响》图三）。

图二　湖南长沙西晋墓出土青釉骑俑

　　由于战马披着厚重的护甲，战士为了控御马匹和列阵、冲锋，以及做各种战术动作，就需要有完备的马具。所以乘骑用的成套马具也是在这一时期完备的。除了普遍使用前后带高鞍桥的马鞍，起决定性作用的是马镫的发明。马镫的发明是中国古文明对世界文明的一项重要贡献。最早的马镫的雏形，见于 1958 年湖南长沙南郊金盆岭西晋永宁二年（302 年）墓。该墓出土一组青釉俑，其中骑俑所跨马的前鞍桥左侧下垂一个三角形的镫，右侧没有（图二）。镫革颇短，骑士的脚垂在镫以下，看来那是为了使骑士迅速上马时蹬踏的，骑上

---

① 《南齐书·高帝纪》："太祖军容寡阙，乃编棕（椶）皮为马具装，析竹为寄生，夜举火进军，贼望见恐惧，未战而走。"可见当时寄生作竹枝状。第 5～6 页。

以后就不再用了①。晋俑陶马塑出的单镫虽然外貌简陋，但其意义颇为深远，预示着骑马术将产生巨大变革，所以资料发表以后，立即引起中外学者的注意②。此后马镫不断改进，到东晋十六国时期，配备着双镫的高鞍桥马鞍已被普遍应用，马镫实物也不断被发掘出土。例如，河南安阳孝民屯154 号墓出土了包镶鎏金铜片的高鞍桥马鞍、单马镫和全套马具③，辽宁朝阳袁台子壁画墓出土了木芯包皮革髹漆高鞍桥马鞍和一对木芯包皮革髹漆马镫④，辽宁北票西官营子北燕冯素弗墓出土了一对木芯包镶鎏金铜片马镫（图三）⑤，等等。依据上述考古发现，可以初步推知东晋十六国时中国古代马具发展的序列。只有装备了改进的高鞍桥马鞍和马镫，才有可能使身披重铠的骑兵能够控御体披重铠的战马，才有可能组建以甲骑具装为主力的军队。

与辽东半岛不一样，在关中地区的十六国时期墓群中，没有发现随葬的马具装铠和兵器，这与两个地区葬仪制度和民族的传统习俗不同有关，代替的是模拟真实甲骑具装的陶骑俑和具装马的陶模型。早在 20 世纪 50 年代，已经在关中地区出土有陶铠马骑俑——甲骑具装俑，如西安草场坡

① 湖南省博物馆：《长沙两晋南朝隋墓发掘报告》，图版拾壹：1、拾贰：3，《考古学报》1959 年第 3 期。

② 1961 年，我曾在夏鼐先生指导下与武伯纶先生讨论马镫在中国出现的时间问题，指出，长沙西晋永宁二年（302 年）墓陶骑俑乘马塑出的马镫是最早的实例，见《关于铁甲、马铠和马镫问题》，《考古》1961 年第 12 期。日本学者樋口隆康 1971 年对长沙骑俑马镫进行研究，写出《镫の発生》，载《青陵》第 19 号。英国学者李约瑟也很重视长沙西晋骑俑马镫，充分评价其对世界文化史的贡献。他指出，人类骑马史的大多数时间里，双脚都无所寄托，只是到了大约公元 3 世纪，中国人才改变了这种局面，长沙西晋骑俑马镫是最早的对镫的描绘。后来，美国罗伯特·坦普尔将李约瑟的《中国科学技术史》改写成《中国：发明与发现的国度——中国科学技术史精华》，书中形象地说道："只要我们想一想中世纪欧洲，我们眼前便出现身穿盔甲，手持沉重长矛和骑在马背上的骑士。然而，如果没有马镫，他们是不会那么神气的。因为没有马镫，负担如此沉重的骑手势必很容易跌下马来。中国人发明了马镫，使西方有可能出现中世纪的骑士，并赐予我们一个骑士制度的时代。"二十一世纪出版社，1995 年，第 178 页。

③ 中国社会科学院考古研究所安阳工作队：《安阳孝民屯晋墓发掘报告》，《考古》1983 年第 6 期；中国社会科学院考古研究所技术室：《安阳晋墓马具复原》，《考古》1983 年第 6 期。

④ 辽宁省博物馆文物队、朝阳地区博物馆文物队、朝阳县文化馆：《朝阳袁台子东晋墓》，《文物》1984 年第 6 期。

⑤ 《晋书·姚兴载记》，第 2981 页。

图三　辽宁北燕冯素弗墓出土马镫

图四　西安董家庄十六国墓出土陶具装马

一号墓①。80 年代以后，不断有新的发现，如西安董家庄墓出土的披具装
铠的陶马（图四）②。特别是在咸阳发掘的十六国时期墓葬③中，发现了明
确的纪年资料。咸阳文林小区 M49 出土有前秦建元十四年（378 年）纪年
铭砖。依据墓葬形制及出土遗物等综合分析，这一地区的十六国时期墓

---

① 陕西省文物管理委员会：《西安南郊草厂（场）坡村北朝墓的发掘》，《考古》1959 年第 6 期。
　　该墓应为十六国时期墓葬。
② 参看《考古与文物》1998 年第 5 期封底彩色图片。
③ 咸阳市文物考古研究所：《咸阳十六国墓》，文物出版社，2006 年。

葬，其时代可能从前赵、后赵一直到前秦时期。咸阳十六国时期墓葬的发掘成果，也为以前发现的西安草场坡等墓葬为十六国时期墓葬提供了可靠的断代依据。在平陵 M1 中出土两件披有马具装铠的陶马，一件为黄釉陶质，另一件为彩绘陶，都清晰地模拟出马镫（参看本书《中国古代马具装铠对海东的影响》图二）。同时，在另一些没有披铠的陶鞍马上，也模拟有马镫，如咸阳师院 M4 出土的红陶鞍马，在右侧障泥上，用白彩绘出近三角形的马镫。虽然目前还没有获得过马镫或马具装铠的实物标本，但依据这些模拟实物的陶俑，已能大致了解十六国时期关中地区流行的马具和马具装铠的形貌。所模拟的马镫形貌，都呈上有短柄的近三角形，与南京象山东晋墓陶马的马镫近似。关中地区十六国时期甲骑具装俑的萌发，开启了北朝时期甲骑具装俑繁荣之先河。

二 甲骑具装俑的繁荣

到南北朝时期，具装铠的使用更加普遍。遗憾的是，随着埋葬习俗的变迁，已不再用具装铠随葬，因此目前尚缺乏这一时期的具装铠实物。但是反映社会上军队中主力兵种甲骑具装的陶俑，却在北朝墓中大量随葬，特别是北魏迁洛以后随葬俑群形成一定的规制后，在表现出行仪卫的俑群中，甲骑具装俑占有重要位置，数量明显增多。一直到北魏分裂后的东魏—北齐和西魏—北周，都是陶甲骑具装俑空前繁荣的时期。因此北朝的陶甲骑具装俑是了解当时甲骑具装的主要考古标本。在江南地区，南朝墓葬中的随葬俑群没有甲骑具装俑，但是在拼镶砖画（图五）和画像砖中，有甲骑具装或者披有马具装的战马的图像（图六），可以看出，当时南朝和北朝军中装备的马具装铠的形制相同。

拓跋鲜卑建立北魏以后，定都平城（今山西大同）时期，开始在墓葬中以陶俑随葬。至迟在太和初年，随葬俑群内已出现大量的甲骑具装俑。在太和元年（477 年）幽州刺史宋绍祖墓中，随葬骑兵俑 58 件，其中甲骑

图五　江苏丹阳吴家村南朝墓拼镶砖画中的甲骑具装图像（拓片）

图六　河南邓县南朝墓画像砖上的具装马图像

具装俑26件（图七），其余为戴鸡冠状帽子的轻骑兵（图八）①。稍迟的
太和八年（484年）司马金龙夫妇墓中，随葬俑群中的骑兵，同样由甲骑
具装（图九）和轻骑兵（图一〇）组成②。在北魏迁都洛阳以后，墓仪制
度日益规范，随葬俑群的出行仪卫中，有数量众多的甲骑具装俑。建义元
年（528年）文恭王元邵墓，保存下来的随葬俑群中，有8件绘彩的陶甲
骑具装俑（参看本书《中国古代的甲胄》图三七）③，可视为北魏洛阳时
期甲骑具装俑的典型标本。

　　北魏分裂为东、西两个政权以后，在东魏—北齐、西魏—北周的墓葬
中，仍旧随葬有大量的甲骑具装俑④。在东魏—北齐都城邺附近发掘的帝
王高官墓，在沿袭北魏洛阳时期的随葬俑群规制的基础上，增加了陶俑的
数量，制工也更为精致。在东魏武定八年（550年）茹茹公主闾叱地连墓

图七　北魏宋绍祖墓出土陶甲骑具装俑　　图八　北魏宋绍祖墓出土陶鸡冠状帽骑俑

①　大同市考古研究所：《大同雁北师院北魏墓群》，文物出版社，2008年。
②　山西省大同市博物馆、山西省文物工作委员会：《山西大同石家寨北魏司马金龙墓》，《文物》
　　1972年第3期。
③　洛阳博物馆：《洛阳北魏元邵墓》，《考古》1973年第4期。
④　杨泓：《北朝陶俑的源流、演变及其影响》，载《汉唐美术考古和佛教艺术》，科学出版社，
　　2000年。

图九　北魏司马金龙墓出土
陶甲骑具装俑

图一〇　北魏司马金龙墓出土
陶鸡冠状帽骑俑

中，随葬俑群中有甲骑具装俑 13 件，马具装涂成红色（图一一）①。磁县湾漳北朝大型壁画墓，据考证是北齐文宣帝高洋的陵墓，墓内随葬俑群中的甲骑具装俑有 90 件之多（图一二）。在太原地区的北齐墓中，同样随葬有甲骑具装俑，如武平元年（570 年）右丞相东安王娄叡墓（图一三）②。

关于北朝晚期的甲骑具装俑，过去发现较多的是东魏—北齐的标本，而缺乏西魏—北周的标本，现在通过对陕西咸阳胡家沟西魏大统十年（544 年）侯义墓的发掘（图一四）③，以及陕西、宁夏等省区发掘的多座北周墓（图一五），特别是在陕西咸阳底张镇发掘了北周武帝宇文邕孝陵（图一六）④，获得了较多的陶甲骑具装俑，使我们对西魏—北周的甲骑具

① 磁县文化馆：《河北磁县东魏茹茹公主墓发掘简报》，《文物》1984 年第 4 期。
② 山西省考古研究所、太原市文物考古研究所：《北齐东安王娄睿（叡）墓》，文物出版社，2006 年。
③ 咸阳市文管会、咸阳市博物馆：《咸阳市胡家沟西魏侯义墓清理简报》，《文物》1987 年第 12 期。
④ 陕西省考古研究所、咸阳市考古研究所：《北周武帝孝陵发掘简报》，《考古与文物》1997 年第 2 期。

图一一 东魏茹茹公主墓出土
陶甲骑具装俑

图一二 北齐湾漳壁画墓出土
陶甲骑具装俑

图一三 北齐娄叡墓出土陶甲骑具装俑

图一四 西魏侯义墓出土陶甲骑具装俑

图一五　北周李贤墓出土陶甲骑具装俑　　图一六　北周武帝孝陵出土陶甲骑具装俑

图一七　北周独孤藏墓出土　　　　　　图一八　北周若干云墓出土
　　陶虎斑纹甲骑具装俑　　　　　　　　陶豹斑纹甲骑具装俑

装的形貌有了进一步了解①。北周有的陶俑中马具装铠上彩绘虎斑或豹纹

---

①　关于北周甲骑具装的详细论述，参看杨泓《北周的甲骑具装》，《远望集——陕西省考古研究
　　所华诞四十周年纪念文集》，陕西人民美术出版社，1998年。

（图一七、一八），为当时名震南北的鲜卑"具装虎班（斑）突骑"提供了形象的资料。此外，过去出土的北朝甲骑具装陶俑，具装铠的"寄生"部分均已缺失，只见马臀部存有插寄生的小孔。在宁夏固原发掘的北周建德四年（575年）田弘墓出土的陶俑①，尚存插于小孔内的弧曲状小铁柱，应是寄生的柄部，上面原有的扇形寄生已无存，也为了解寄生的形制提供了一些资料（图一九）。

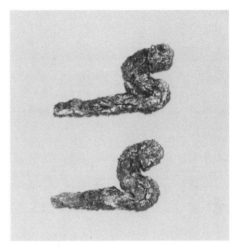

图一九　北周田弘墓陶甲骑具装俑上安插的铁寄生

　　从有关俑像观察，南北朝时期的具装铠，基本结构与十六国时期相同，只是细部有些改进，主要是面帘部分，由原来的半面帘改为将马头全部套护的全面帘。从敦煌莫高窟第285窟西魏壁画看，也有用小甲片编缀而成的面帘。陶甲骑具装俑上插置的寄生均已残损，但从南朝墓中拼镶砖画和画像砖的图像可见，当时寄生的形貌均呈扇状，装饰更显华美。北周武帝宇文邕孝陵出土的甲骑具装陶俑②，马具装铠的彩绘明显分为两类，一类绘出成排的甲片，应是模拟钢铁制作、以甲片编缀的具装铠；另一类绘出类似虎斑的纹饰，应是模拟皮革制作的具装铠，正如文献所记"具装虎班突骑"。反映了当时军中实战装备的具装铠，所用材质有钢铁和皮革两类。至于帝王等高层人物用的豪华具装铠，会选用贵金属制作，如南齐东昏侯萧宝卷，"马被银莲叶具装铠，杂羽孔翠寄生"③，华美异常，但仅为炫耀身份地位的象征物，并无实战意义。

---

① 原州联合考古队：《北周田弘墓——原州联合考古队发掘调查报告2》，［日］勉诚出版，2000年。
② 陕西省考古研究所、咸阳市考古研究所：《北周武帝孝陵发掘简报》，《考古与文物》1997年第2期。
③ 《南齐书·东昏侯纪》，第106页。

三　甲骑具装俑的衰微

隋朝取代北周以后，又南下灭陈，古代中国重归统一。隋的军队沿袭南北朝旧制，仍以重装骑兵——甲骑具装为核心，这从隋炀帝举倾国军力征伐高丽时骑兵的建制和装备可见一斑。大业七年（611 年），炀帝由蓟城发兵。"每军，大将、亚将各一人。骑兵四十队。队百人置一纛。十队为团，团有偏将一人。第一团，皆青丝连明光甲，铁具装，青缨拂，建狻猊旗。第二团，绛丝连朱犀甲，兽文具装，赤缨拂，建貔貅旗。第三团，白丝连明光甲，铁具装，素缨拂，建辟邪旗。第四团，乌丝连玄犀甲，兽文具装，建（应作'缁'）缨拂，建六驳旗。"①　其中"兽纹具装"应为"虎纹具装"，即同于南北朝时的"具装虎班突骑"，只因唐朝时避"虎"讳，故《隋书》中改"虎"为"兽"。《隋书》中这段记载，生动地描绘出隋军的重装骑兵——甲骑具装的真实面貌，并表明重装骑兵中所装备的钢铁质料和皮革质料的铠甲、具装铠比例相当，各占二分之一。每一单独建制的团队，骑兵所披的铠甲、战马装备的具装铠的质料相同，而且色彩统一，华美规整。这大约是中国历史上以重装骑兵——甲骑具装为军队的核心力量时，骑兵军容最光辉的写照。炀帝本以为这支军队将横行无敌，他还曾写诗吟咏"白马金具装，横行辽水傍"，以期"会令千载后，流誉满旗常"②，结果却与他的期望相反，军败名裂，而重装骑兵——甲骑具装在中国古代军事史上的黄金时代也随之逝去。

隋墓中随葬的陶甲骑具装俑，基本上和北朝晚期墓中出土的甲骑具装俑形制一样（图二〇）。出土有陶甲骑具装俑的隋墓，有开皇二年（582

---

① 《隋书·礼仪志》，第 160 页。文中"建缨拂"，据第 171 页校勘记，"对照其他各团所用器物的颜色，第四团用乌丝连玄犀甲，疑此处'建缨拂'当作'缁缨拂'"。

② 隋炀帝：《白马篇》，参看逯钦立辑校《先秦汉魏晋南北朝诗》，中华书局，1983 年，第 2662页。该诗《文苑英华》引作炀帝。《诗纪》云："《文苑英华》作炀帝，乐府作孔稚圭。按诗中多叙征辽之事，当以英华为正。""金具装"，《文苑英华》和《乐府诗集》均作"具装"，但逯书作"贝装"，误。

年）李和墓①和开皇三年
（583 年）刘伟墓等。刘伟
墓只随葬两件陶骑兵俑，其
中之一就是甲骑具装俑②。

隋王朝覆亡后，呈现
群雄并起的分裂态势，李
渊、李世民父子起兵晋阳，
终于荡平群雄，建立统一
的新王朝——唐。在荡平
群雄的战争中，李唐军队
的主力兵种虽仍是骑兵，
但其面貌已与承袭北朝传
统的隋朝骑兵不同，这与
李渊、李世民父子组建骑
兵时效法突厥骑兵有关③。
当初李渊在马邑备边防突

图二〇　陕西潼关税村隋墓出土陶甲骑具装俑

厥时，认识到"突厥所长，惟持骑射，见利即前，知难便走，风驰电卷，
不恒其陈"，是善战的轻装骑兵。为了对抗突厥骑兵，他采取"同其所为，
习其所好"的办法，挑选能骑射者，让这些士兵"饮食居止，一同突厥，
随逐水草，远置斥堠"。经过严格训练，组建了可与突厥骑兵媲美的精锐
的轻装骑兵部队。为了提高骑兵的战斗力，还从突厥引进良马。

从唐太宗李世民昭陵前的"昭陵六骏"，可以观察到突厥马和突厥马
具在唐初的深远影响。"昭陵六骏"是一组巨大的石浮雕像，为贞观年间

---

① 陕西省文物管理委员会：《陕西省三原县双盛村隋李和墓清理简报》，《文物》1966 年第 1 期。
② 黄河水库考古工作队：《一九五六年河南陕县刘家渠汉唐墓葬发掘简报》，《考古通讯》1957
　年第 4 期。
③ 汪籛：《唐初之骑兵——唐室之扫荡北方群雄与精骑之运用》，载《汪籛隋唐史论稿》，中国
　社会科学出版社，1981 年，第 226～260 页。

图二一　陕西唐昭陵石刻"昭陵六骏"中的飒露紫

的雕刻作品。在 6 块巨大的矩形画面上，各浮雕一匹战马，它们是唐太宗李世民生前骑乘破敌的 6 匹战马，名字分别是飒露紫、拳毛䯄、白蹄乌、特勒（勤）骠、青骓和什伐赤①。从马名来看，特勤骠确系突厥马，应为突厥某位特勤（特勤，为突厥语"可汗的子弟"的译音）的赠品，其余诸马的体态特征和马具、马饰，都雕刻得与特勤骠一样，也应都为突厥骏马。这些战马都是侧面像，姿态各不相同，或行走，或奔驰，只有飒露紫一匹是伫立姿态，静待面前的将军丘行恭为它拔箭（图二一）。6 匹骏马形貌写实，连马的装饰和马具也刻划得细致准确，有的战马身上还带着箭伤，以拳毛䯄中箭较多，全身被射中九箭之多。军中主帅指挥多次战役时所乘骑的战马，都毫无例外地没有披保护战马的具装铠，但为飒露紫拔箭的丘行恭，则身擐铠甲、外披战袍，雄辩地表明，马不披铠仅人披铠甲的轻装骑兵，这时已在军中占有重要位置。

---

① 《旧唐书·丘行恭传》："贞观中，有诏刻石为人马，以象行恭拔箭之状，立于昭陵阙前。"第2327 页。

从昭陵六骏雕像还可看到，唐初的马具也受到突厥影响而有很大改进。突出的一点是抛弃了北朝时的前后双高鞍桥的旧式马鞍，改用新型的后鞍桥倾斜式样的新型马鞍，在鞍的后侧还垂饰有鞢韂带。马鬃又剪成"三花"装饰，这原是流行于古突厥族的饰马方法。这些都表明，当时马具和马饰受西方影响强烈，主要是受突厥的影响。唐军不仅效法突厥训练骑兵，引进突厥骏马及马具、马饰，还有突厥骑兵参加到唐军中来，如名将史大柰，就是西突厥特勤①，他率领的突厥骑兵屡建战功。

总之，突厥马在唐代马种改良方面起了很大作用，突厥骑兵的装备、战术以及对唐初骑兵的组建、训练的影响，则更加深远，在荡平群雄的历次战斗中，李唐军队中的精锐轻骑屡建功勋。骑兵的战马卸去了沉重的具装铠，恢复了轻捷迅猛的特点，使骑兵部队更灵活机动，形成多变的战术，唐太宗李世民正是极善于运用骑兵的统帅。他在战前用精骑侦察敌人阵地，以寻找敌方弱点，捕捉战机；在战事相持阶段，运用精锐骑兵切断敌人的粮道；主力决战时刻，他又能果断运用骑兵，突入敌阵或迂回敌后，给敌人以致命的打击；当敌人溃退时，他还善于乘胜追击，用轻装骑兵的高速度穷追猛打，不给失败之敌以喘息的机会，力求全歼。

唐初轻装骑兵打破了北

图二二　四川万县初唐墓出土青釉甲骑具装俑

① 《新唐书·诸夷蕃将·史大柰传》，第 4111 页。

朝时期重装骑兵的垄断地位后，重装骑兵——甲骑具装虽然失去了军中主力兵种的地位，但是作为骑兵的组成部分，还保留在唐军的建制中。因此在唐代，马甲（具装铠）仍属军中的重要装备，依唐律规定，属于禁止人民私有的禁兵器①。

唐代军中骑兵的变化，反映在墓葬的随葬俑群中，表现为北朝至隋墓俑群中在出行仪卫中占重要位置的甲骑具装俑日渐衰微。唐初墓的随葬俑群中，有时还可看到甲骑具装俑，例如，四川万县唐墓出土了青瓷质的甲骑具装俑（图二二），西安一带初唐墓也有甲骑具装俑出土。可以看出，唐代马具装仍然承袭着北朝时马具装的形制。此后在唐墓的随葬俑群中，就再也看不到甲骑具装的身影了。只是在皇室贵族的仪卫卤簿行列里，还有模拟其形貌的甲骑具装陶俑。在贞观五年（631 年）淮安王李寿（神通）墓②和神龙二年（706 年）懿德太子李重润墓③中都有出土。其中懿德太子墓随葬的贴金绘彩陶具装俑（图二三），装饰华美，

图二三 唐懿德太子陶甲骑具装俑

① 《唐律疏议》卷一六《擅兴》："诸私有禁兵器者，徒一年半；谓非弓、箭、刀、楯、短矛者。"疏：议曰"私有禁兵器"，谓甲、弩、矛、矟、具装等，依令私家不合有。若有矛、矟者，各徒一年半。又："弩一张，加二等；甲一领及弩三张，流二千里；甲三领及弩五张，绞。私造者，各加一等；甲，谓皮、铁等。具装与甲同。即得阑遗，过三十日不送官者，同私有法。"
② 陕西省博物馆、文物管理委员会：《唐李寿墓发掘简报》，《文物》1974 年第 9 期。
③ 陕西省博物馆、乾县文教局唐墓发掘组：《唐懿德太子墓发掘简报》，《文物》1972 年第 7 期。

马面帘贴金，双耳间竖有叶状金饰，甲缘包有朱红色的宽边，上饰有彩色的团花，表明模拟的是漂亮的织锦包缘。在鞍后尻部，有原插寄生的小孔，惜原插的寄生已腐朽无痕。这种外观华丽的马具装，完全是为了显示身份和威仪，不是用于战斗的实战装备。到公元 8 世纪，随着甲骑具装在唐代军队中地位的变化以及葬仪制度的改变，随葬俑群中的甲骑具装俑终于消逝，永远淡出人们的视线。

（原载《庆祝宿白先生九十华诞文集》，科学出版社，2012 年）

后记　2012 年为宿季庚先生九十华诞。为了纪念，中国考古学会决定将该年中国考古学会会刊编为纪念宿先生九十华诞文集，应徐光冀之约，我已撰写《冬寿墓再研究》一文。但后来又接到郭大顺的邀请，告知辽宁也要编纪念宿先生九十华诞文集，命我撰文，因此我再撰本文，以祝先生华诞。

秦汉武备与汉匈之争

——兼谈东西方武备之差异

一

　　古代中国在公元前 221 年发生了划时代的变革，秦王嬴政宣布自己为"始皇帝"，建立秦帝国，使秦朝成为中国历史上第一个统一的中央集权封建国家。

　　在战国七雄的争霸中，秦先后灭掉韩、赵、魏、楚、燕、齐六国，依靠的是其强大的军事实力。战国正处于中国古代军队结构和武备发生大变革的时代，军队的组成由西周、春秋时期传统的战车兵，开始转为车兵、步兵、骑兵并重，钢铁兵器也已经出现在战场上。但到秦王朝建立时，这一变革并未完成。秦始皇陵陶俑坑的考古发现反映出，秦王朝军队的组成仍以战车兵和配属于战车的步兵为主，骑兵的比例较低，并未成为军队的主力兵种，而且出土兵器基本是青铜兵器。

　　秦统一全国后，仍需要防御来自北方的强敌，那就是聚居中国北方大漠南北的游牧民族匈奴。匈奴族"居于北蛮，随畜牧而转移。其畜之所多则马、牛、羊，其奇畜则橐驼、驴……逐水草迁徙，毋城郭常处耕田之业，然亦各有分地。毋文书，以言语为约束"①。其最高首领称"单于"②。

---

① 《史记·匈奴列传》，第 2879 页。
② "单于者，广大之貌也，言其象天单于然也。"《汉书·匈奴传》，第 3751 页。

"咸食畜肉，衣其皮革，被旃裘。壮者食肥美，老者食其余。贵壮健，贱老弱。"单于同时也是最高军事首领，单于以下为左、右贤王等，下至当户，均领兵作战，大者万骑，小者数千。匈奴实行全民皆兵制，成年男子"力能毌弓，尽为甲骑"。平时游牧狩猎，战时从事攻伐。其骑兵快速、轻捷，作战时"利则进，不利则退，不羞遁走"①。其战法飘忽不定，聚散无常，善于奇袭和突袭。

早在战国时期，燕、赵、秦等国都受到北方游牧民族的侵扰，各国不断加强沿边的防御工事，分别构筑"长城"。公元前 221 年，秦并天下后，始皇命秦将蒙恬率 30 万大军北击匈奴。次年收复河南地（今内蒙古伊克昭盟一带），自榆中（今伊金霍洛旗以北）至阴山（今包头北）设 34 县，在黄河边筑城以为边塞。又渡河取高阙（今临河西北），在阳山（今狼山）、北假（河套以北、阴山以南夹山带河地区）修筑戍亭，徙民实边。其后，蒙恬兼修长城（图一），在燕、赵、秦旧长城的基础上缮治增修，使连成一体，形成了西起临洮（今甘肃岷县，一说今临洮），东至辽东郡（治襄平，今辽宁辽阳），长达 5000 余公里的"万里长城"②。蒙恬又奉命监修直道，从九原（今包头西南）到甘泉（今陕西淳化西北），堑山填谷，长 1800 余里（一说未完工），便于用兵。秦还屯兵上郡（治肤施，今榆林东南），逼迫匈奴退往大漠以北，十余年不敢南下。公元前 210 年秦始皇死后，受中书令赵高谮毁，蒙恬被秦二世遣人拘系，吞药自杀。蒙恬死后，"诸侯畔秦，中国扰乱，诸秦所徙适戍边者皆复去，于是匈奴得宽，复稍度河南与中国界于故塞"③，秦边防毁于一旦。

二

秦王朝的统一是短暂的。公元前 207 年，秦末民众起义摧垮了秦王朝，

① 《史记·匈奴列传》，第 2879 页。
② 《史记·蒙恬列传》，第 2565～2566 页。
③ 《史记·匈奴列传》，第 2887～2888 页。

图一　内蒙古固阳秦长城遗址

继之出现了历时数年的楚汉战争，最终汉高祖刘邦取得胜利，西汉王朝建立。在平息了各地异姓诸侯王的叛乱以后，在公元前195年，汉高祖刘邦荣归故乡——沛，他悉招故人父老子弟纵酒，他一边击筑，一边唱出了抒发心声的大风歌："大风起兮云飞扬，威加海内兮归故乡，安得猛士兮守四方！"① 夺取政权后，守卫国土四方就成为西汉王朝军队的主要任务。所以汉代的武备正是为这一主要任务服务的。

公元前2世纪至公元1世纪，在世界的东方，正是秦王朝和西汉王朝建立和兴旺的时期；而同一时期，在世界的西方，古代罗马也正处于繁盛时期。对比同一历史时期雄据世界东西的两大古代帝国的军队，从军队的编成到战略、战术，乃至他们的兵器装备，都呈现出完全不同的面貌。

西方的罗马是典型的奴隶制社会，由选举产生的元老院主政，元老院

---

① 《史记·高祖本纪》，第389页。

再选出执政官。罗马军团由罗马社会中的自由民组成,执政官是军团的统帅。而东方的秦和西汉,是在古代东方的农业社会基础上建立的中央集权专制主义的帝国,最高统治者是至高无上的皇帝,军队的统帅和将领由皇帝任命。

西汉初年,统军的将帅虽然多出自于当时的贵族高官,但是与此前东周至秦时有了很大区别,他们是在推翻秦朝和楚汉之争过程中产生的新贵。与东周时诸侯国中靠血统世袭的贵族不同,西汉将帅多出身于社会底层。在反秦义军中,数量众多的下层小吏、屠夫、商贩等都成为统军名将,出现在战争舞台上,进一步改变了统军将帅的成分。而军队的成员,则是从西汉各地的农民中征召的。据《汉官仪》记载,当时农民年满 23 岁以后,开始分为"材官"(即步卒)和"骑士"(即骑兵),在各地方官员的领导下,练习军事技术,"习射御骑驰战阵"。每年八月,还由太守带领地方官员,对练习的成绩进行考核。直到 56 岁时,因人已老衰,才可免除兵役训练。在邻水的地区,则为"楼船"(即水军),练习行船作战①。国家有事,则应召去参战。军队的统帅和成员成分的改变,促进了战略、战术的发展和军队组织方面的变革。

西汉与罗马在军队组训和战术等方面有差异,主要的原因是两者的战争目的不同。罗马军团除了为保卫政权而战(如抗御迦太基军队入侵罗马本土的战争),主要是对外进行侵略扩张,使其统治范围从意大利半岛扩展到北非、近东乃至中东的广大地域,建立殖民城邦,将财富和奴隶送回罗马。反观西汉帝国的军队,在完成国内统一的战争后,主要是抵御游牧民族的外来侵扰,战争的目的是保家卫国、自卫反击。

西汉与罗马军队的组训和装备不同,还与两者承袭的历史渊源和民族传统有关。罗马军团的步兵方阵,承袭自古代欧洲希腊的步兵方阵,乃至后来著名的马其顿方阵。但是在古代中国,先秦时期盛行的是车战,诸侯

---

① 《续汉书·百官志》注引《汉官仪》,载《后汉书》第 3624 页。

国的军队由战车兵组成，每乘战车配属一定数量的徒兵，国力以拥有战车的数量来区分，一次战役中，交战双方出动的战车从数百乘到多达几千乘。在古代埃及和希腊，虽然军队中也有马拉的双轮战车（埃及军中曾有数量较多由单人乘车的战车兵），但并非军中主力兵种，也不像古代中国春秋时期战车盛行，车前驾四匹马，车上有三个分工明确的乘员，还配属有徒兵。在古希腊军中，战车只是把主将送至战场的运载工具（正像荷马在史诗《伊利亚特》中所吟咏的那样），不见有交战双方以大规模车战为战争方式的记载。

而且不同民族习惯使用的传统兵器也有很大不同，各有特点。在古代中国，夏商时期的主要格斗兵器是戈；到先秦时期，发展为将戈和矛两种兵器结合而成的戟。这类兵器在希腊、罗马军队的装备中是没有的，而希腊、罗马士兵大量使用的投掷的标枪，在古代中国军队的装备中从未出现过。同样是手握短柄的格斗兵器——剑，东西方也不相同，西方的剑是直体阔刃，适于劈斫；中国先秦时期的剑，则侧刃两度弧曲，适于直刺。护体的防护装具也有不同。希腊勇士以裸体健美为荣，除铠甲遮护的部位外，手臂、大腿都赤裸着；古代中国则以裸露肢体为耻，铠甲之下穿着战袍，除铠甲遮护部位外，臂、腿都有衣袖和裤遮掩。铠甲也各具特色，从希腊到罗马，习惯用整体的胸甲和背甲；中国古代则使用甲片编缀的铠甲，从先秦时期的皮甲到西汉的铁铠都是如此。

三

西汉时期武备的发展，与抗击匈奴族骑兵的侵扰密不可分。就在秦末民众起义以及后来楚汉之争、中原地区内战正酣之时，北方大漠的一股武装势力也在悄然复兴，这就是曾经被秦将蒙恬击退的匈奴族骑兵。

　　秦末汉初，趁着中原战乱，匈奴天才的军事首领冒顿单于，以鸣镝指射①的传奇手法，训练出一支效忠自己、能打善战的骑兵部队。他杀掉其父亲头曼单于以及后母并所有不从己者，自立为新一代单于，继而统一了匈奴各部。接着冒顿单于东灭东胡（北方游牧民族），西击大月氏（游牧于今河西走廊一带），南并白羊河南王、楼烦王，夺回了当年被蒙恬收复的所有汉地。从此匈奴军力强大，有号称"控弦之士"的骑射部队三十余万，不断袭掠西汉北部边郡②。

　　西汉刚建立时，国力还很衰弱。由于连年战乱，劳民伤财，社会经济凋敝，兵员锐减。特别是马匹奇缺，连皇帝的马车都找不到四匹同样纯净毛色的辕马，将相高官更是缺少马匹驾车，只能勉强坐牛车③。由于缺乏马匹，难以组建可以与匈奴对抗的骑兵。汉高帝刘邦虽然得了天下，却难挡来自匈奴人的铁骑。

　　公元前 200 年，发生了韩王信以马邑降匈奴一事，刘邦头脑发热，想借此出兵解决匈奴这一北方的强敌，于是倾全国兵力亲率征伐。当时汉军遇到大寒雨雪天气，出师不利，但是匈奴单于冒顿诈败，刘邦受到诱惑，倾全力向北追击。汉军虽然号称 32 万，可惜主要是步兵，行进迟缓，与剽悍而轻捷机动的匈奴骑兵实在无法相比。当刘邦的先头部队到达平城、后继的步兵还未抵达时，匈奴出骑兵 40 万骑，将刘邦和汉军团团包围在平城白登山上（今山西大同西北）。汉军所见四面的匈奴骑兵，乘骑的战马毛色各不相同。"匈奴骑，其西方尽白马，东方尽青䮵马，北方尽乌骊马，南方尽骍马"④，可见兵马之强盛。汉军接连被困七天，加之天寒地冻，缺食少衣，许多士卒冻伤甚至冻掉手指，几近绝境。士卒哀歌："平城之下

---

①　冒顿命令部下，凡他射出鸣镝的指向，所有人都必须随之发射，不遵从者处死。他先是以鸣镝射其善马，再射其爱妻，凡未随他鸣镝射箭者，均处斩。后来他用鸣镝射单于善马，左右均射之。冒顿知其左右可用，就在随他父亲单于头曼出猎时，以鸣镝射向头曼，左右皆随鸣镝射之，因而杀掉头曼。"遂尽诛其后母与弟及大臣不听从者。冒顿自立为单于。"《史记·匈奴列传》，第 2888 页。
②　《史记·匈奴列传》，第 2888～2890 页。
③　《史记·平准书》，第 1417 页。
④　《史记·匈奴列传》，第 2894 页。

亦诚苦，七日不食，不能彀弩。"① 全军减员率高达百分之二十至三十。最后不得已，刘邦只能不光彩地用陈平"秘计"，遣军中妇女出去，以女色引诱匈奴军，掩护汉高帝乘隙从另一面溃围出逃。这便是历史上有名的"白登之围"。

"白登之围"后，匈奴骑兵更加肆无忌惮，频繁南来袭扰，高帝只好以嫁女和亲的办法，求得边境一时安宁。刘邦死后，匈奴单于冒顿竟然向刘邦夫人吕后下"求婚书"："孤偾之君，生于沮泽之中，长于平野牛马之域，数至边境，愿游中国。陛下独立，孤偾独居。两主不乐，无以自虞，愿以所有，易其所无。"② 受到这样的侮辱，吕后虽然大怒，但由于军事实力不足，特别是骑兵不够强大，终于不敢对匈奴发兵，只得委曲和亲。

此后，西汉文、景二帝时依然委曲求全，向匈奴和亲送礼，常常换取一时安宁，并不能阻止其屡屡来犯。匈奴铁骑很轻易就深入汉地，乃至威胁到西汉都城长安。例如汉文帝前元十四年（前166年），"匈奴单于十四万骑入朝那 、萧关，杀北地都尉印，虏人民畜产甚多，遂至彭阳。使奇兵入烧回中宫，候骑至雍甘泉"③。汉文帝后元二年（前162年），再约和亲。四年以后，军臣单于立，立后四年又绝和亲，大举入侵，烽火通于甘泉、长安。景帝立，复与匈奴和亲，通关市，"终孝景时，时小入盗边，无大寇"④。

在汉文帝和景帝时期，面对匈奴的侵扰，只能临时发兵防卫，如汉文帝前元十四年（前166年）匈奴军入侵时，文帝急以中尉周舍、郎中令张武为将军，发车千乘，十万骑，军长安旁以御敌。因为西汉初军队仍沿袭秦制，主要由车骑和步兵组成，行军速度难与匈奴骑兵相比，仅取守势，屯军备战，待匈奴军自行出塞，无力追击。常是"汉兵至边，匈奴亦去远塞，汉兵亦罢"。只是在边境诸郡的守将，在守卫边防的局部战斗（双方

---

① 引自季布答高后问，见《汉书·匈奴传》第3755页。
② 《汉书·匈奴传》，第3754～3755页。
③ 《史记·匈奴列传》，第2901页。
④ 《史记·匈奴列传》，第2904页。

仅出动数千兵力）中，有时能击败匈奴，出现了李广、程不识等名将①。究其原因，一方面是因为西汉初经济凋敝，缺乏建立强大军队的经济基础。组建骑兵最起码的条件，需要有足够的战马，但是汉初马匹极度缺乏，当时连皇帝的马车都无法有四匹同样毛色的辕马。另一方面在于汉初制度皆依秦制，军队的组成和兵器装备都落后于形势发展的需要，为了获取抗击匈奴战争的胜利，迫切需要改进军队的装备，改革军队组训和作战方式。上述两个方面的缺憾，直到汉武帝时才发生了根本的变化。

军队装备改进，基础在于社会经济的恢复和发展。经过汉文帝到汉景帝的努力，经济很快恢复，并有了很大发展，后世史家誉为"文景之治"。农民户户自给有余，国家仓库中钱粮充足。"都鄙廪庾皆满，而府库余货财。京师之钱累巨万，贯朽而不可校。太仓之粟陈陈相因，充溢露积于外。"② 同时，民间养马业迅速发展。各个街巷都可见到马匹，田野上更是骏马成群，官员们自然早就不再为无马驾车发愁。普通老百姓聚会时都乘马。而且习俗规定，与会必须乘父马（雄马）而不得乘牝马（雌马），以免马匹为争偶发生相互咬斗的事故③。仅此一举，足见民间马匹之繁盛。充足的粮食和养马业的繁盛，为建立强大的骑兵部队准备了坚实的物质基础。

文景时期恢复和振兴经济的政策措施，同样促进了钢铁冶炼技术和钢铁冶炼工业的发展。武帝时盐铁官营制度的建立，进一步扩大了钢铁冶炼生产的规模，有利于工艺技术的提高。汉代钢铁冶炼技术的新发展，更提高了钢铁兵器的质量。20 世纪 80 年代以来，重点对徐州狮子山楚王陵、广州象岗山南越王墓④、河北满城中山王墓⑤等诸侯王陵墓出土兵器的材质

---

① 《史记·李将军列传》，第 2869～2870 页。
② 《史记·平准书》，第 1420 页。
③ 《史记·平准书》："众庶街巷有马，阡陌之间成群，而乘字牝者傧而不得聚会。""集解"引《汉书音义》曰："皆乘父马，有牝马间其间则踶啮，故斥不得出会同。"第 1420 页。
④ 北京科技大学冶金史研究室：《西汉南越王墓出土铁器鉴定报告》，《西汉南越王墓》附录四，文物出版社，1991 年。
⑤ 北京钢铁学院金相实验室：《满城汉墓部分金属器的金相分析报告》，《满城汉墓发掘报告》附录三，文物出版社，1980 年。

进行金相鉴定研究，取得了可喜的成果。西汉的钢铁兵器技术获得了较大发展：其一是先秦时已用于制作兵器的块炼铁、块炼渗碳钢技术，到西汉时更加成熟；其二是西汉时期创造了简易、经济的铸铁脱碳成钢的新方法，这种独特的生铁炼钢方法称为固体脱碳钢；其三是炒钢的发明，这是西汉早期出现的一项钢铁冶炼技术的重大发明，炒钢用于制作兵器，无疑加速了西汉钢铁兵器发展的进程。此外，淬火、冷加工等多种热处理工艺都得到了广泛的应用。这都表明，当时工匠对钢铁性能的认识提高到新水平。西汉前期社会经济的恢复和发展，为兵器的发展演变提供了坚实的物质基础；而钢铁冶炼技术的进步，则为兵器从材质到性能的变革提供了技术保证。

通过对各地西汉时诸王侯墓葬的考古发掘，从山东淄博窝托村齐王墓（前 189 年或前 179 年）随葬坑、徐州狮子山楚王陵（可能为前 175 年）、安徽阜阳双古堆汝阴侯墓（前 165 年）、广东广州象岗山南越王墓（前 122 年左右）、河北满城陵山中山王墓（前 113 年)[1]，到山东巨野红土山昌邑王墓（前 87 年），根据这些墓葬的时间先后，分析其墓室中和从葬坑中随葬的实战兵器标本材质比例的变化，可以总结出西汉时期钢铁兵器取代青铜兵器的演变过程。

巨野红土山墓中出土的实用格斗兵器已没有青铜的踪影，标志着兵器材质由青铜向钢铁的转化过程基本完成[2]。长安武库[3]和未央宫等遗址出土的兵器标本中，除部分箭镞外，都是钢铁材质。甚至通常使用青铜铸制的弩机，在未央宫遗址中也发现了以铁制作的[4]。这充分说明，兵器的设计和生产都适应着步兵和骑兵的需求，除了弩机和箭镞等还保留有部分青铜制品，其余兵器的材质皆以钢铁为主。从品种来看，格斗兵器以戟、矛（或矟、铩）、刀、剑为主，远射兵器是弓和弩，防护装具是盾和铠甲。格

① 中国社会科学院考古研究所、河北省文物管理处：《满城汉墓发掘报告》，文物出版社，1980 年。
② 参看杨泓所撰《汉代兵器综论》和《汉代兵器二论》，收录于本书。
③ 中国社会科学院考古研究所：《汉长安城武库》，文物出版社，2005 年。
④ 中国社会科学院考古研究所：《汉长安城未央宫——1980～1989 年考古发掘报告》，中国大百科全书出版社，1996 年。

斗兵器虽然还沿用传统的名称，如戟、矛和剑，但因材质和制作工艺的改变，其具体形貌已与先秦时的同名青铜制品有明显的区别。

在军队建设方面，汉武帝时进行了彻底的改革。汉高祖刘邦于沛起兵反秦时，所组建的军队还是仿秦军旧制，以战车和步兵为主，骑兵很是薄弱。从沛反秦直到进军咸阳，战车总是冲锋陷阵的主要力量，军中猛将多是"以兵车趣攻战疾"，或是"材官蹶张"，立功进爵。后来由于和项羽争雄，"军于荥阳，楚骑来众"，刘邦才认识到骑兵是解决战斗不可缺少的兵种，从而组建了以灌婴为将的骑兵部队——郎中骑兵，开始设置统领骑兵的将领，包括骑将、骑千人将、骑都尉、骑长，等等。这支部队在击败项羽和歼灭割据的诸侯王的战争中屡建奇功。最后垓下一战，项羽突围，汉军追击并最后消灭了楚军余部，逼得项羽自杀的正是灌婴统领的部队。虽然如此，并没有改变汉军主力还是战车兵的状况。直到汉文帝时，情况还没有太多的变化。文帝前元十四年（前166年），匈奴入侵甘泉地区，抵御匈奴、防守长安的部队，是"以中尉周舍、郎中令张武为将军，发车千乘，骑十万"[1]。虽然车骑并重，排位仍以战车居前。到了景帝平吴楚之乱时，部队也还是车骑并重。

到汉武帝时，摒弃了秦和汉初的作战方式，为了抗击匈奴侵扰战争的需要，组建了强大的骑兵部队，将战车兵逐出军中主力兵种。骑兵真正成为军队的主力兵种，使汉军与匈奴军事力量的对比，完成了由劣势到强势的根本转折。中国古代武备的历史，翻过了先秦时期以战车为主、成组合的供车战的青铜兵器雄踞战争舞台的一页，揭开西汉时期以骑兵为军队主力兵种、钢铁兵器雄踞战争舞台的新篇章。

四

公元前140年，汉武帝刘彻登基，这位后来被加谥号为"武"的皇

---

① 《史记·匈奴列传》，第2901页。

帝，的确是一位尚武的天才。他一生在位 54 年，发动大规模的战争达 25
次之多，几乎平均每两年就征战一次。其中除了少数几次对闽越、东越、
西羌和西南夷的征讨之外，有 16 次都是对匈奴的征伐①。

汉武帝雄才大略，他逐步建立起强大的骑兵部队，制定了主动出击的
战略，并且不拘一格选用将才，委以重任，使得西汉历史上两位天才的军
事指挥家卫青和名将霍去病脱颖而出，从而创造了中国古代战争史上的奇
迹。卫青是汉武帝皇后卫子夫的同母异父兄弟，他出身低贱，但胆识过
人，领军能力强，因而得到汉武帝的赏识，得已发挥他的军事才能。随后
汉武帝又破格重用卫青的外甥霍去病，这位不满 20 岁的年轻将军显露出极
高的军事才华，成为抗击匈奴的战争舞台上一颗耀眼的新星。

由于马匹充足，汉军的骑兵部队不断扩大，每次出塞由三、五万骑兵
逐步扩大到十万乃至十多万骑。随着骑兵规模的扩大，汉军骑兵的军事素
质和技战术均日益提高，以组织严密的骑兵军团，对抗仍旧维持着原来的
旧模式的匈奴骑兵。匈奴骑兵仍然是蜂拥而上，袭扰为主，缺乏技战术训
练；而且单于常常错误估计形势，以为汉军难以到达漠北深处，因而缺乏
敌情意识。汉军对匈奴骑兵由劣势到强势，日渐取得战争的主动权。汉军
的骑兵已能进行战略性的远程奔袭，创造了大规模使用骑兵集团机动作战
的战例，并接连取得辉煌战果。

西汉时抗击匈奴的斗争，实际上还是进行自卫反击，以骑兵部队进行
大规模远程奔袭，目的是消灭匈奴骑兵的有生力量，使其无力入侵。在击
退匈奴侵扰后，更不断加强边境的防御，构筑长城，并且建立完备的烽燧
防御体系，实行屯田卫边政策。因此汉代武备发展的另一特点，是大力生
产适于边防的兵器，特别是精坚的铠甲和威力大而且射程远的强弩。

汉武帝时期对匈奴的 16 次战争，主要依靠骑兵，其规模之大，参战人
员和马匹之多，实在令后人难以想象。汉军仅出动十万骑以上的战事，就
有 6 次之多；其余近 10 次，汉军兵马也多在三四万骑以上。从元光二年至

---

① 据雷海宗《中国的兵》"汉武帝"节中的列表（第 52~56 页）统计，中华书局，2005 年。

元狩四年（前133年至前119年）的具体战例如下。

1. 马邑诱匈奴

汉武帝元光二年（前133年）六月，汉武帝开始对匈奴采取军事行动，汉兵三十余万埋伏在马邑旁边，让马邑人聂翁壹引诱匈奴单于，企图围歼单于的十万骑兵，不料被单于识破，引军退走。从此开启了汉与匈奴决战的序幕。此后直到元狩四年（前119年）的十余年间，匈奴骑兵不断入塞侵扰，汉军也不断大举出塞远征。

2. 龙城之役

元光六年（前129年），"汉使四将军各万骑击胡关市下"，这是汉武帝首次任命卫青为车骑将军出击匈奴。其余三将军均失败或无功而返，只有卫青首次参战即显露光辉。他大胆果断，出敌不意，率领骑兵远程奔袭，千里迂回，并采用中间突破、两翼包抄战术，使得习惯各自为战、缺乏严密战术组织的匈奴骑兵优势全无，转向被动挨打的劣势。最后卫青率部直捣龙城（匈奴祭扫天地祖先的地方），斩首匈奴700人，取得汉军对匈奴作战的首次大捷[①]。龙城之役的胜利，在汉匈交战史上具有划时代的意义，它打破了自汉初以来"匈奴不可战胜"的神话，大大鼓舞了汉军士气，成为汉匈战争的转折点。

3. 河南漠南之战（图二）[②]

元朔二年（前127年），卫青"出云中以西至陇西，击胡之楼烦、白羊王于河南，得胡首虏数千，牛羊百余万。于是汉遂取河南地，筑朔方，复缮故秦时蒙恬所为塞，因河为固。"[③]

元朔五年（前124年）春，汉大将军卫青将六将军，率兵十余万出朔方、高阙。匈奴右贤王错误地认为，汉军距离他的驻地很远，一时不能到达，遂不设防备，饮酒大醉。结果汉军车骑出塞六七百里，连续长途奔

---

① 《史记·匈奴列传》，第2906页。
② 本文所附河南漠南之战、漠北之战和河西之战三图，均引自《中国军事百科全书·军事历史卷》（第一版），军事科学出版社，1997年。
③ 《史记·匈奴列传》，第2906页。

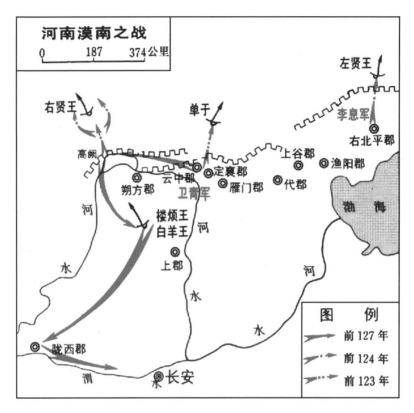

图二 汉匈河南漠南之战示意图

袭，趁夜将匈奴人包围。右贤王只得狼狈出逃，所领小王十余人和男女一万五千人成为汉军俘虏，汉军还缴获了匈奴的百万牲畜①。

元朔六年（前 123 年），"大将军卫青将六将军，兵十余万骑，乃再出定襄数百里击匈奴，得首房前后凡万九千余级，而汉亦亡两将军，军三千余骑。"② 在这次出击时，年仅 18 岁的霍去病随同大将军卫青出征，任骠姚校尉，他率领轻勇骑八百人，进击到离汉军主力远达数百里的地方，歼敌二千余人，初露锋芒。霍去病因功被封为"冠军侯"③。

---

① 《史记·卫将军骠骑列传》，第 2925 页。
② 《史记·匈奴列传》，第 2907 页。
③ 《史记·卫将军骠骑列传》，第 2928 页。

4. 河西之战（图三）

元狩二年（前121年）春，"汉使骠骑将军去病将万骑出陇西，过焉支山千余里，击匈奴，得胡首虏万八千余级，破得休屠王祭天金人。其夏，骠骑将军复与合骑侯数万骑出陇西、北地二千里，击匈奴。过居延，攻祁连山，得胡首虏三万余人，裨小王以下七十余人"①。

秋，匈奴伊稚斜单于以浑邪王、休屠王作战不利，欲杀之。二王乃欲降汉，武帝虑其诈降袭边，遣霍去病率兵往迎。休屠王后悔。浑邪王杀休屠王，合并其部，率4万余人降汉。解除了匈奴军对陇西、北地、河西的侵扰。"徙关东贫民处所夺匈奴河南、新秦中以实之，而减北地以西戍卒半。"②

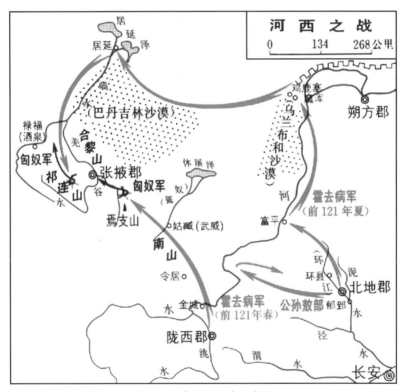

图三　汉匈河西之战示意图

---

① 《史记·匈奴列传》，第2908页。
② 《史记·匈奴列传》，第2909页。

河西之战汉军获得大胜。"匈奴失祁连、焉支二山，乃歌曰：'亡我祁连山，使我六畜不蕃息；失我焉支山，使我妇女无颜色。'其慅惜乃如此。"[1] 汉进而控制河西走廊，南逼羌人，北拒匈奴，西可通西域，东保陇西安全，为以后的西北用兵创造了有利条件。

5. 漠北之战（图四）

图四　汉匈漠北之战示意图

匈奴伊稚斜单于听从汉降将赵信之言，率众远徙于大漠以北，欲诱汉军来攻，待汉军疲敝，因而取胜。并且不断袭扰汉境。元狩元年（前122年）夏，匈奴万骑进袭上谷。三年秋，进犯右北平、定襄等地，每路多有

---

[1] 《史记·匈奴列传》"正义"引《西河故事》，第2909页。

数万骑之众。

元狩四年（前119年），汉武帝判断，匈奴单于一直认为汉军不能越过大漠，因此有恃无恐，只要汉军坚定不移地向北推进，必能取胜①。所以决定举全国之力，发动对匈奴的大决战，由大将军卫青和骠骑将军霍去病各率五万骑兵，分两路出击，并以步兵数十万人作为后继部队，转运粮草给养，随军的"私负从马"达14万匹之多。

卫青统领的骑兵出定襄。"大将军军出塞千余里，见单于兵陈而待，于是大将军令武刚车自环为营，而纵五千骑往当匈奴。匈奴亦纵可万骑。会日且入，大风起，沙砾击面，两军不相见，汉益纵左右翼绕单于。单于视汉兵多，而士马尚强，战而匈奴不利，薄莫，单于遂乘六骡，壮骑可数百，直冒汉围西北驰去。……汉军因发轻骑夜追之，大将军因随其后。匈奴兵亦散走。迟明，行二百余里，不得单于，颇捕斩首虏万余级，遂至窴颜山赵信城，得匈奴积粟食军。军留一日而还，悉烧其城余粟以归。"② 此次共消灭匈奴军一万九千人。另一支大军在骠骑将军霍去病统领下，"出代二千余里，与左贤王接战，汉军得胡首虏凡七万余级，左贤王将皆遁走。骠骑封狼居胥山，禅姑衍，临瀚海而还。"③ 霍去病取得了比大将军卫青军更大的战绩，因此其部下将领有五人因功封侯。

经过自元朔六年至元狩四年汉军的历次远征，特别是"漠北之战"大胜，"是后匈奴远遁，而幕南无王庭"④。纵观汉与匈奴战争总的形势，汉军已居优势，占有主动权，取得了自卫反击的阶段性胜利；匈奴军则转为守势，再也无力像汉初那样可以随意大举南侵，自汉初以来匈奴铁骑对汉王朝关中地区特别是都城长安的军事威胁，终于彻底解除。匈奴虽遭重创，失去阴山和祁连山两大块蕃息之地，退居漠北，但仍保持一定实力。

---

① 《史记·卫将军骠骑列传》："天子与诸将议曰：'翕侯赵信为单于画计，常以为汉兵不能度幕轻留，今大发士卒，其势必得所欲。'是岁元狩四年也。"第2934页。

② 《史记·卫将军骠骑列传》，第2935页。

③ 《史记·匈奴列传》，第2911页。

④ 《史记·匈奴列传》，第2911页。

从元狩五年（前 118 年）至天汉元年（前 100 年），汉对匈奴主要采取戍防措施，辅以必要的威慑手段。

但是取得对匈奴侵扰自卫反击的阶段性胜利，汉王朝在军事上和经济上付出的代价也颇为巨大。"漠北之战"，汉军出动十万骑兵，"所杀虏八九万，而汉士卒物故亦数万，汉马死者十余万"①。"两军之出塞，塞阅官及私马凡十四万匹，而复入塞者不满三万匹。"② 马匹损失超过十分之八。汉战马锐减，财政拮据③，不能迅速重建骑兵集团，所以暂停大规模出击之举。随后，元狩六年"骠骑将军去病死，于是汉久不北击胡"④。

正是经过了汉匈之争战火的洗礼，使汉王朝的军备得以完善，完成了自春秋经战国、秦至西汉的武备转变。春秋时，军队完全由战车兵和附庸于战车的徒兵组成；战国至秦时，转成由战车兵、步兵和部分骑兵组成军队；西汉初年，转换到军队由车骑和步兵组成；到武帝时，战车和适合车战的成组合的青铜兵器最终退出战争舞台，形成了由骑兵和步兵组成、骑兵为主力兵种、以钢铁兵器装备的军队，开创了中国古代武备的新纪元。

（本文由 2013 年在中华世纪坛艺术馆所作学术讲座《中国古代秦汉与匈奴的战争》与 2016 年为美国纽约大都会艺术博物馆所写《秦汉武备概说》合并改写而成）

---

① 《史记·匈奴列传》，第 2911 页。
② 《史记·卫将军骠骑列传》，第 2938 页。
③ 汉因击匈奴作战，耗资巨大，因而财政拮据，详见《史记·平准书》第 1421～1425 页。
④ 《史记·匈奴列传》，第 2911 页。

中国古代兵器考古及有关问题

一 20 世纪前半叶的中国古兵器研究

20 世纪 30 至 40 年代，前辈学者进行了关于中国古兵器研究的开拓工作，他们在困难的条件下，多方搜集资料，著文论述。1924 年，马衡在北京大学讲授《中国金石学概要》时，在第三章"历代铜器"中有"古兵"一节。他指出："古兵之制，屡有变迁，石器时代以石为之，秦以前用铜，汉以后乃用铁。今传世古兵，多以铜制，皆先秦及汉初物也。""《考工记》攻金之工六。所谓金者，皆铜也。惟其为铜，故能传久。后世铁兵，易于朽蚀，流传转稀。""今就古兵之可述者分叙于后。勾兵曰戈、曰戟，刺兵曰矛，短兵曰刀、曰剑、曰匕首，凿兵曰斧，射远之兵曰矢，发矢之机曰弩机，盛矢之器曰箙。其他若铠胄之属，近日亦有出土，然皆零饰，难遽定名，姑从略焉。"[1] 后来治古兵者，皆依马衡之说。关于铠甲，王献唐曾著有《甲饰》[2]。

中国古兵器考古，是近代考古学传入中国后，随着田野考古发掘和研究的开展而开始出现的，或者说是与 20 世纪 20 年代"中央"研究院历史语言研究所发掘安阳殷墟同步出现的。在河南安阳殷墟以及河南浚县辛村西周墓、汲县山彪镇战国墓等发掘中，不断获得商周青铜兵器、防护装

---

[1] 马衡：《凡将斋金石丛稿》，中华书局，1977 年，第 56~57 页。

[2] 王献唐：《甲饰》，载《说文月刊》三卷七号，1943 年。

具，还有战车遗迹。1933 年，李济发表了《殷墟铜器五种及其相关问题》，所论五种铜器中，矢镞、勾兵、矛均属兵器①。1949 年，李济又发表了《记小屯出土之青铜器·锋刃器》②。文中分类"边刃器"中，有脊背刀和兽头刀；"双刃器"中，分为勾兵（戈）、刺兵（矛）和长兵（矢镞）。此后李济于 1950 年再发表《豫北出土勾兵分类图解》③，以考古类型学方法，对安阳小屯、安阳侯家庄、浚县辛村、辉县琉璃阁、汲县山彪镇出土的 5 组勾兵进行研究，比较其形态异同，追溯它们的演变轨迹，并且得出勾兵是没有受到外来影响的中国古代兵器的结论。

关于中国兵器史的研究，周纬收集当时已发掘出土的资料，以及中外博物馆的藏品，结合文献，力图写成中国兵器史，但生前仅完成稿本。20 世纪 50 年代，经郭宝钧先生整理，才于 1957 年由生活·读书·新知三联书店出版。直到 70 年代，这本《中国兵器史稿》（下文简称"周书"）还是仅有的关于中国兵器史的正式出版物④。

二 50 年代以来古兵器研究的新进展

20 世纪 50 ~ 70 年代，随着中国文物考古事业的蓬勃发展，从全国各地的史前、商周、汉唐诸时期遗址和墓葬的田野考古调查发掘中，获得了大量兵器、防护装具和军事装备的实物及模型、图像等资料。通过对古代聚落和城市遗址的发掘，也获得了丰富的古代筑城工事资料。但是，有关古代兵器和兵器史的研究远远不能与田野考古发现相适应。除了有关考古报告及考古简报中对出土器物的标型叙述外，专门论及古代兵器的论文很

---

① 李济：《殷墟铜器五种及其相关问题》，载《庆祝蔡元培先生六十五岁论文集》，1933 年。又收入张光直等编《李济考古学论文选集》，文物出版社，1990 年，第 522 ~ 546 页。
② 李济：《记小屯出土之青铜器》中篇《锋刃器》，《中国考古学报》第 4 册，1949 年。又收入《李济考古学论文选集》，第 672 ~ 702 页。
③ 李济：《豫北出土青铜勾兵分类图解》，《"中央"研究院历史语言研究所集刊》第 22 本，1950 年。
④ 周纬：《中国兵器史稿》，生活·读书·新知三联书店，1957 年。

少，主要有郭宝钧的《殷周的青铜武器》①、林寿晋的《东周式铜剑初论》② 和《论周代铜剑的渊源》③ 等。

除了关于古代冷兵器的研究，冯家升写了《火药的发明和西传》④，较全面地阐述了中国古代发明火药和火药兵器的历史。有关中国兵器史的论著，除前述周纬《中国兵器史稿》外，只有一些科普性读物，如王荣《军事技术史话》⑤。还有南京军事学院军事史料研究处编的油印本《从戈矛到火器的演变》⑥，其中关于中国古代兵器的章节，所据资料局限于周书范围内，其学术价值远逊于周书。值得注意的是，石璋如在台北发表《小屯殷代的成套兵器》⑦，他开始注意出土兵器的组合关系，并考虑到不同组合的兵器与其使用者的联系。正是因为有颇为丰富的古代兵器的考古资料无人梳理，所以 20 世纪 70 年代初，我开始了有关兵器考古的探研。

我之所以转向研究兵器考古，一方面是与当时的政治气候有关；另一方面就是因为我长期从事编辑工作，除工作任务外，我必须选择不被其他人注意的研究课题，以避盗抄其他作者未被发表文稿之嫌。当时这一领域的研究尚属空白，填补学术空白虽非易事，但付出努力易出成果⑧。之所以首先选择古代甲胄进行分析，是因为在古兵器研究领域中，文献资料和考古资料都相对较少，易于收集，因此我大约用了近两年时间写成了《中国古代的甲胄》初稿⑨。1976 年该文发表后，我就在探研兵器考古的道路

① 郭宝钧：《殷周的青铜武器》，《考古》1961 年第 2 期。
② 林寿晋：《东周式铜剑初论》，《考古学报》1962 年第 2 期。
③ 林寿晋：《论周代铜剑的渊源》，《文物》1963 年第 11 期。
④ 冯家升：《火药的发明和西传》，上海人民出版社，1954 年。
⑤ 王荣：《军事技术史话》，科学普及出版社，1959 年。
⑥ 《从戈矛到火器的演变》后经修改，作为《中国军事史》第一卷《兵器》出版，解放军出版社，1983 年。
⑦ 石璋如：《小屯殷代的成套兵器》，《历史语言研究所集刊》第 30 本，1950 年。
⑧ 关于我与中国古代兵器研究的一些具体情况，请参阅《我与中国古代兵器研究》一文，收入北京大学中国传统文化研究中心编《文化的馈赠——汉学研究国际会议论文集·考古学卷》，北京大学出版社，2000 年，第 64~68 页。
⑨ 《中国古代的甲胄》初稿写成后，先经夏作铭（鼐）先生审阅，修改后分为上下两篇，刊登于《考古学报》1976 年第 1 期和第 2 期。后与发表于《文物》1978 年第 5 期的《甲和铠——中国古代军事装备札记之三》一文合并，并改写部分章节，收入《中国古兵器论丛》，文物出版社，1980 年。

上走了下去。在这里，我将探研兵器考古的体会谈一下。在进一步讨论有关兵器考古的问题之前，先说明两个关于中国古代兵器的基本概念。

第一，"中国古代兵器"一词，是指中国古代自史前时期或自原始社会晚期开始，到1840年即中国封建社会终结为止，历代战争中，军队实战使用的兵器和装备的总称，按照今日的说法，就是军队的制式装备。至于仪仗用具，虽多华美，更具文物鉴赏价值，但非兵器考古研究重点。另外，武术器械等一般不列为研究内容。

第二，关于"兵器"一词的使用。在先秦文献中，"兵"字本义即为兵器，《说文》："兵，械也。从廾持斤，并力之貌。"后来推演为用兵械的人也称为"兵"。《说文》段注："械者，器之总名。器曰兵，用器之人亦曰兵。"同时，使用兵械作战称"兵"，用兵械杀人也称"兵"。汉代文献使用"兵器"一词，如《后汉书·百官志》武库令"主兵器"①；或者仍称为"兵"②；又可为称"兵械"③ 或"兵杖"④。

"武器"一词晚出⑤，而且今日武器一词多与"武器系统"关联。典型的武器系统包括三要素，即杀伤手段、投掷或运载工具（武器运载平台）、指挥器材⑥。武器装备一般分为战斗装备和保障装备⑦，其三要素分别是火力、机动性和通讯能力。因此，古代的遗物中，可以视为原始武器系统的只有驾马的战车，其余均以称"兵器"为宜。在《中国军事百科全书》中，以"古代兵器"为名设立分支学科⑧。

我在探研中国古代兵器时，首先是依据考古学的类型学和年代学的基

---

① 《后汉书·百官志》，第3605页。
② 刘熙《释名》卷七，其中解释兵器的篇目为《释兵》。
③ 《史记·律书》："六律为万事根本焉，其于兵械尤所重。""正义"："内成曰器，外成曰械。械谓弓、矢、殳、矛、戈、戟。"第1239页。
④ 《汉书·文三王传》：鸿嘉中，太傅辅奏梁王刘揖，"收兵杖藏私府"。第2215页。
⑤ "武"通称军事、技击、强力之事。古无兵械含义，至近现代权威性辞书亦如此。《辞源》1979年修订版中，"武"字注有八义，均无兵械之义。
⑥ 于锡涛：《武器系统》，载《中国军事百科全书》，军事科学出版社，1997年，第993页。
⑦ 于锡涛：《武器系统》，载《中国军事百科全书》，第996页。
⑧ 参看《中国军事百科全书·古代兵器分册》，军事科学出版社，1991年。

本方法，保证了所依据的实物标本的可靠和科学性，分析兵器发展演变的序列。同时，对有关的文献史料认真考辨，去伪存真，然后与实物标本相结合，进行深入研究。在此基础上，摒弃仅以器类分型为目的的旧模式，从注重兵器的组合关系（也就是石璋如提出的成组兵器），进而推导其与兵战法的联系与制约关系。

在探研中国古代兵器产生和发展演进的历史时，首先应注意以下几个方面。

（一）对中国兵器的发展阶段的分析，必须摒弃落伍的石兵、铜兵、铁兵的分期法①，而是放在人类社会物质文化发展的不同阶段，结合工具、用具和兵器的材质和制作技术等，采取考古学研究方法，采用石器时代、青铜时代和铁器时代的分期，再以火药用于兵器作为冷兵器阶段结束的标志，进行古代兵器发展阶段的研究。

（二）注重工艺技术发展与兵器演变的关系。从古代到现代，统治者都是将当时最先进的工艺技术用于军事，以制作最精良的兵器。金属兵器出现以后，要特别注意出土金属兵器的金相分析，将其成果应用于古代兵器研究②。

（三）注意探索兵器的发展与作战方式变化的关系，作战方式的变化是和社会制度的变化相联系的，它反映了当时政治、经济、文化的发展，同时受到当时社会生产力的制约。不同的作战方式对军队的组成、训练和所使用的兵器都有不同的要求；而兵器本身的变化和发展，反过来也影响着作战方式的变化。这些变化的基础在于社会生产和经济的发展。

（四）注重防护装具与进攻性兵器发展之间的辩证关系，也就是盾与矛的相互发展的辩证关系③。当新的进攻性兵器装备军队后，防护装具的

----

① 在论述中国兵器史时，采用石兵、铜兵和铁兵三期分期法，首见于周纬《中国兵器史稿》，后影响到诸如《从戈矛到火器的演变》（郭汝瑰著，成都陆军学校训练部，1982 年）等书。

② 韩汝玢：《古代金属兵器制作技术》，载《中国军事百科全书》，军事科学出版社，1997 年，第 284～286 页。

③ "古代战争，用矛用盾：矛是进攻的，为了消灭敌人；盾是防御的，为了保存自己。直到今天的武器，还是这二者的继续。"引自毛泽东《论持久战》，《毛泽东选集》第二卷，人民出版社，1967 年，第 449 页。

更新马上就提到日程上来。防护装具的更新，又促使进攻性兵器进一步改进性能。

（五）火药兵器的出现具有划时代的意义，引起了兵器生产的革命性变革。但是也应注意到新兴的工艺技术与陈旧的社会关系的矛盾，火药兵器西传以后，欧洲发生了翻天覆地的变化，资本主义的兴起使火器发挥了革命性的作用，最终导致"市民的枪弹射穿了骑士的盔甲，贵族的统治跟身披铠甲的贵族骑兵队同归于尽了"[①]。资本主义制度的胜利，又促进了枪炮的改进和扩大生产。反观火药兵器的故乡——中国，发展迟缓的封建经济以及禁海锁国政策，使火器的研制和生产停滞不前。中国在欧美列强面前因落后而挨打，最终沦为半殖民地半封建社会，这一教训令国人永世难忘。

其次要注意，中国古代战争有一些不同于其他古代民族、国家的特点，以及这些特点对中国古代兵器的影响。

先秦时，各国的国君和贵族均认为，"国之大事，在祀与戎"[②]，所以都极力将所能掌握的最先进的工艺技术优先用于兵器制作。

中国古代兵法强调"百战百胜，非善之善者也；不战而屈人之兵，善之善者也。""故上兵伐谋，其次伐交，其次伐兵，其下攻城。"[③] 因此，对战法和兵器装备都有深远影响。

先秦时期，礼俗对战争有很大的约束力，常出现今人难以理解的情况。例如，《左传》记载鲁宣公十二年（前597年）晋楚邲之战，楚许伯挑战晋师，"晋人逐之，左右角之。乐伯左射马，而右射人，角不能进。矢一而已。麋兴于前，射麋丽龟。晋鲍癸当其后，使摄叔奉麋献焉，曰：'以岁之非时，献禽之未至，敢膳诸从者。'鲍癸止之，曰：'其左善射，

---

① 恩格斯：《反杜林论》，《马克思恩格斯选集》第3卷，人民出版社，1995年，第206页。

② 《左传·成公十三年》，"成子受脤于社，不敬。刘子曰：'吾闻之：民受天地之中以生，所谓命也。是以有动作礼义威仪之则，以定命也。能者养以之福，不能者败以取祸。是故君子勤礼，小人尽力。勤礼莫如致敬，尽力莫如敦笃。敬在养神，笃在守业。国之大事，在祀与戎。祀有执膰，戎有受脤，神之大节也。今成子惰，弃其命矣，其不反乎！'"引自杨伯峻编著《春秋左传注》，中华书局，1981年，第860~861页。

③ 《孙子·谋攻篇》，见吴九龙主编《孙子校释》第37页，军事科学出版社，1990年。

其右有辞，君子也.' 既免。"① 同样是邲之战，晋将魏锜请战楚师，遭楚将
潘党追击，他也是射麋，回顾献给潘党，因而被放还，免于沦为俘虏。这些
都是在其他国家或民族中不会出现的事。因此，古代礼俗对战争和兵器的使
用有特殊的影响。

军队的兵种和装备与各古代民族的关系也不容忽视。例如，游牧民族军
队一般以骑兵为主力兵种，匈奴、鲜卑、契丹、女真、蒙古乃至满族皆如
此。而且，各族骑兵装备和战法也各有特点。如南北朝时，鲜卑族政权的军
队十分重视人马都披铠甲的甲骑具装；其后突厥骑兵则重视人披铠甲、战马
不披具装的轻骑②。这些变化都对兵器装备和马具的发展演变有深远影响。

对兵器的民族特征也应予以充分的注意。例如中国古代的兵器中，最
具民族特征的是勾兵中的戈，它曾被李济评价为"百分之百的中国货"，
"看不出一点一滴的输入成分"③。此外，一些生活在边疆的古代少数民族，
如西南的滇人，使用的青铜兵器中，有大量的装饰动物图像的啄和异形
戈④，为其他各族青铜兵器中所不见。

三　中国古代兵器的历史分期

综上所述，中国古代兵器的历史分期如下。

（一）中国古代兵器是指从史前时期兵器开始出现，直到封建社会终
结（即清王朝的闭关政策在 1840 年鸦片战争以后被帝国主义列强打破为
止），装备中国军队用于实战的兵器和装备的总称。其历史以火药开始用
于制作兵器为分界线，分为前后两大阶段。北宋初年编著的《武经总要》
是明确记载火药兵器最早的史籍，因此北宋是前后两大阶段的转折点。从

---

① 《春秋左传注》，第 735 页。
② 参看杨泓《北周的甲骑具装》，载《远望集——陕西省考古研究所华诞四十周年纪念文集》，
　 陕西省人民美术出版社，1998 年。
③ 李济：《豫北出土青铜勾兵分类图解》，《"中央"研究院历史语言研究所集刊》第 22 本，
　 1950 年。
④ 云南省博物馆：《云南晋宁石寨山古墓群发掘报告》，文物出版社，1959 年。

史前一直到北宋是冷兵器时代；从北宋开始，为火药兵器和冷兵器并用时代。

（二）在冷兵器时代，依据主要兵器的质地和工艺特点，兵器可以分为持续发展的三个阶段，即石器时代的兵器、青铜时代的兵器和铁器时代的兵器，这也是中国古代冷兵器的产生、发展和成熟阶段。

（三）在火器与冷兵器并用时代，依据火器的创制和发展，可以分为三个阶段，即火器的创制、火铳的发明及发展、枪炮在外来技术影响下的发展，这也是中国火器产生、发展和改进的历程。

值得注意的是，考古学与中国古代兵器研究密切相关的是冷兵器时代，重要的和大量的古代冷兵器都是在田野考古工作中获得的。北宋以后的古兵器资料，考古发掘品相对稀少，特别是关于初创时火药兵器的实物，迄今未曾获得过。出土物中，有可能是元代的火铳和有明初纪年的火铳，已是金属管形射击火器使用后的遗物，因此对宋元时期古兵器的研究，主要依靠文献资料和传世遗物。

四　中国古代兵器今后的研究课题

近一个世纪的探索和研究已为中国古兵器的研究奠定了基础，并取得了可喜的成果。相信随着田野考古工作的开展，将不断获得新的更重要的古代兵器资料，不断加深兵器考古研究，从而促进兵器史研究逐步深入。

在今后的工作中，如果有条件，可能开展以下研究课题：第一，开展古战场的考古调查发掘；第二，在清理发掘古城址时，应仔细观察有关战争的遗迹；第三，在对中国古代兵器历史分期的基础上，争取完成中国古代兵器史的研究，写出有科学价值的中国古代兵器史。

（2015 年在北京大学考古文博学院的讲座）

　　后记　2014 年底至 2015 年初，应北京大学文博学院院长杭侃约请，回母校为研究生作系列学术讲座，目的是为相距半个世纪以后的小小师弟们介绍当年在校学习时和到考古研究所以后的工作经验和体会。首讲是介绍在校时宿季庚师和到所后夏作铭师如何教我写考古学论文，其余诸讲涉及汉唐考古学、美术考古学和艺术史、古代兵器考古诸课题，本文为其中的一讲。